U0796281

李莹莹／著

Research on the Basic Theory and Legal Rules of Apportionment of Maritime Tort Liability

海上侵权责任分担
基础理论和法律规则研究

法律出版社
LAW PRESS · CHINA
北京

图书在版编目（CIP）数据

海上侵权责任分担基础理论和法律规则研究 / 李莹莹著. -- 北京：法律出版社，2024. -- ISBN 978 -7 -5197 -9421 -7

Ⅰ. D993.5

中国国家版本馆 CIP 数据核字第 2024Y8E397 号

海上侵权责任分担基础理论和法律规则研究
HAISHANG QINQUAN ZEREN FENDAN JICHU LILUN HE FALÜ GUIZE YANJIU

李莹莹 著

策划编辑 田 浩
责任编辑 田 浩
装帧设计 贾丹丹

出版发行 法律出版社
编辑统筹 法商出版分社
责任校对 晁明慧 王 皓
责任印制 刘晓伟
经　　销 新华书店

开本 710 毫米×1000 毫米 1/16
印张 18 **字数** 246 千
版本 2024 年 9 月第 1 版
印次 2024 年 9 月第 1 次印刷
印刷 北京虎彩文化传播有限公司

地址：北京市丰台区莲花池西里 7 号（100073）
网址：www.lawpress.com.cn
投稿邮箱：info@lawpress.com.cn
举报盗版邮箱：jbwq@lawpress.com.cn

销售电话：010 -83938349
客服电话：010 -83938350
咨询电话：010 -63939796

版权所有·侵权必究

书号：ISBN 978 -7 -5197 -9421 -7
定价：76.00 元

凡购买本社图书，如有印装错误，我社负责退换。电话：010 -83938349

前　言

PREFACE

侵权责任分担理论是近些年出现并逐步发展的与侵权责任构成理论并行的法律理论，该理论为处理侵权责任的分配和承担提供了较为完整和系统的方案。本书在总结和归纳侵权责任分担理论成果的基础上，结合海上侵权立法和司法实践，为海上侵权责任分担问题提供解决思路。海上侵权责任分担法律规则不仅能够为海上侵权责任构成理论遗留的问题提供解释基础，更是侵权责任分担理论关于特殊领域研究的有机补充。详言之，本书一共分为六章，每章主要内容如下。

第一章侵权责任分担理论研判。侵权责任分担理论重新界定了侵权行为、侵权债务和侵权责任的关系。侵权行为与侵权责任之间由侵权债务作为衔接，侵权责任的来源不限于侵权行为，属于法的强制范畴。侵权责任包含多种承担方式，侵权损害赔偿责任仅是其中的一种，其财产属性是责任得以分担的基础。侵权行为分类的困境导致侵权法学者从责任的角度分析侵权案件，形成了侵权形态理论。由于侵权形态理论下侵权行为形态与侵权责任形态的不完全对应性、侵权责任形态划分方式的不合理以及缺乏核心规则等缺陷，其被侵权责任分担理论所替代。侵权责任分担理论指按照一定规则将损害赔偿责任（包括风险责任和最终责任）以及相应的程序负担在被侵权人和侵权人等主体之间进行分配的理论。侵权责任分担理论主要包括四方面内容：一是在矫正正义的基础上，引入分配正义作为侵权责任分担的价值基础；二是利用侵权行为形态对应侵权责任分担形态的适用从而决定风险责任的划分，分别从法律适用、内部份额和立法规则角度区别适用侵权责任分担形态；三是将受害人过错制度并入侵权责任分担理论中，分为受害人责任、受害人过失和比较责任；四是以原因力为主、过错为辅，确定各方责任人自身的最终责任份额，构建比例分担原则。

第二章海上侵权责任分担法律规则研究之必要性。海上侵权责任分担法律规则是侵权责任分担法律规则的一部分，由于海上风险与陆地风险的差异，海上实践形成了特殊责任分担法律规则。海上侵权责任分担法律规则的特殊性主要表现在五个方面，即侵权之债的非平等受偿、侵权损害赔偿责任的有限性、海上侵权责任分担价值基础的二元性、风险责任划分因素的差异和内部责任转移请求权的区分。现有侵权责任分担理论适用于海上侵权案件时存在诸多局限性，包括价值基础的缺陷及风险责任确定方式的非对应性，受害人过错制度与侵权责任分担关系存在多项未尽研究事项，风险责任与最终责任分离式研究的低效性和法律规则的缺位及特殊领域研究的空白。海上侵权责任分担法律规则的研究和完善存在重要理论和实践价值，回应了当代海上侵权责任法多元化的价值需求、弥补了侵权责任构成制度的不足、构成了海上贸易风险分摊机制、成为解决传统海上侵权责任遗留问题的工具，同时补充了侵权责任分担理论体系。海上侵权责任分担法律规则指处理发生于海、与海相通的可航水域，于海上运输、海上生产和相关海上作业过程中产生的侵权损害赔偿责任分配和承担问题的法律规范。海上侵权责任分担包括分配和承担两个阶段，分配是当事人权益受损后的初次权利调整，是暂存的过程，侵权责任的承担是一个结果，两个过程具有各自的功能和适用规则。鉴于此，笔者结合海上侵权实践，提出了首次分配到最终承担分阶段研究的方案，以分别处理外部和内部责任问题，并且依据致害人是否明确确定不同规则的适用。

第三章海上侵权责任首次分配法律规则。本章是对海上侵权责任分担首次分配阶段适用的法律规则的总结。首次分配阶段法律规则处理外部责任关系，即在被侵权人和侵权责任人之间划定责任范围并确定承担责任的方式。首次分配阶段同时分配了风险责任、程序负担和最终责任份额。首次分配法律规则主要包括三类，即海上侵权赔偿份额划分规则、海上侵权责任分担形态对应规则和海上侵权赔偿总额限定规则。海上侵权赔偿份额划分规则将案件事实要素转化为确定各方责任份额的因素，借鉴《欧洲侵权法原则：文本与评注》采用的"镜中映像"原理，在承认被侵权人与侵权人过错异质性的基础上，在举证方式上将其进行同质化处理。在分析比较法和我国民商领域立法实践的基础上，建议采用过错和原因力结合的方式作为确定责任份额的考量因素，结合海上侵权责任分担法律规则价值基础，区分受损权益属性和归责原则类型等，以确定两项因素的考量次序和重要性。海上侵权责任分担形态对应规则解决侵权人承担责任的方式，以确定风险责任的负担问题。总体上，按份责任将受偿不能风险分配给被侵权人承担，非按份责任将受偿不能风险分配给侵权责任人承担。海上侵权案件依据受损权益和产生损失的原因确定侵权责任分担形态的适用，在此基础上，笔者将海上侵权责任分担形态区分为基本责任分担形态和特殊责任分担形态。在对应侵权责任分担形态时应坚持三原则：以按份责任为主，非按份责任为辅；适用非按份责任的案件依据侵权归责类型确定分担形态的适用；法律仅针对特殊需要适用非按份责任分担形态的案件类型立法。海上侵权特殊责任分担形态指海上平均分担责任。海上平均分担责任是按份责任的补充规则，公平性欠佳，是高效处理纠纷的妥协之举。海上平均分担责任区别于按份责任中的责任相等，可同时适用于致害人明确和致害人不明案件中，但适用机理不同。海上侵权赔偿总额限定规则是伴随海上不完全赔偿惯例和责任限制法律体系的发展形成的，海上侵权赔偿总额限定规则从总体上限缩责任人的赔偿数额，体现在结果上为不完全赔偿。适用该规则存在主体和债权种类的限制。

第四章海上侵权责任最终承担法律规则。海上侵权责任最终承担法律规则是在确定了被侵权人与侵权人之间损害赔偿的数额和承担方式后，处理侵权责任人内部责任归属和转移的法律规范。此阶段的一般规则是内部转移形式对应规则，特殊规则为海上侵权风险责任再分配规则和责任限制优先适用规则。内部转移形式对应规则是将经过首次分配确定适用的侵权责任分担形态与内部责任转移请求权对应的过程。海上侵权实践一直存在分摊和追偿请求权的适用，二者在适用半数法则作为分摊规则的年代产生分离，在适用比较过失确定责任份额的当代侵权法实践中产生了再度融合的趋势。分摊和追偿请求权在适用规则、适用案件范围和适用限制等方面存在差异，内部转移形式对应规则据此将侵权责任分担形态与两项请求权区别对应。海上侵权风险责任再分配规则主要处理承担了风险责任的侵权责任人通过内部责任转移过程仍无法受偿的问题。比较法上存在“复合请求权分摊规则”和“分摊不能再分配规则”，在比较二者的特点后，笔者建议我国海上侵权风险责任再分配规则宜采纳“分摊不能再分配规则”的理念和思路，将受偿不能风险在一定当事人之间重新分配，对启动再次分配的事项、再次分配的名目、参与主体和再分配规则等方面予以规定。责任限制优先适用规则解决侵权责任分担形态与海事赔偿责任限制冲突的问题。船舶碰撞中连带责任与海事赔偿责任限制冲突仅是该类冲突的典型例子之一，按份责任与海事赔偿责任限制也存在适用冲突问题。该类冲突的实质是海事赔偿责任限制制度确定的风险责任分配规则被侵权责任分担形态确定的诉讼规则改变。解决此类冲突的办法是确定责任限制规则优先适用的地位，不足部分按照侵权责任分担形态规则处理，配合海上风险责任再分配规则处理分摊不能问题。

第五章海上侵权致害人不明责任分担补充规则。本章分析海上侵权致害人不明情况的补充规则。致害人不明指实际造成损害后果的侵权行为人不明，侵权法领域研究的侵权行为人不明仅指侵权行为人范围确定、致害行为人不确定的情况。致害人不明责任分担的特殊性主要体现在归责原则、侵权责任人和责任分担份额难以确定等方面。致害人不明承担侵权责任是一种区别于传统过错责任原则、过错推定原则和严格责任原则的归责方式，需要在承认此种特殊性的基础上进行区别研究。侵权责任人不明，责任份额难以确定，不代表实然层面各方的过错和原因力比例不存在，因此责任份额的拟制方案以尽可能地接近“实质同等性”为佳。本章在分析两大法系和我国海上侵权致害人不明责任法律规定的基础上，针对侵权责任份额和责任分担形态的适用提出建议方案。同时，在此基础上对海洋倾废和船舶漏油两类典型致害人不明责任分担情形进行分析，建议在海洋倾废案件中依据共同侵权理论，确定侵权责任的分担问题。

第六章完善海上侵权责任分担法律制度的建议。在前五章的基础上，为更科学有效地维护被侵权人权益，公平分担侵权损害赔偿责任，笔者在本章建议完善海上侵权责任分担法律制度。海上侵权责任分担法律制度是调整同一案件中，被侵权人与侵权责任人以及侵权责任人之间损害赔偿责任、受偿不能风险及程序负担首次分配和最终承担的法律原则和规则的总称。海上贸易习惯的商法特征体现在从业主体、责任限制和提单的使用上；海上侵权法律体系立法传统将效率作为首要价值追求，在引入分配正义作为侵权责任分担价值基础之一后，海上侵权责任分担法律制度的价值基础即效率与分配正义的结合。海上侵权责任分担法律制度横向上划分为首次分配和最终承担两个阶段，以处理外部和内部的责任关系；纵向上区分为致害人明确和致害人不明两类案件，分别进行规则整合和完善。海上侵权责任分担法律制度从属于海上侵权责任法体系。《民法典》生效前，处理海上侵权案件时，《海商法》调整海上侵权的法律规则在不违背《侵权责任法》原理的前提下，通常优先于《侵权责任法》适用；《民法典》的生效影响了《海商法》和相关法律规范之间的关系；海上侵权责任分担法律制度的构建和完善是衔接综合救济制度的关键，是现代侵权责任法制度发展和自我完善的必然。

目 录

CONTENTS

引　言

“法律写作者不只是两面，甚至总是多面作战，他应不断地向来自各方的预期受众展示自己的根据和理由，目的并非说服他人认可该观点的唯一正确性，只求使他们接受该观点是合乎情理的，同时如果能够逐渐形成罗尔斯所说的重叠共识，即在法律实践上的具体共识就非常难得了。”① 本书并不旨在使本书观点成为该领域唯一正确的通用理论，仅将笔者在研究侵权法领域的心得和体会与学术同仁分享，旨在为相关问题研究丰富素材和论证角度，以达抛砖引玉之效。

一、问题的提出

让我们分析如下案例：假设乙船和丙船碰撞在一起，乙船上丁的货物受损，丙船倾覆，驾驶丙船的甲死亡，并造成渔民 M 鱼苗的损失。经查明，乙船和丙船各自的过错为 70% 和 30% 。根据我国现有法律及侵权责任构成基本原理，乙船和丙船存在过错，造成了财产损害和人员死亡，需要对甲的死亡承担连带责任，对于 M 的损失和丁货物的损失承担按份责任，乙船对于丁的货物损失可能会享受单位责任限制，乙船和丙船对于上述所有索赔均可能享受海事赔偿责任限制。上述赔偿结果是依据现有侵权责任构成理论分析得出的结论，但该案例从学理上分析仍存在以下问题：

1. 如果 M 自身存在过错，那么在对乙船和丙船索赔时，是否有影响？

---

① 苏力：《只是与写作相关》，载《中外法学》2015 年第 1 期。

如果存在影响，是哪些方面的影响？损害赔偿范围以及乙船和丙船对其承担责任的方式是否会发生改变？

2. 乙船和丙船的过错比例为70%和30%，过错比例是否意味着责任份额比例？此种比例对于被侵权人和侵权人的关系、侵权人之间的关系有何影响？

3. 乙船和丙船对于甲承担连带责任，对于丁承担按份责任，此种责任承担方式的理论依据是什么？连带责任和按份责任的根本区别是什么？

4. 本案中乙船可能享受单位责任限制和海事赔偿责任限制，丙船也有可能享受海事赔偿责任限制，这些责任限制的存在对于M和丁的索赔，以及首先支付连带责任索赔额的当事人意味着什么？将会起到何种效果？

5. 如果此案中乙船首先支付了对丙船甲人身伤亡的赔偿，那么此时乙船支付超过自己责任份额的部分如何处理？丙是否可以以海事赔偿责任限制存在为由拒绝乙的要求？乙船未得到丙船清偿的部分应该如何处理？

上述问题实质是侵权责任分担问题，已经超越了现有侵权责任构成理论的范围。笔者将上述5个方面的问题归纳如下：第一，被侵权人的过错对于损害赔偿责任范围和承担方式的影响。第二，被侵权人与侵权人之间赔偿范围的划定、侵权人与侵权人之间责任承担份额划分的依据问题。第三，侵权责任承担方式的不同对于风险责任的影响，即按份责任和非按份责任适用的区别。第四，责任限制对于损害赔偿范围、侵权人之间责任承担结果的效用。第五，不同侵权责任承担方式下，侵权人之间的关系以及受偿不能风险再分配问题。

二、国内外文献综述

各国及世界贸易的有序开展主要依赖国际航运业，国际航运贸易中海上侵权案件时有发生。作为对权利主体救济的方式，民事责任的承担和分配直接体现了社会和国家对权利主体权利的保护范围和程度，各国对于责任原则和规则的选择本质上是公平、正义、效率等价值理念在法律层面的阐释。民事责任根据责任发生或构成基础的不同，可以完全划分为合同责任、侵权责任和其他责任（如不当得利、无因管理产生的责任等）。无论从民法学说的理论研究还是从法律实践的需求分析，侵权责任都是民事责任的重要组成部分。从历史角度分析，侵权责任法的研究经历了三个主要阶段：古代侵权责任法阶段从奴隶社会始至封建社会结束；近代侵权责任法阶段，以适应资本主义理念兴起为源头；现代侵权责任法以侵权行为归责多样化为标志。21世纪伊始，各国立法纷纷尝试侵权法改革以应对现实的需要，问题焦点主要集中于两大类型：一个类型是被侵权人为多数的案件，相关研究成果的标签是“大规模侵权行为”；另一个类型是关注侵权人，即侵权人为复数的案件，相关研究成果的标签为“多数人侵权行为及责任”。“大规模侵权行为”理论能够为被侵权人获得及时有效的救济提供理论支持，而“多数人侵权行为及责任”的直接效用是处理侵权责任在数个侵权人之间分担的问题。“大规模侵权行为”追求的是救济的效率，“多数人侵权行为及责任”旨在关注责任分担的公正。① 对不假思索和急不可耐的人而言，这个问题要么太难以琢磨，要么根本不存在。② 从比较法的角度分析，21世纪初开始，我国、美国和欧盟都在起草或已完成新的侵权法体系，被称为比较法上备受关注的三大热点。我国《民法典》第七编为侵权责任编，意味着我国侵权责任立法在《民法典》生效后又迎来新的讨论高潮。

（一）国外侵权责任分担相关理论研究成果

国外现有研究成果可以总结为四个方面：第一，突破侵权归责原则，从损害赔偿责任结果角度对侵权案件进行研究。第二，从“全有或全无”的一方责任发展为将被侵权人与侵权人统筹考量，共同参与责任分担。第三，按份责任形态与非按份责任形态的严格区分，普通法系下非按份责任形态适用限缩和大陆法系非按份责任形态适用扩张的对比。第四，海事侵权领域责任

① 参见杨立新：《侵权责任法》，北京大学出版社2014年版，第88-90页。

② 参见万鄂湘、王贵国、冯华健主编：《国际法：领悟与构建——W. 迈克尔·赖斯曼论文集》，法律出版社2007年版，第10页。

分配规则即比较过失适用范围扩大。

在第一个方面，学者从罗马法中私犯的发展谈起，对现代各国法律对于损害赔偿责任的态度进行研究，为在当事人之间分担责任奠定基础。巴里·尼古拉斯著，黄风翻译的《罗马法概论》（2010）第二章关于私犯和准私犯的研究为本书研究侵权行为和侵权债务等概念的发源和理念提供了基础①。理查德·A. 爱泼斯坦（Richard A. Epstein）在《侵权》（Torts）（1999）② 中指出，罗马法下被害人能够从每个侵权人处获得全部赔偿，因为该法认为共同过错具有一定的准刑事（quasi - criminal）责任要素。阿尔伯塔大学法律研究与改革委员会（Institute of Law Research and Reform of the University of Alberta）在《助成过失与竞合侵权》（Contributory Negligence and Concurrent Wrongers）（1979）③ 中认为，加拿大是英联邦乃至整个普通法系中最早作出侵权责任分担司法和立法尝试的国家，在忽略侵权行为类型和归责原则差异的影响下，对侵权责任的承担问题进行研究。约翰·哈佛的《南非航运法与海事管辖》（Shipping Law & Admiralty Jurisdiction in South Africa）（1999）④ 中介绍了南美航运法和海事管辖问题，其在损害赔偿等制度方面延续了《法国民法典》的特色。塞凡·丹姆（Cees van Dam）在《欧洲侵权法》（European Tort Law）（2006）⑤ 一书中将德国法在欧洲统一私法进程中的地位定义为中庸，认为《欧洲法原则·侵权法》具有更强的德国法色彩。查德·马常德（Chad Marchand）、迈克尔·米德（Meade Mitchell）等在《损害赔偿（人身伤害、意外死亡、遗存、补偿性、惩罚性）：州法总结》（2014）⑥ 中从人身伤害、意外死亡、补偿性损害赔偿和惩罚性损害赔偿等

---

① 参见［英］巴里·尼古拉斯：《罗马法概论》，黄风译，法律出版社2010年版，第14－34页。

② See Richard A. Epstein, *Torts*, Aspen Publishers, 1999.

③ See Institute of Law Research and Reform of the University of Alberta, *Contributory Negligence and Concurrent Wrongers*, The Institute, 1979.

④ See John Hare, *Shipping Law & Admiralty Jurisdiction in South Africa*, Juta & Co. Ltd., 1999.

⑤ See Cees van Dam, *European Tort Law*, Oxford University Press, 2006.

⑥ See Chad Marchand & Meade Mitchell et al., *Damages (Bodily Injury, Wrongful Death, Survival, Compensatory, Punitive): A State - by - state Summary*, ABA Publishing, 2014.

角度分析了美国各州的立法和实践情况。笔者利用上述资料归纳了连带责任、比较过失等规则在美国各州的适用情形。周友军、杨垠红翻译的《奥地利普通民法典》（2013）① 研究了国际三大经典私法法典之一《奥地利普通民法典》2012 年的修订情况，其中在第二编损害赔偿法下详细分析了该法第 1295 条到第 1341 条关于过错、加害人义务和责任等方面的情况。哈里·韦斯特曼著，张定军等翻译的《德国民法基本概念》（2013）② 的第十四章是关于侵权行为法和危险责任的研究，其对私人损害赔偿的相关法律规定和案件进行了深入分析，为本书研究德国立法和司法实践提供了研究资料。Russ M. Herman 在《路易斯安那州人身伤害》（Louisiana Personal Injury）（2014）③ 中归纳了路易斯安那州人身伤害的规则和判例。路易斯安那州尽管地处美国，但其民法中的大部分规则借鉴了大陆法系，因此在连带责任、当事人诉权和程序等方面都有特殊之处。

第二个方面的研究内容实则是普通法系和大陆法系对受害人过错因素考量态度的转变，从受害人过错将会完全否定诉权到仅在一定程度上减免侵权人责任的发展过程。由于在这个层面上，受害人过错制度与侵权责任分担制度的价值追求是统一的，因此二者发生了融合趋势。亨利·伍兹（Henry Woods）在《比较过失：过失侵权案件》（Comparative Fault：The Negligence Case）（1978）④ 中指出，如果原告自身具有可责性（culpability）的行为被认定是损害发生的直接原因将致使原告丧失损害赔偿救济，这是英国的传统理论。理查德·A. 爱泼斯坦（Richard A. Epstein）在《侵权》（Torts）（1999）⑤ 中指出，受传统理论影响，英国法院在 1809 年 Butter Field

① 参见《奥地利普通民法典》，周友军、杨垠红译，清华大学出版社 2013 年版。

② 参见［德］哈里·韦斯特曼：《德国民法基本概念》，张定军等译，中国人民大学出版社 2013 年版。

③ See Russ M. Herman, *Louisiana Personal Injury*, Thomson Reuters, 2014.

④ See Henry Woods, *Comparative Fault: The Negligence Case*, Lawyers Co – operative Pub. Co., 1978.

⑤ See Richard A. Epstein, *Torts*, Aspen Publishers, 1999.

v. Forrester 案①中，基于衡平法的洁手原则（clean – hand doctrine）确立了全有或全无的规则（all – or – nothing rule）。W. 佩杰·基顿（W. Page Keeton）等在《普罗瑟与基顿论侵权》（1984）② 中介绍了1842年英国法院创设的最后清楚机会原则（rule of last clear chance）。该原则最早出现在 David v. Mann 案③中，该案形成的规则是如果事实证明被告具有能够避免损害事故发生的最后机会，此时被告的过失而不是原告的过失将被视为损害的近因。罗伯特·E. 库克（Robert E. Cook）在《侵权—最后清楚机会原则之人道属性》（Torts – Last Clear Chance Doctrine as Humanitarian Rule）（1950）④ 一文中，通过分析弗吉尼亚地区的判例，认为最后清楚机会原则能够修正助成过失制度应用的严苛性。亚历山大·L. 本顿（Alexander L. Benton）在《最后清楚机会原则》（The Doctrine of Last Clear Chance）⑤ 一文中，从最后清楚机会原则适用的前提和条件、目前的应用情况、法律依据、形成原因和未来发展等方面加以探讨，得出最后清楚机会原则有失公平的结论，并建议利用比例责任原则、平均承担原则和无过错责任原则代替之。戈顿·苏西（Gardon Saussy）在《比较过失与助成过失的比较》（Comparative Negligence in Contradistinction to Contributory Negligence）（1896）⑥ 一文中系统分析了比较过失与助成过失的区别，并在第三部分介绍了伊利诺伊州确立了比较过失制度，又通过 City of Lanark v. Douherty 案⑦重新采纳助成过失制度的情况。其在第四部分讨论了乔治亚州虽然早期并不承认比较过失制度，但实际案例

---

① See Butter Field v. Forrester, 11 East. 60, 103 Eng. Rep. 926 (1809).

② See W. Page Keeton et al. , *Prosser and Keeton on Torts*, 5th edition, West Group, 1984.

③ See David v. Mann, 152 Eng. Rep. 588 (1842).

④ See Robert E. Cook, *Torts – Last Clear Chance Doctrine as Humanitarian Rule*, 1 Wm. & Mary Rev. Va. L. 64 (1950).

⑤ See Alexander L. Benton, *The Doctrine of Last Clear Chance*, http://www.aulawreview.org/pdfs/4/4 – 2/benton. pdf.

⑥ See Gardon Saussy, *Comparative Negligence in Contradistinction to Contributory Negligence*, Historical Theses and Dissertations Collection, Paper 104 (1896).

⑦ See City of Lanark v. Douherty, 153 ill. 163.

中已通过对比被侵权人和侵权人过失的方式决定赔偿额的做法。格兰维·L. 威廉姆（Glanville L. Williams）在《共同侵权和助成过失》（Joint Torts and Contributory Negligence）（1951）[①] 中分析，英格兰借鉴加拿大的比较过失立法，于 1945 年颁布了《法律改革（助成过失）法令》［Law Reform（Contributory Negligence）Act］，该法第 1 条第 1 款规定：任何人遭受损害的原因是自己的部分过错与其他一人或数人的部分过错结合造成的，该人的损害赔偿请求并不因此而消灭，但是法院需考虑被侵权人的责任份额从而将损害赔偿请求的可赔偿数额减少到其认为符合公正和衡平的范围。《法律改革（助成过失）法令》在 1948 年扩展适用到苏格兰，同年北爱尔兰修改其《法律改革（杂项规定）法》［Law Reform（Miscellaneous Provisions）Act］，承认了比较过失制度。新西兰和西澳大利亚州则在 1947 年分别通过立法采纳了比较过失制度。贾斯汀·莱文森（Justin Levinson）在《助成过失》（Contributory Negligence）（2002）[②] 一书中，分析了在产品责任、工伤、职业疏忽和道路交通事故、运输等类型案件中，如何应用助成过失规则（实则比较过失）确定原告的过失比例和对损害赔偿问题的影响。瓦尔·柏格森（Vera Bergelson）在《受害人权利和过错：刑法下的比较责任》（Victims' Rights and Victims' Wrongs：Comparative Liability in Criminal Law）（2009）[③] 一书中，主张基于“不要苛责受害者”的英美法理学的格言建立起的责任分配制度有失公平，立法不应在判定被告责任时忽略对受害者行为的考量，并建议使用其他责任分配方式。该书将受害人与侵权人置于同一天平中考量责任的归属问题，确定了侵权损害赔偿责任划分的正当性。弗朗西·M. 德堤（Francis M. Dougherty）在《受害人比较过失减少可索赔惩罚性损害赔偿范围

---

① See Glanville L. Williams, *Joint Torts and Contributory Negligence: A Study of Concurrent Fault in Great Britain, Ireland and the Common-law Dominions*, Stevens, 1951.

② See Justin Levinson, *Contributory Negligence*, XPL Publishing, 2002.

③ See Vera Bergelson, *Victims' Rights and Victims' Wrongs: Comparative Liability in Criminal Law*, Stanford University Press, 2009.

之效果》（Effect of Plaintiff's Comparative Negligence in Reducing Punitive Damages Recoverable）（1984）[①] 中，分析了州法院和联邦法院处理原告比较过失的方式，原告的过失不会完全阻碍原告的索赔，只会在一定比例上影响赔偿额的多少，但一些法院也得出了原告过失不会影响惩罚性赔偿额的结果。维克托·E. 施沃兹（Victor E. Schwartz）和依琳·F. 罗维（Evelyn F. Rowe）在《比较过失》（Comparative Negligence）（2007）[②] 一书中详细介绍了乔治亚州在铁路工人工伤事故案件中实际采纳了类似比较过失制度的实践，并记录了20世纪80年代以来，包括新墨西哥州、伊利诺伊州、密苏里州和肯塔基州等在内的州通过判例采纳比较过失制度的过程。上述资料将受害人过错制度规则与侵权责任分担过程融合，是本书论证受害人过错制度与侵权责任分担在一定层面融合的论据，并提供了两个制度融合后新规则形成的实证材料。伊曼纽·万·道根（Emanual Van Dongen）在《助成过失：历史和比较研究》（Contributory Negligence：A Historical and Comparative Study）（2014）[③] 中，通过比较法分析和总结了在不法行为的案件中，助成过失原则从无到有的发展历程和影响。

在第三个方面，学者关注比较过失与连带责任在各司法领域的发展，以及连带责任人之间分摊请求权的变化，勾勒出数人侵权责任分担规则的实践情形。玛丽·R. 耶特（Marie R. Yeates）在《海事诉讼中的分摊和追偿》（Contribution and Indemnity in Maritime Litigation）（1989）[④] 一文中研究了普通法系下分摊和追偿请求权的适用，由于该作者研究成果的时效限制，其仅分析出追偿源于分摊的过程，并没有涉及21世纪后两种请求权的融合趋势。

---

① See Francis M. Dougherty, *Effect of Plaintiff's Comparative Negligence in Reducing Punitive Damages Recoverable*, 27 A. L. R. 4th 318.

② See Victor E. Schwartz & Evelyn F. Rowe, *Comparative Negligence*, 4th edition, LexisNexis Matthew Bender, 2002 with 2007 Cumulative Supplement.

③ See Emanual Van Dongen, *Contributory Negligence: A Historical and Comparative Study*, Brill, 2014.

④ See Marie R. Yeates, *Contribution and Indemnity in Maritime Litigation*, 30 S. Tex. L. Rev. 215 (1989).

佩杰·基顿（W. Page Keeton）等作者在《普罗瑟与基顿论侵权》① 一书中探讨了早期普通法上数个被告之间主要适用连带责任，很少在被告之间适用分配责任的问题。为了应对现实需要，以纽约州通过的《菲尔德程序法典》（Field Code of Procedure）为起始，法院将损害的因果关系证明举证责任由原告转移给被告，在无法证明损害可分的情况下，适用连带责任。通常情况下，如果证据显示某一事实基础支持法院将某被告的责任限制在原告遭受损害的一部分，法院会对损害进行分配，否则法院就会让被告承担全部的赔偿责任。珀森（Pearson）在《比较过失法律下的损失分配——替代方案的研究》（Apportionment of Loses under Comparative Fault Laws—An Analysis of the Alternatives）（1980）② 中指出，当被侵权人自己有过错时，连带责任的逻辑便蒸发了。Aaron D. Twerski 在《共同侵权人立法异议：对批评者的理性回应》（The Joint Tortfeasor Legislative Revolt：A Rational Response to the Critics）（1989）③ 中质疑连带责任制度，并关注到部分责任人存在法定豁免情形时适用连带责任将会产生问题。根据《美国侵权法重述·第三次》（2000）责任分担编的研究，自 20 世纪 70 年代以来，美国各法院主要适用比较过失制度解决相关责任问题，与此同时发生的现象是，美国各州纷纷废除和限制连带责任的适用。到 2000 年，保留纯粹连带责任的区域仅剩下 14 个州和华盛顿哥伦比亚特区。2000 年到 2005 年又有 5 个州废除或限制连带责任的适用。2006 年、2009 年佛罗里达州和俄克拉何马州也通过修改立法，废除连带责任，重新采纳某种形式的比较过失制度。F. 帕重克·哈伯德（F. Patrick Hubbard）在《"侵权改革"运动的性质和影响》（The Nature and Impact of

① See W. Page Keeton et al.，*Prosser and Keeton on Torts*，5th edition，West Group，1984.

② See Pearson，*Apportionment of Loses under Comparative Fault Laws – An Analysis of the Alternatives*，40 La. L. Rev. 343，362（1980）.

③ See Aaron D. Twerski，*The Joint Tortfeasor Legislative Revolt：A Rational Response to the Critics*，22 U. C. Davis L. Rev. 1125（1989）.

the“Tort Reform” Movement）（2006）[①] 中认为，这种变化体现出三个核心问题：是由原告还是被告来承担受偿不能的风险；不能承担赔偿责任的被告的份额由谁分担；是否存在不适用连带责任的例外情形。同时，该文作者认为被侵权人的无辜是适用连带责任的基础，所以应该由侵权人承担连带责任的不利益。该类资料详细分析了连带责任的制度原理及其在美国的发展历史和适用情况，为本书研究侵权责任分担形态对应规则、内部责任转移规则和责任限制与侵权责任分担形态优先适用规则等提供了素材。吉普·斯皮尔（Jeap Spier）和 C. H. W. M. 斯德克（C. H. W. M. Sterk）在《荷兰侵权法》（Dutch Tort Law）（1993）[②] 中分析了《荷兰民法典》中受害人过错导致连带责任不适用的规定。巴斯·S. 马克思尼（Basil S. Markesinis）和汉纳·安伯斯（Hannes Unberath）在《德国侵权法：比较论述》（The German Law of Torts：A Comparative Treatise）（2002）[③] 中指出，现代德国法对于连带责任的适用呈扩张趋势，即在数人侵权案件中一般采用连带责任，除非有充足的证据将每个侵权人的侵权行为与造成的具体损害连接。欧洲侵权法工作小组（Study Group of European Tort Law，EGTL）在《欧洲侵权法原则：文本与评注》（Principles of European Tort Law：Text and Commentary）（2005）[④] 中指出，全有全无的理念也存在于大陆法系早期的法律制度中，过失相抵（compensation culpae）规则即是此理念的代表，该规则下，如果在某个案件中受害人的过失被认定是造成损失的原因之一，那么受害人的索赔权利将被完全否定。由于近年来多人引发环境污染和其他复杂侵权事件，例如长期接触石棉导致的间皮瘤等频发，相关赔偿和责任分担问题也自然成为欧洲侵权法的中心议题。

---

① See F. Patrick Hubbard，*The Nature and Impact of the “Tort Reform” Movement*，35 Hofstra L. Rev. 488（2006）.

② See Jeap Spier & C. H. W. M. Sterk，*Rope - dancing Dutch Tort Law*，Faculte de droit de l'universite de Geneve，1993.

③ See Basil S. Markesinis，Hannes Unberath，*The German Law of Torts：A Comparative Treatise*，4th edition，Hart Publishing，2002.

④ See European Group on Tort Law，*Principles of European Tort Law：Text and Commentary*，Springer，2005.

苯纳迪·韦尼格（Benedict Winiger）等在《必然因果关系核心判例》（Essential Cases on Natural Causation）（2007）[①] 中认为，共同侵权承担连带责任的雏形早在罗马法时期已经出现。《法国民法典》继承了罗马法的特点，尽管法条没有明确规定共同侵权行为的连带责任，但可以通过类推适用条文的方式解决共同侵权行为的赔偿责任问题，但是类推适用一般要求具有共同过错。“亲吻加害人的手”也适用于连带责任。乔治·A. 波门（George A. Bermann）等在《法国法简介》（Introduction to French Law）（2008）[②] 中认为，现代大陆法系侵权法的连带责任适用范围呈现扩张趋势。众所周知，《法国民法典》制定阶段对于连带责任采取较为保守的态度；但为了最大限度保证被侵权人受偿的权利，加强对被侵权人的保护，现代法国侵权法律实践中，对于任意参与导致损害的被告，都会苛以连带责任。克雷斯汀·万·巴（Christian von Bar）在《导致他人损害赔偿的非合同责任》（Non – Contractual Liability Arising out of Damage Caused to Another）（2009）[③] 中详细分析了《欧洲法原则·侵权法》文本，尤其是关于数人侵权责任制度和被侵权人过错的相关规定。普通法系和大陆法系对于适用连带责任态度的变化，体现了两大法系在应对致害人不明案件、多数人侵权案件责任分担问题等时的不同态度。但是有一点两大法系是相同的，即将被侵权人与侵权人置于同一层面考量责任承担的问题，两大法系仅在风险责任的分担上给予双方保护的程度不同，体现在非按份责任分担形态和按份责任分担形态适用的频率和范围的区别上。

在第四个方面，各法域通过立法形式将比较过失确定为责任分担的基本方式，并适用于海上和陆地等侵权领域。查尔斯·O. 格雷（Charles O. Gregory）在《过失诉讼中立法损失分配》（Legislative Loss Distribution in

---

① See Benedict Winiger et al. , *Essential Cases on Natural Causation*, SpringerWienNewYork, 2007.

② See George A. Bermann, Etienne Picard et al. , *Introduction to French Law*, Kluwer Law International, 2008.

③ See Christian von Bar, *Non – Contractual Liability Arising out of Damage Caused to Another*, European Law Publishers, 2009.

Negligence Actions）（1936）[①] 中指出，魁北克省法院最早在 1898 年的 Price v. Roy 案中承认了比较过失制度，安大略省于 1924 年开始了成文法尝试，1931 年的文本已经对适用于受害人过失的分担制度进行了详细规定，例如比较过失规则，被当时的美国学者称为损失公平分担的“彻底体系”。至 1955 年，加拿大有 9 个省相继采纳了“加拿大统一法律委员会”（后改为“加拿大统一法律会议”）1924 年起草并经过 1935 年、1953 年两次修订的《加拿大助成过失法案》（Contributory Negligence Act），建立起了较为统一的比较过失制度。安大略省法律改革委员会在《侵权人的分摊和助成过失报告》（Report on Contribution Among Wrongdoers and Contributory Negligence）（1988）[②] 中指出，1984 年，“加拿大统一法律会议”推出了新的《加拿大统一助成过失法案》（Uniform Contributory Fault Act），得到了普通法法域各省的逐步采纳。李伟斯 · N. 科拉（Lewis N. Klar）在《侵权法》（Tort Law）（2003）[③] 一书中认为，现代加拿大普通法法域的侵权责任分担制度对受害人过失与共同侵权行为适用完全相同的规则。上述加拿大方面的材料为本书研究侵权责任分担最早的法律规则提供了参考，并为本书提出的构建海上侵权责任分担法律制度的建议提供了借鉴。威廉姆 · L. 普罗瑟（William L. Prosser）在《比较过失》（Comparative Negligence）[④] 中提出了普通法系下比较过失的概念以及比例原则的适用，他认为比较过失是指比较原告与被告之间的过错，而两部欧洲侵权法“原则”的受害人过错制度，则根据英国法的用语体系使用了“contributory”（助成）而非“comparative”（比较）的术语。西蒙 · 奥特（Simon Gault）等在《海上碰撞》（Collisions at Sea）

---

① See Charles O. Gregory, Francis H. Bohlen, *Legislative Loss Distribution in Negligence Actions*, The Yale Law Journal, Vol. 45, No. 8 (1936).

② See Ontario Law Reform Commission, *Report on Contribution Among Wrongdoers and Contributory Negligence*, Ministry of the Attorney General, 1988.

③ See Lewis N. Klar, *Tort Law*, 3rd edition, Thomson Carswell, 2003.

④ See William L. Prosser, *Comparative Negligence*, 51 Mich L. Rev. 465.

(2003)① 中总结了海事碰撞典型判例，从合同、侵权、立法和刑事责任等方面分析了与船舶碰撞相关的赔偿、诉讼费用、海难救助等问题，展示了基于普通法的法庭对海事碰撞案件处理规则的变迁和最新发展，同时该书从船舶碰撞侵权损害赔偿责任的角度分析了船舶碰撞事故，突破了传统侵权构成角度中归责要件的研究思路。理查德·R. 格兰特（Richard R. Garland）在《侵权损害赔偿基于过错的分配》（Fault – based Allocation of Tort Damages）(2005)② 一文中以普通法系判例发展为背景，界定了比较过失的概念，以及抗辩事由和损害赔偿的分摊等。维克托·施沃兹（Victor E. Schwartz）和依琳·罗维（Evelyn F. Rowe）在《比较过失》（Comparative Negligence）(2007)③ 一书中，介绍了英国法院从 1700 年起一直在海事碰撞中采用平均分担责任的做法。但以 1911 年的《美国海事公约法令》（Maritime Convention Act）为标志，比较过失规则取代了平均分担责任的做法。该法令第 1 条规定，海上碰撞的当事人之间责任分担的依据是过错，如果无法进行过错大小的比较才进行平均分配，这条规定确立了比较过失制度在海事侵权领域的地位。《温菲尔德和乔洛维茨论侵权》④ 一书中认为，《法律改革（助成过失）法令》具有重要影响，该法令是比较过失制度的现代版本，对于 1911 年《美国海事公约法令》而言是种修订甚至是取代，同时将比较过失制度适用范围扩展到陆地上并适用至今。《英国民事责任（分摊）法令》的颁布（1978）标志着英联邦侵权法被侵权人过错、数人侵权责任制度和分摊请求权体系的形成。但是英国侵权法近 30 年在侵权责任分担的问题上停滞不前，着实令人遗憾。尼可拉斯·J. 黑利（Nicholas J. Healy）和诸塞普·C. 斯维尼（Joseph C. Sweeney）在《海事碰撞法》（Law of Marine Collision）（1998）⑤ 一书中

---

① See Simon Gault et al. , *Marsden on Collisions at Sea*, Sweet & Maxwell, 2003.

② See Richard R. Garland, *Fault – based Allocation of Tort Damages*, *CPD FL – CLE* 4 – 1.

③ See Victor E. Schwartz & Evelyn F. Rowe, *Comparative Negligence*, 4th edition, LexisNexis Matthew Bender, 2002 with 2007 Cumulative Supplement.

④ See W. V. H. Rogers, *Winfield and Jolowicz on Tort*, 16th edition, Sweet & Maxwell, 2002.

⑤ See Nicholas J. Healy, Joseph C. Sweeney, *Law of Marine Collision*, Cornell Maritime Press, 1998.

归纳总结了1949年至1998年海事碰撞的立法变化和实践发展，对于1972年《国际海上避碰规则公约》的生效和美国内陆水域航行规则的实施给予了特别关注，同时深度分析了美国法院通过 United States v. Reliable Transfer Co. 案件开始采用按照过失比例分担责任的规则。该成果为本书研究海上侵权案件中比较过失规则的发展提供了背景资料。罗彻·J. 拜德（Rachel J. Baird）的《澳大利亚海洋法》（Australian Coastal and Marine Law）（2013）[①] 第13部分介绍了澳大利亚海上法律规则，澳大利亚在海事赔偿等规则上借鉴了英国法，并形成了完整的制度体系。Captain In Hyeon Kim 在《韩国海事法更新》（Korea Maritime Law Update）（2015）[②] 一文中利用韩国最高法院8个判例介绍了韩国在解释和适用国际公约方面关于责任限制、优先权和海上保险等领域的新发展。《法国海商法》（Le Droit Maritime Francais）（2014～2016）[③] 期刊从法国立法动态、最新判例等方面深度分析了侵权损害赔偿责任的案件，为笔者了解法国法院对于比较过失、责任分担等问题的态度提供了素材。

上述四个方面的研究成果为本书对于按份责任和非按份责任的制度功能、侵权责任分担法律制度的构建和定位提供了有益借鉴和参考，尤其是被侵权人过错问题的处理与连带责任适用的研究是本书构建侵权责任分担形态适用规则的直接依据。

（二）我国侵权责任分担相关理论现有研究成果

侵权责任分担的研究建立于侵权责任构成理论研究的深入和发展上，国内目前对侵权责任研究的现状可以分三个方面进行介绍：其一，一般侵权法领域对侵权责任构成相关问题进行研究取得的主要成果。其二，一般侵权法视域中对侵权责任分担理论体系研究的现状。其三，海上侵权责任法[④]的研

① See Rachel J. Baird, *Australian Coastal and Marine Law*, PEFC, 2013.

② See Captain In Hyeon Kim, *Korea Maritime Law Update*, 46 J. Mar. L. & Com. 353 (2015).

③ See *Le Droit Maritime Francais*, Lamy Wolters Kluwer, 2016.

④ 《侵权责任法》颁布之前，学者常用“海上侵权行为法”一词，该法颁布后笔者认为，用“海上侵权责任法”较为妥当。

究动态。

在第一阶段，学者的研究主题主要围绕侵权行为的划分，侵权构成要件的论述和侵权责任视角下替代责任、赔偿救济方式和责任减免等方面。王利明在《侵权行为法归责原则研究》（修订二版）（2004）① 中定义了我国侵权行为法中的多元归责体系，分别介绍了各类归责原则适用的案件类型，在分析现有归责原则体系、过错定义和过错认定主观及客观标准、混合过错、侵权责任构成要件和抗辩事项等问题的基础上，针对我国侵权行为法律制度存在的缺陷提出一系列改进建议。史尚宽的《债法总论》（2000）② 中对于违法行为的“共同”要件、行为与结果之间的因果关系以及帮助和教唆行为等提出了独到的见解。杨立新在《类型侵权行为法研究》（2006）③ 一书中，详细分析了大陆法系侵权行为的法理念和特点，与普通法系侵权行为法进行对比分析。杨教授认为，在坚持传统的基础上，应该吸收普通法针对侵权行为类型化立法的模式和研究方法，根据侵权行为的不同适用规则构建类型化体系。鉴于此，杨教授尝试将中国法律下的侵权行为划分为 4 种基本类型、23 种具体类型。同时由于各类型侵权行为具有不同的表现形式，需要抽象出每类侵权行为的基本特征，并与明确的法律规则相对应。通过这种方式，形成了以大陆法系为根、普通法系为茎的法律体系，为侵权行为法研究提供了崭新的思路。王泽鉴《侵权行为法》（第 2 册）（2006）④ 在区分一般侵权行为和特殊侵权行为的基础上，剖析了特殊侵权行为的特征。张新宝在《侵权责任构成要件研究》（2007）⑤ 中深入详细地分析了四要件体系，主要指侵权行为（包括自己的加害行为和准侵权行为）、因果关系、损害结果和过错。程啸的《侵权行为法总论》（2008）⑥ 总共分为四编：第一编“侵权行为法基础理

---

① 参见王利明：《侵权行为法归责原则研究》（修订二版），中国政法大学出版社 2004 年版。
② 参见史尚宽：《债法总论》，中国政法大学出版社 2000 年版。
③ 参见杨立新主编：《类型侵权行为法研究》，人民法院出版社 2006 年版。
④ 参见王泽鉴：《侵权行为法》（第 2 册），中国政法大学出版社 2006 年版。
⑤ 参见张新宝：《侵权责任构成要件研究》，法律出版社 2007 年版。
⑥ 参见程啸：《侵权行为法总论》，中国人民大学出版社 2008 年版。

论”属于基础知识介绍，其从现代损害救济体系的角度分析了侵权行为法的重要价值。侵权行为法的概念、功能、构成要件和发展趋势等也在第一编中。第二编“一般侵权行为”在研究侵权四要件体系的基础上，分析了一般侵权行为的特点。第三编“共同侵权行为”被作为特殊侵权行为的一种予以分析，同时该编对共同危险行为、教唆和帮助行为等常见结合类型进行了比较研究。第四编“侵权赔偿责任”主要针对侵权行为的法律后果进行探讨，包括补偿性救济和惩罚性救济措施等。张民安在《侵权法上的替代责任》(2010)① 中采用比较法的撰写方式，从理论与实践等多个层面分析替代责任的特点和本质，同时对普通法系和大陆法系几种典型的替代责任制度进行梳理，构建了替代责任的理论体系。王利明在《侵权责任法研究》(2011)② 中指出，在我国真正建立尊重私权利的观念，并且让私权利的保护成为公民实然性的权利是现代中国法律体系完善的重中之重。《侵权责任法》(已失效)的颁布和实施在法律环境层面加强了私权保护，这意味着我国向法治时代的靠近。杨彪在《可得利益的民法治理：一种侵权法的理论诠释》(2014)③ 中对可得利益的特点和本质进行了深入分析，其认为可得利益范围的界定决定了现代侵权法体系的边界以及侵权法与社会保障法衔接的方式，这也是现代侵权法注重可得利益相关问题研究的原因。同时关于该问题的研究成果愈加丰富，成为侵权法理论研究体系的重要组成部分。上述关于侵权责任构成制度的研究成果是本书关于侵权责任分担理论产生原因分析的出发点，并且使笔者将侵权责任构成制度未解问题，与侵权责任分担法律制度的衔接和关系等问题分析得更为透彻。程啸在《侵权责任法》(第 2 版)(2015)④ 的第三编中研究多数人侵权责任，将共同加害行为、共同危险行为和教唆帮助行为作为多数人侵权责任的典型侵权行为形态进行研究，对于笔者在致害人不明

① 参见张民安：《侵权法上的替代责任》，北京大学出版社 2010 年版。

② 参见王利明：《侵权责任法研究》，中国人民大学出版社 2011 年版。

③ 参见杨彪：《可得利益的民法治理：一种侵权法的理论诠释》，北京大学出版社 2014 年版。

④ 参见程啸：《侵权责任法》(第 2 版)，法律出版社 2015 年版。

侵权领域责任分担部分的研究有所帮助，该书中编入了丰富的侵权案件素材，也为本书的写作提供了一手资料。艾围利在《论侵权责任减免中的亲属身份考量》(2016)① 中认为，亲属间侵权和第三人侵害亲属一方等情形都能成为减免责任的事由，并建议通过立法和法官自由裁量权予以实现。该作者的研究成果为本书研究内部转移形式请求权的适用部分，即为家庭成员豁免权问题研究提供了参考和范式。上述研究体现了我国侵权法学者对于侵权领域关注点的变化，即侵权责任构成要件的争议、侵权行为划分方式的不同见解、数人侵权责任承担方式和特殊关系或事项减免责任的主张，但是上述研究仍是在侵权责任构成角度，基于责任全有或全无的视角进行的研究。同时，由于受到大陆法系的影响，对于责任的探讨仍局限于债法的层面。

我国学界以数人侵权责任分担理论为切入点，自 2009 年起开始系统性地对侵权责任分担问题进行研究。例如王竹在《侵权责任分担论——侵权损害赔偿责任数人分担的一般理论》(2009)② 一书中着重分析了美国侵权法第三次重述关于受害人过错和数人侵权责任两项制度的研究成果，创造性地构建了适用于数人侵权情形下的侵权责任分担体系。该作者构建的数人侵权责任分担体系给本书提供了重要的启示，并且该作者创造性地将分配正义引入侵权责任分担领域，也为本书形成海上侵权责任分担理念价值提供了指引。杨立新在《侵权责任形态研究》(2004)③ 中界定了侵权责任形态的概念，其产生于侵权责任构成之后，是侵权责任在多个当事人之间分配和承担的表现形式。最主要的侵权责任形态为直接责任和替代责任、单方责任和双方责任以及单独责任和共同责任。直接责任和替代责任的区分主要是侵权行为人和侵权责任人是否同一；单方责任和双方责任的区分是最终承担责任的主体是侵权人一方还是被侵权人和侵权人双方；单独责任和共同责任的区分是责任主

---

① 参见艾围利：《论侵权责任减免中的亲属身份考量》，载《大连理工大学学报（社会科学版）》2016 年第 3 期。

② 参见王竹：《侵权责任分担论——侵权损害赔偿责任数人分担的一般理论》，中国人民大学出版社 2009 年版。

③ 参见杨立新：《侵权责任形态研究》，载《河南省政法管理干部学院学报》2004 年第 1 期。

体数量上的划分，单独即为一个人，共同即为多个人。本书认为，杨教授侵权责任形态论的研究成果是对于侵权责任构成制度遗留问题的初步解决方案，这在本书第一章中有所论述。曾隆兴在《详解损害赔偿法》(2004)[①] 中以日本法律规定为背景，研究了过失相抵、损益相抵等规则，为本书研究大陆法系受害人过错制度与责任分担的结合问题提供了帮助。朱岩在《侵权责任法通论：总论》(2011)[②] 中将侵权责任成立的要件区分为共有的和单独需要的。共有必要要件包括对民事权益的侵害和责任成立法中的因果关系；单独需要的要件依据侵权责任类型分为过错、无过错责任之危险责任和无过错责任之为他人承担责任。朱岩老师的研究成果突破了传统过错侵权的四要件体系，回应了当代侵权责任法体系的变化，为本书研究致害人不明侵权责任的构成基础提供了理论支撑。姬新江的《共同侵权责任形态研究》(2012)[③] 是在杨立新教授的基础上，重新界定了侵权责任形态的内涵，并且将侵权责任形态与侵权行为形态建立起对应关系。该书作者厘清了侵权责任方式和侵权责任形态的关系，并且提出单一侵权责任与大规模侵权责任的划分方式，以应对当今社会复杂侵权案件的现实需要。张景良和黄砚丽在《关于侵权补充责任形态的若干思考》(2011)[④] 中指出补偿责任形态在关注被侵权人救济的同时，也调整了侵权人之间的关系。但是补偿责任形态具有较为严格的适用限制，目前对于补偿责任形态适用的案件类型和适用条件等缺乏相应的理论支撑，其对我国司法实践应用补充责任形态提出了建议。杨立新在《中国侵权行为形态与侵权责任形态法律适用指引——中国侵权责任法重述之侵权行为形态与侵权责任形态》(2013)[⑤] 中将侵权行为形态和侵权责任形态形成线状对应关系，成为法学研究的一种创新形式，杨教授的研究成果也被誉为中

① 参见曾隆兴：《详解损害赔偿法》，中国政法大学出版社 2004 年版。

② 参见朱岩：《侵权责任法通论：总论》，法律出版社 2011 年版。

③ 参见姬新江：《共同侵权责任形态研究》，中国检察出版社 2012 年版。

④ 参见张景良、黄砚丽：《关于侵权补充责任形态的若干思考》，“探索社会主义司法规律与完善民商事法律制度研究”，全国法院第 23 届学术讨论会，2011 年 12 月于四川。

⑤ 参见杨立新：《中国侵权行为形态与侵权责任形态法律适用指引——中国侵权责任法重述之侵权行为形态与侵权责任形态》，载《河南财经政法大学学报》2013 年第 5 期。

国侵权责任法重述的内容之一。上述文献使笔者对于侵权责任分担理论解决的问题以及理论价值有了更为深刻的认识。由欧洲侵权法与保险法研究中心出版的一系列研究成果近年来陆续被翻译成中文，内容包括世界范围内超过30个法域250多名专家对各国侵权法的研究成果，其中人身伤害赔偿、损害的合并与分割等主题对于本书的比较法研究提供了重要资料。如伯恩哈德·A. 科赫、赫尔穆特·考茨欧主编，陈永强等翻译的《比较法视野下的人身伤害赔偿》(2012) 包括了德国、西班牙、奥地利和瑞士等十多个国家关于人身损害赔偿领域的规定①。肯·奥利芬特主编，周学峰、王玉花翻译的《损害的合并与分割》(2012) 从实体和程序等方面研究了损害赔偿责任，共包括来自近20个国家的国别报告②。尤其其中关于“仙童案”、市场份额责任等的调查问卷为研究致害人不明案件责任分担问题提供了较为直接的依据。复旦大学李挺的博士论文《侵权法公平分担损失规则研究》(2013)③ 界定了公平分担损失规则的内涵，并且对该规则形成的历史和发展现状进行了梳理，为解决损失分担问题提供了参考范式。李博士的论文对于本书研究海上侵权责任分担形态对应规则下的海上侵权责任平均分担提供了理论支持和对照。魏振瀛所著《民事责任与债分离研究》(2013)④ 以债与民事责任的起源和相互关系为起点，指出债务与责任分离的必要性和相应的民事责任法律体系构建。该书为本书研究侵权债务和侵权责任分担的基础理论部分提供了参考。黄茂荣的《债法通则之二：债务不履行与损害赔偿》(2014)⑤ 中系统论述了损害赔偿之债，并提出了特种侵权行为的概念，包括侵犯人身权、继承权等行为损害赔偿的论述。江苏省苏州市姑苏区人民法院的杜娟法官在其《数人

---

① 参见［奥］伯恩哈德·A. 科赫、［奥］赫尔穆特·考茨欧主编：《比较法视野下的人身伤害赔偿》，陈永强等译，中国法制出版社2012年版，第453－503页。

② 参见［奥］肯·奥利芬特主编：《损害的合并与分割》，周学峰、王玉花译，中国法制出版社2012年版，第1－6、592－600页。

③ 参见李挺：《侵权法公平分担损失规则研究》，复旦大学2013年博士学位论文。

④ 参见魏振瀛：《民事责任与债分离研究》，北京大学出版社2013年版。

⑤ 参见黄茂荣：《债法通则之二：债务不履行与损害赔偿》，厦门大学出版社2014年版。

侵权最终责任份额的分配规则》(2015)① 一文中，从实践案例确定最终责任份额的困难入手，剖析了我国现有法律法规在确定最终责任份额的规定和缺陷，为本书探讨最终承担阶段责任人内部关系处理问题提供了实践需求。杜健的《大规模侵权损害救济机制研究——以社会化救济为视角》(2015)② 一文首次对大规模侵权作了理论界定，并从侵权责任法、行政法和社会保障等角度提出建立赔偿基金的建议。海因茨·雷伊著，贺栩栩翻译的《瑞士侵权责任法》(第4版) (2015)③ 在第四编“多数人之赔偿责任”中研究了连带责任与追偿。其将多数人赔偿责任区分为外部和内部关系，并且依据瑞士侵权法的规定进行对比研究。尽管该书作者意识到赔偿责任的外部和内部两个阶段，但遗憾的是，该书在翻译过程中用了追偿一词与连带责任对应，这显然是因为受到大陆法系不严格区分追偿和分摊传统的影响。李中原的《论与有过失前提下多数人侵权责任的评估和分担模式》(2016)④ 中将受害人过错与侵权分担的处理方式总结为“分别的单独评估”“一体的单独评估”“总体评估”模式。该文较详细地分析了受害人主观状态与侵权损害的结合形式，并在此基础上提出了责任分担方案。但该文过于关注技术性层面，忽略了受害人过错与侵权人过错的异质性问题。赵俊、刘卫在《论我国民法典中过失相抵与减损规则的取舍》(2016)⑤ 中认为，我国现在在侵权责任领域适用大陆法系的过失相抵规则，在合同领域适用普通法系的减损规则是存在冲突的，建议区别损失产生阶段和损失扩大阶段，并将过失相抵规则作为损害赔偿的

---

① 参见杜娟：《数人侵权最终责任份额的分配规则》，载微信公众号“审判研究”2015年6月25日，http://mp.weixin.qq.com/s?__biz = MzA4MjIzOTIzMg = = &mid = 208161644&idx = 1&sn = 58aa5b968498205f7f41f62e3b613c17#rd。

② 参见杜健：《大规模侵权损害救济机制研究——以社会化救济为视角》，安徽大学2015年博士学位论文。

③ 参见［瑞］海因茨·雷伊：《瑞士侵权责任法》(第4版)，贺栩栩译，中国政法大学出版社2015年版。

④ 参见李中原：《论与有过失前提下多数人侵权责任的评估和分担模式》，载《法商研究》2016年第1期。

⑤ 参见赵俊、刘卫：《论我国民法典中过失相抵与减损规则的取舍》，载《忻州师范学院学报》2016年第4期。

基本规则纳入总则中。该文将受害人过错制度进行了重新界定，并意识到两个阶段的不同以及适用规则的差异。孙彩月的《多数人环境侵权行为责任探究》(2016)① 中认为，多数人环境侵权行为的理论基础是共同侵权行为、共同危险行为和无意思联络的数人侵权。该文作者将多数人环境侵权责任的承担划分为外部和内部，并建议在外部适用连带责任，在内部依照三方面的标准确定各自份额。该作者未意识到某些海上环境侵权领域责任构成和承担问题与陆地侵权的差异性，但该文为本书研究海洋倾废致害人不明责任承担方式问题提供了思路，笔者据此提出了两套解决方案。凌捷在《高空抛物致人损害救济规则研究——兼论〈侵权责任法〉第 87 条“社会本位”趋势》(2016)② 中提出了连带责任人的范围确定方式和平衡个人权益与社会秩序等问题。该文最重要的贡献是建议在现有法律体系内增加对真正加害人的追偿权的规定。该文作者已经清晰地将补充责任和追偿请求权对应起来，以区别于其他致害人明确适用连带责任的情形，这一研究成果从侵权责任分担角度看无疑是非常宝贵的。尽管近 3 年我国研究侵权责任分担或者数人侵权责任分担问题的成果明显增多，但是此类研究主要关注医疗案件、生态环境保护和网络环境侵权等，对于侵权责任分担具体规则、受害人过错制度与侵权责任分担制度的融合和发展，责任承担的基础和责任人内部关系的划分等仍缺乏系统研究。

与民法下一般侵权法领域学者对侵权法的研究热情剧增相适应的，是海商法学者对海上侵权领域的研究。自 1993 年《海商法》实施以来，我国学者对海商法的研究成果颇丰，但对海上侵权制度的研究起步较晚。笔者粗略地将其分为四个阶段：第一阶段是新中国成立后至 20 世纪 90 年代初《海商法》实施以前，零散式的启蒙研究；第二阶段主要指 20 世纪的最后 10 年间，针对船舶侵权行为在不同事故领域进行的块状研究；第三阶段是从 21 世纪之初至 2013 年，关注到海上侵权行为的线性关系，打破各事故领域的块状界

① 参见孙彩月：《多数人环境侵权行为责任探究》，载《世纪桥》2016 年第 8 期。

② 参见凌捷：《高空抛物致人损害救济规则研究——兼论〈侵权责任法〉第 87 条“社会本位”趋势》，载《行政与法》2016 年第 8 期。

限，尝试建立海上侵权行为法体系的研究；第四阶段是2013年至今关于海法体系的研究，尽管这一体系的构建目前存在诸多争议，但是该领域的研究成为近年来诸多学者关注的热点问题。我国学者在海上侵权领域的研究从思路上分析有两个主要变化：其一，从围绕《海商法》的体系研究扩展至从广义海事法角度着手的系统化研究；其二，从针对《海商法》中某一具体侵权制度的专题研究逐渐转为从整体的角度对海上侵权行为法体系一般理论问题的探讨。第一阶段和第二阶段的研究成果前人文献多有总结，笔者不在此一一列举，仅对海上侵权研究的第三阶段和第四阶段进行总结。起到中流砥柱作用又具有代表性的研究学者分析如下：李志文主编的《海上侵权行为法基本理论研究》（2006）① 旨在划定海上侵权行为法范畴，构建海上侵权行为法体系。作为系统性研究海上侵权行为法体系的文献，该书界定了海上侵权行为法主体、海上侵权行为归责原则、海上侵权因果关系以及赔偿损害的规则等概念。在此基础上，该书形成了侵权责任归责基本原则，为实践认定赔偿权利主体和责任主体提供了理论支撑，同时为海上侵权行为的研究提供了新视角。该书是笔者认为损害赔偿规则是海上侵权领域重要命题的依据，为笔者将侵权责任分担明确为侵权损害赔偿责任分担提供了启发。张丽娜主编在《海上侵权法律制度研究》（2009）② 一书中并未使用“海上侵权行为法律制度”一词，而是将海上侵权法律制度作为研究主题，规避了用词的争议。该书分上下两篇，上篇是关于海上侵权法律制度基础理论的介绍，除了界定海上侵权法律制度外，该书作者对海上侵权责任与其他权利的关系进行了厘定，例如抗辩权和海事赔偿责任限制权利等。该书下篇根据受损权益将海上侵权划分为三种类型，即海上人身侵权，海上财产侵权和海洋环境侵权，并对上述三种侵权行为的特征进行了归纳和梳理。该书的研究体系对于笔者确定海上侵权责任分担体系的研究方式提供了有益参考，并且对海上侵权行为与海上侵权责任等

① 参见李志文主编：《海上侵权行为法基本理论研究》，大连海事大学出版社2006年版。
② 参见张丽娜主编：《海上侵权法律制度研究》，吉林大学出版社2009年版。

重要概念进行了厘清。韩立新主编的《海上侵权行为法研究》（2011）[①]一书，从整体上对海上侵权行为进行了研究，并在整体性研究的基础上对一般性理论问题进行了探讨。该书通过整体性研究，归纳总结了不同海上侵权行为法律制度的共性特征与精神实质，提炼了法律制度与法律条文背后的价值取向，为完善与重构各种不同的海上侵权行为法律制度提供了一个相对统一的指导思想。该书从整体一般性向特殊领域过渡的研究方式帮助本书确定了由一般规律向特殊领域研究的具体思路，但是该书的一般规律研究仍局限在侵权责任构成领域，对于侵权损害赔偿责任的具体承担内容关注甚少。邓瑞平等在《海上侵权法比较研究》（2013）[②]中指出，各国法律均有零散的海上侵权法律规则，但是各国法律规则的差异性也是明显的，这不利于全球贸易统一和实务高效运转。该书作者利用比较研究的方式，从海上侵权法的顶层出发，勾勒出海上侵权法制度框架，抽象出海上侵权法律制度的指导思想以指导具体规则的制定，为海上侵权法在一定层面的融合和完善提供了理论助力。该书对于本书确定海上侵权责任制度框架、海上侵权责任分担法律制度的价值追求和体系等提供了参考资料。过去的几年里，随着海洋法研究的兴起与发展，从海洋法的视角研究海上侵权也成为该领域的新发展之一。例如，高之国、贾宇主编的《海洋法动向》（2015）[③]对我国海上油污损害赔偿机制的研究从《联合国海洋法公约》出发，为我国相关立法的构建提出建议。全永波主编的《海洋法》（2016）[④]对我国海洋环境污染、保护和管理问题进行了讨论。

近十几年来，许多海商法学者将研究主题转移至海上赔偿、海上相关主体的责任问题，但多数学者主要关注的是某一事故领域。例如张颖的《海上侵权损害赔偿机制研究》（2004）[⑤]将海上侵权损害赔偿作为有机整体，从损害赔偿的构成要件及其与责任保险的衔接上进行研究。韩立新的《船舶污染

① 参见韩立新主编：《海上侵权行为法研究》，北京师范大学出版社2011年版。
② 参见邓瑞平等：《海上侵权法比较研究》，厦门大学出版社2013年版。
③ 参见高之国、贾宇主编：《海洋法动向》，中国民主法制出版社2015年版。
④ 参见全永波主编：《海洋法》，海洋出版社2016年版。
⑤ 参见张颖：《海上侵权损害赔偿机制研究》，大连海事大学2004年硕士学位论文。

损害赔偿法律制度研究》（2007）[①] 从船舶污染赔偿主体、归责原则等方面系统研究了船舶污染损害赔偿问题，为我国制定船舶污染损害赔偿法提出了建议。雷楠在《海上拖航过程中的损害赔偿责任研究》（2008）[②] 中分析了承拖方与被拖方以及他们与第三人之间损害赔偿责任的划分方式，并探讨了拖航合同中免责条款对于损害赔偿责任的影响。何丽新、谢美山的《海事赔偿责任限制研究》（2008）[③] 以普通法系和国际公约立法为背景分析了海事赔偿责任限制法律制度的立法成因和发展过程，为本书研究海上侵权赔偿总额限定规则提供了帮助。陈琦的《海上人身损害赔偿制度论——困境与回应》（2010）[④] 从人身损害赔偿基础理论、主体、归责和赔偿范围等方面对海上人身损害赔偿这一制度进行研究，是近年来对于海上人身损害赔偿这一领域较为系统的研究成果。徐国平的《船舶油污损害赔偿法律制度研究》（2006）[⑤] 结合国际油污损害赔偿公约，构建了我国油污损害赔偿法律体系。贾爱玲、黄珍在《海上平台油污损害赔偿国际立法及适用》（2014）[⑥] 中针对海上平台溢油造成污染的损害赔偿问题进行了分析，建议将其纳入船舶油污损害赔偿公约的调整范围。王婷婷的《中美油污损害赔偿基金之立法比较》（2014）[⑦] 对比分析了中国和美国的油污损害赔偿基金在适用事故、污染源、船舶和赔偿程序等方面的差异，并建议未来我国油污基金赔偿应该放开对油种的限制。彭程的《船舶碰撞单船溢油污染责任问题研究》（2015）[⑧] 从责任主体、归责原则和免责事由等方面研究了单船溢油问题，并建议设置配套油污损害赔偿基金等。谷丽颖、陈娟的《试述船舶碰撞的损害赔偿责任》（2015）[⑨] 一文提

① 参见韩立新：《船舶污染损害赔偿法律制度研究》，法律出版社2007年版。

② 参见雷楠：《海上拖航过程中的损害赔偿责任研究》，大连海事大学2008年硕士学位论文。

③ 参见何丽新、谢美山：《海事赔偿责任限制研究》，厦门大学出版社2008年版。

④ 参见陈琦：《海上人身损害赔偿制度论——困境与回应》，大连海事大学2010年博士学位论文。

⑤ 参见徐国平：《船舶油污损害赔偿法律制度研究》，北京大学出版社2006年版。

⑥ 参见贾爱玲、黄珍：《海上平台油污损害赔偿国际立法及适用》，载《中国矿业大学学报（社会科学版）》2014年第2期。

⑦ 参见王婷婷：《中美油污损害赔偿基金之立法比较》，载《人民司法》2014年第17期。

⑧ 参见彭程：《船舶碰撞单船溢油污染责任问题研究》，外交学院2015年硕士学位论文。

⑨ 参见谷丽颖、陈娟：《试述船舶碰撞的损害赔偿责任》，载《法制与社会》2015年第3期。

出了船舶碰撞侵权行为的概念，并分析了船舶碰撞领域的比较过失原则。曲涛的《船舶碰撞损害赔偿责任研究》（2015）① 将船舶碰撞认定为准侵权行为，并指出船舶碰撞损害赔偿责任的可分担性。肖武山的《区际海损事件法律适用问题的研究》（2016）② 一文从中国石油化工集团有限公司于中国香港特别行政区海域发生的聚丙烯海损事件谈起，对比分析内地与香港特别行政区在处理海上货物运输合同项下货损的规则，并提出协调适用两区域法律的建议。范金林、赵劲松的《海上人命救助主体的法律责任》（2016）③ 从民事责任、行政责任和刑事责任等多角度探讨海上人命救助主体的权利和义务，并建议成立海上人命救助基金以鼓励海上见义勇为行为。根据中国知网不完全统计，2014 年至 2016 年发表于中国知网来源刊物的海商法论文为 300～400 篇，主题围绕《鹿特丹规则》、《2006 年海事劳工公约》、海上保险和环境污染等领域。其中关于损害赔偿和责任承担方面的研究成果都是针对某一领域的损害赔偿问题进行的研究，即使涉及赔偿机制也主要是从责任构成的角度进行了探讨。油污损害、生态污染等热门话题也成为热门研究领域，但是无论从哪个领域分析，都鲜有从海上侵权角度整体系统研究损害赔偿责任分担问题的研究成果。

（三）国内外侵权责任分担理论和规则发展评述

英联邦侵权法受害人过错和数人侵权责任制度形成的标志是《英国民事责任（分摊）法令》的颁布，即 1978 年。④ 早期的美国侵权法模仿的是英国法的规定，直到 1975 年以美国最高法院开始按照过失比例进行责任分担为标志，美国侵权法开始走向厚积薄发的道路。美国侵权法经历了上百年的司法探索和理论积累，形成了以诸多成文理论研究材料为代表的研究成果。两部

① 参见曲涛：《船舶碰撞损害赔偿责任研究》，法律出版社 2015 年版。

② 参见肖武山：《区际海损事件法律适用问题的研究》，载《法制与经济》2016 年第 4 期。

③ 参见范金林、赵劲松：《海上人命救助主体的法律责任》，载《甘肃社会科学》2016 年第 3 期。

④ 参见王竹：《侵权责任分担论——侵权损害赔偿责任数人分担的一般理论》，中国人民大学出版社 2009 年版，第 10 页。

《美国统一侵权责任分摊法案》分别于1939年和1955年颁布，美国统一州法全国委员会颁布的《美国统一比较过错法案》（Uniform Comparative Fault Act）（1977年颁布，1979年进行了修订），以及美国法学会1923年起编纂，1965年、1998年、2000年、2011年四次编著的《美国侵权法重述》（Restatement of the Law of Torts），汇编和整合了美国学术界和司法判例在侵权责任法领域的诸多发展。

英联邦侵权法理论孕育了美国侵权法的雏形，美国侵权法产生之后，经历了深刻的变革，形成了独树一帜的侵权责任分担理论和众多具体规则。美国法学会1965年发布的《美国侵权法重述·第二次》（Restatement of Torts, Second）主要是针对助成过失这一原则，在侵权人和被侵权人都存在过失时的侵权责任分担方式，同时针对共同侵权行为人承担责任的情形形成了一定规则。但该次重述对于其他多数人侵权行为和责任分担问题没有过多涉及。2000年的《美国侵权法重述·第三次》责任分担编①从理论层面整合了受害人过错制度与数人侵权责任制度，进行了规则体系调整，将现代侵权法最为复杂，也最具有生命力的理论和制度增长点——侵权责任分担论，在普通法领域予以总结。第三次重述详细研究了责任分担的主要理论和框架，包括被侵权人行为类型（如被侵权人过失、被侵权人故意自伤以及自甘风险等）、共同连带责任、责任分配要素和责任人内部追偿请求权等。以《美国统一侵权责任分摊法案》为契机，2002年美国统一州法全国委员会首次尝试在州的层面上全面统一侵权责任分担法律制度。②《美国侵权法重述·第三次》和《美国统一侵权责任分摊法案》重点关注比较过失和侵权人为多人的问题，即被侵权人与侵权人之间责任的分配和承担，以及数个侵权人之间责任的分担问题，对于研究数人侵权责任分担问题具有较强的参考价值。上述发展历

① See ALI, *Restatement of the Law*, *Third*, *Torts*: *Apportionment of Liability*, American Law Institute Publishers, 2000.

② 参见王竹：《侵权责任分担论——侵权损害赔偿责任数人分担的一般理论》，中国人民大学出版社2009年版，第28－29页。

程标记了美国侵权法21世纪以来的动态变化，侵权责任分担规则的研究主要集中在考量受害人因素的比较过失、连带责任（包括不真正连带责任）以及按份责任的适用和选择问题上。从内容范围上分析，侵权责任分担规则既涵盖多数人侵权行为及责任规则，也涵盖被侵权人与侵权人之间的责任分担，即比较过失规则，广于大陆法系多数人侵权行为及责任规则。

普通法系在考量受害人行为对案件结果的影响问题上，主要经历了三个阶段，即从助成过失发展到比较过失再发展到比较有责性（comparative responsibility）的阶段。1854年，美国法院通过 The Schooner Catharine v. Dicknson 案①确立了在海事碰撞案件中适用责任平均分担的规则，直到1975年在 United States v. Reliable Transfer Co. 案②中开始适用依据过失比例进行责任分担的规则。1934年，美国法学会颁布了《美国侵权法重述》，该重述第二卷过失部分主要涉及助成过失制度和最后清楚机会原则。截至1977年，美国有33个州采纳了四种比较过失制度中的一种。1965年《美国侵权法重述·第二次》第478条确立了原告的助成过失将阻碍原告的请求赔偿的规则。以2000年《美国侵权法重述·第三次》责任分担编为标志，比较过失制度发展到了比较有责性的阶段。美国几乎所有的州（除了华盛顿哥伦比亚特区和4个州）都采纳了比较有责性制度，仅在具体内容上有所区别。比较有责性制度的影响是深远的，其中最重要的影响体现在责任分配领域。比较有责性的确立要求司法实践协调侵权法领域诸多类型的侵权责任和抗辩规定。如何在涉及多侵权主体、多责任构成基础的诉讼中确立协调统一的分担规则成为实践亟待解决的问题，自然也成为理论研究的热点。上述问题也是2000年《美国侵权法重述·第三次》责任分担编主要研究和解决的主题。

由于传统大陆法系侵权法没有明确多数人侵权行为及责任的规则，多数人侵权行为及责任分担问题只能借助多数人之债的规则来间接解决。大陆法

① See The Schooner Catharine v. Dicknson, 58 U. S. 170 (1855).

② See United States v. Reliable Transfer Co., 421 U. S. 397, 408 n. 13, 95 S. Ct. 1708, 1714 n. 13, 44 L. Ed. 2d 251 (1975).

系的多数人之债规则主要包括两个方面，即债权和债务。多数人债务的直接原因是多数人债权行为，引发的债权债务分配问题主要借助多数人债法规则的适用，即借助连带之债、不真正连带之债和按份之债等规则处理。[①] 大陆法系的此种做法，主要是对于侵权行为和侵权债务关系的认定。大陆法系传统理论认为，产生债的诸多原因之一是侵权行为，既然侵权行为引发的直接法律后果是债，那么多数人侵权行为自然引发多数人之债，利用多数人之债的规则调整多数人侵权行为的责任分担也是应有之义。这样的传统导致在大陆法系侵权法中鲜有人专门研究多数人侵权行为及责任，仅对共同侵权行为和责任的问题有一定研究成果。即使有相关研究的理论，也主要是利用多数人之债的方法和规则解决多数人侵权行为及责任分担问题，比英美侵权法的责任分担学说和规则狭窄许多。同时，利用多数人之债的方法研究多数人侵权行为，尽管从结果上存在一定的合理性，但是从侵权法理论架构上来说，仍是妥协之举。

近年来，复杂侵权案件时有发生，各国立法和学者不得不将研究视角转向新型侵权案件的责任承担问题，以回应现实的需要。欧洲侵权法工作小组以欧洲侵权法与保险法研究中心（European Center of Tort and Insurance Law，ECTIL）为实体机构，于 2005 年正式出版了《欧洲侵权法原则：文本与评注》[②] 一书。作为欧洲合同法委员会（Commission European Contract Law）继任机构的欧洲民法典研究小组（Study Group on a European Civil Code，SGECC)，于 2006 年 11 月正式公布了《欧洲法原则·侵权法》，并于 2009 年 7 月出版了官方评注。为与《共同参考框架草案纲要版》的第三编“债权与相应权利”相协调，其对部分条文予以了修改和完善。《欧洲侵权法原则：文本与评注》和《欧洲法原则·侵权法》均有专门的条文分别规定受害人过错与数人侵权责任这两项制度。《欧洲侵权法原则：文本与评注》和《欧洲

① 参见史尚宽：《债法总论》，中国政法大学出版社 2000 年版，第 636 页。

② See European Group on Tort Law, *Principles of European Tort Law: Text and Commentary*, Springer, 2005.

法原则·侵权法》是欧洲大陆研究侵权责任分担规则的转折点，在借鉴普通法系责任分担理念的基础上，形成了上述两个重要文件，这体现了欧盟司法实践对侵权责任分担制度的认可，也使侵权责任分担论晋升为欧美侵权法学界的热点问题。以《美国侵权法重述·第三次》、欧洲侵权法工作小组与欧洲民法典研究小组公布的《欧洲侵权法原则：文本与评注》和《欧洲法原则·侵权法》为代表，“侵权责任分担”问题成为学界和实务界关注的热点，也被称为侵权法中最有技术含量、最复杂的问题。

我国2016年8月2日开始施行的最高人民法院《关于审理发生在我国管辖海域相关案件若干问题的规定（一）》和最高人民法院《关于审理发生在我国管辖海域相关案件若干问题的规定（二）》中确定了船舶碰撞、海域污染和其他侵权案件损害赔偿的管辖法院。通读全文，不难发现该规定仅是一些原则性的条款，具体如何实施还有待配套措施的出台。但是该规定体现了我国对于发生在管辖海域的侵权案件的重视，尤其是对损害赔偿这种侵权责任承担方式的重视，该规定甚至对一些行为施加行政责任或刑事责任。2016年7月至8月全国人大常委会公开征求意见的《民法总则（草案）》第157条①作了开创性的规定，即首次从民法总则层面提出了“分担责任”的理念；遗憾的是，其未对分担责任的详细内涵和规则进行说明。尽管该第157条最终在《民法总则》颁布时被删除了，但这次尝试至少证明我国立法者顺应了时代要求和社会发展，已经意识到责任分担这一主题的重要性。

我国学者对侵权责任的研究历史可以追溯到20世纪80年代末，起步较晚，主要围绕两部重要的法律进行，即《民法通则》（已失效）的第六章和《侵权责任法》。学术界的焦点主要包括侵权损害赔偿规则、侵权责任归责原则、侵权责任构成要件体系和侵权行为类型化等以侵权责任构成制度为主体的理论体系。典型的理论框架是以归责原则为基础，构成要件为主体，搭建侵权责任构成的学术研究体系。在大陆法系传统理念的影响之下，我国法学

① 该草案第157条规定：二人以上不履行或者不完全履行民事义务的，应当依法分担责任或者承担连带责任。

界长期以来都将侵权行为认定为债务发生的原因之一，很少有学者从责任分担的角度探讨侵权行为、侵权债务和侵权责任的内部关系。近10年来，以中国人民大学法学院杨立新教授的“侵权责任形态论”[①] 和四川大学法学院王竹教授的“侵权责任分担论”[②] 为代表的学者认识到侵权责任分担制度实为现代侵权法除侵权责任构成之外的另一制度群，并将“侵权责任分担论”与“侵权责任构成论”并列，作为独立问题审视研究，形成了一系列的理论成果，打破了单一理论框架下侵权法所面临的困境。2004年，杨立新教授借《侵权法论》[③] 再版之际，提出了较为完整的侵权责任形态理论。大多数学者认为侵权责任形态理论是研究侵权责任分担规则的最宽泛的理论，既包括大陆法系的多数人之债，也包括英美侵权法的责任分担理论。杨立新教授从便于指导法官司法活动的角度出发，将侵权行为形态与侵权责任形态完全对应起来，以构建完美的侵权法理论体系。[④] 我国立法也对多数人侵权行为问题规定得逐渐详细起来，例如《消费者权益保护法》第47条[⑤]侵害众多消费者合法权益行为的规定，2016年5月1日起生效的最高人民法院《关于审理消费民事公益诉讼案件适用法律若干问题的解释》[⑥] 中对于侵害众多不特定消费者合法权益行为的解释和2015年6月3日施行的最高人民法院《关于审理环境侵权责任纠纷案件适用法律若干问题的解释》中第3条和第5条关于多个侵权人之间责任承担形式和份额的规定等。

上述三种理论体系，即大陆法系多数人之债调整适用于多数人侵权行为、

① 参见杨立新：《侵权责任形态研究》，载《河南省政法管理干部学院学报》2004年第1期。

② 参见王竹：《侵权责任分担论——侵权损害赔偿责任数人分担的一般理论》，中国人民大学出版社2009年版。

③ 参见杨立新：《侵权法论》（第2版），人民法院出版社2004年版。

④ 参见杨立新：《侵权法论》（第5版），人民法院出版社2013年版。

⑤ 《消费者权益保护法》第47条规定：“对侵害众多消费者合法权益的行为，中国消费者协会以及在省、自治区、直辖市设立的消费者协会，可以向人民法院提起诉讼。”

⑥ 最高人民法院《关于审理消费民事公益诉讼案件适用法律若干问题的解释》第2条规定：“经营者提供的商品或者服务具有下列情形之一的，适用消费者权益保护法第四十七条规定：……（五）其他侵害众多不特定消费者合法权益或者具有危及消费者人身、财产安全危险等损害社会公共利益的行为。”

普通法系特别是美国侵权法关于责任分担的理论，以及杨立新教授提出的侵权责任形态的理论和规则，其关注点都是在同一案件当事人之间分配侵权损害赔偿责任，追求的理念是相关当事人公平、合理地承担侵权损害赔偿责任。它们的区别主要是视野的宽窄不同：侵权责任形态理论关注普遍的侵权债权责任分配问题，较为宽泛；普通法系侵权责任分担理论主要关注大规模侵权行为、比较过失和比较责任等当事人分担责任问题，较之侵权责任形态理论略窄；大陆法系下多数人之债的理论和规则直接转变成多数人侵权行为及责任的理论和规则，即局限在债法层面讨论责任的承担问题上，缺少核心的责任分担理论和规则，因此从这个角度来说，大陆法系多数人之债理论是最为窄小的。也就是说，侵权责任形态理论是一个庞大的体系，包括了多数人侵权行为及责任问题，也涵盖了英美侵权法中的责任分担理论。[①] 侵权责任分担（指普通法系的成果）和多数人侵权行为及责任、侵权责任形态，在范围上是三个递进的概念，这三个概念的相互关系是：

多数人侵权行为及责任理论→侵权责任分担理论→侵权责任形态理论

也就是说，多数人侵权行为及责任的范围包含在侵权责任分担的规则之中，同时，由于侵权责任分担规则属于侵权责任形态理论的一部分，多数人侵权行为及责任问题也成为侵权责任形态规则的一部分。事实上，多数人侵权行为及责任是侵权责任形态的一种，也即种属关系，同时侵权责任分担的外在形式体现为多数人侵权行为及责任。按照侵权行为形态与侵权责任形态相对应的侵权法一般规则，多数人侵权行为的责任形态就是多数人侵权责任，即将侵权行为形态与侵权责任形态对应起来：

多数人侵权行为形态→多数人侵权责任形态

我国《民法通则》、《侵权责任法》（已失效）和其他法律规定设置了较为丰富的多数人侵权行为及责任的法律规则，但较为分散，需要侵权法学者进行整理、提炼和归纳。[②] 尽管上述部分法律规范已失效，但依然是理论研

---

① 参见杨立新：《侵权法论》（第5版），人民法院出版社2013年版。

② 参见杨立新：《侵权责任法》，北京大学出版社2014年版。

究的重要素材。从上述研究脉络分析，全球范围内，以欧美法为代表，侵权责任分担理论和司法制度蓬勃发展，在侵权责任分担解释论、侵权责任分担原则和理念、侵权责任分担体系和具体的侵权责任分担规则等方面取得了丰富成果。

三、研究的基本思路与观点

笔者认为，系统研究海上侵权责任分担问题主要包括三个方面：

第一，海上侵权责任分担理论与侵权责任分担理论的关系。本书认为，侵权责任形态理论和侵权责任分担理论产生的最初原因都是为了解决侵权行为划分困境问题，而侵权责任分担理论是对侵权责任形态理论的完善和补充。海上侵权责任分担理论是侵权责任分担理论的组成部分，海上侵权责任分担理论是现有研究成果的有机补充，与其共同形成侵权责任分担理论。现有侵权责任分担理论的主要研究成果包括：分配正义作为责任分担的唯一价值基础；侵权行为形态对应侵权责任分担形态从而确定风险责任的分配，最终责任通过原因力和过错程度的比较等方式确定；被侵权人过错作为影响责任份额划分的一项因素纳入责任分担问题考量。海上侵权责任分担理论至少具有以下不同之处：效率与分配正义结合作为责任分担的共同价值基础；侵权责任分担形态对应规则确定风险责任和最终责任的划分；被侵权人过错的考量在海上经历了完全不考虑到分为两个阶段，与其他因素结合共同影响责任分配的历程；由于责任限制的广泛存在，海上侵权损害赔偿责任分担表现出总额限定的特点；海上分摊和追偿请求权分离的实践决定责任人之间责任转移规则的不同适用规则；“分摊不能再分配”原理处理海上侵权风险责任再分配问题，责任限制优先适用规则处理责任限制与侵权责任分担形态冲突问题。

第二，海上侵权责任分担法律规则。鉴于侵权责任分担理论下风险责任与最终责任分离式研究的低效性，笔者建议海上侵权责任分担可以分为两大环节，即外部责任划分环节和内部责任承担环节。对于外部责任划分环节，笔者称为首次分配；对于内部责任承担环节，笔者称为最终承担。同时区分致害人是否明确，将致害人明确规则作为一般情形研究，将致害人不明的情况作为补充规则。海上侵权责任分担的首次分配阶段：从海上侵权赔偿总额限定规则、海上侵权赔偿份额划分规则、海上侵权责任分担形态对应规则等方面对首次分配阶段的主要规律进行分析，将风险责任依据受损权益和产生损失的原因分配于被侵权人和侵权人之间；承认被侵权人与侵权人过错的异质性，通过同质化处理结合原因力使之作为确定责任份额的考量因素；区分受损权益和损失原因对应的侵权责任分担形态。海上侵权责任分担最终承担阶段则从内部转移形式对应规则、海上侵权风险责任再分配规则和责任限制优先适用规则等方面研究。笔者认为，多种侵权责任分担形态下，由于立法理念对于风险责任和程序负担的不同考量，侵权责任人内部关系存在明显差异。笔者利用完全划分的方式将其分为按份责任和非按份责任，非按份责任主要指连带责任、不真正连带责任和补偿责任等。普通法系在司法实践中利用分摊和追偿解决共同责任人内部关系，其中的原则理念值得借鉴。一般侵权法领域中，该问题已经有学者涉及，但上述研究的共同特点是关注一般侵权法下的侵权行为，得出的结论主要是真正连带责任对应分摊请求权，而不真正连带责任和补充责任对应追偿请求权。海上分摊和追偿相关请求权的适用有自身的发展路径。笔者从这个角度入手，以普通法系海上分摊和追偿请求权的形成和发展为素材进行研究，得出以下结论：（1）追偿请求权产生于分摊理念，是极端的分摊。（2）追偿是对分摊理念的发展，目前主要包括合同追偿和法定追偿。（3）通过实证考察及对最新立法动态的关注，笔者认为分摊和追偿请求权中确定责任份额规则经历了由半数法则到比较过失的转变。（4）确定责任份额规则的转化导致追偿与分摊再度融合的趋势。在这些结论的基础上，笔者尝试为我国完善非按份责任形态内部责任承担规则以及侵权责任分担的最终承担阶段规则的构建提供建议。与致害人明确情形不同的是，致害人不明情形下，责任份额确定方式和责任分担形态的对应均适用特殊规则。但在其他未明确列明的情况下，适用致害人明确的一般规则处理责任分担问题。

第三，海上侵权责任分担法律制度的完善。海上侵权责任分担法律规则的研究为完善我国海上侵权责任分担法律制度提供了基础。笔者建议将效率与分配正义结合作为海上侵权责任分担法律制度的价值基础，从首次分配与最终承担两个阶段划分，制定相应的法律规则，并且将致害人不明在两阶段的特殊规律作为补充规则研究。除此之外，界定海上侵权责任分担法律制度与其他相关制度群的关系有助于厘清该制度的框架范围。海上侵权责任分担法律制度是侵权责任分担法律制度的特殊情形；海上侵权责任分担法律制度的基本理念涵盖于《民法典》总则编和侵权责任编中，但具体规则有所区别；海上侵权案件法律适用规则在《民法典》生效前后存在差异；海上侵权责任分担法律制度是衔接综合救济体系的桥梁。

四、研究方法与研究范围

（一）研究方法

1. 比较研究方法

本书主要采用的研究方法是比较法。侵权法作为极具法系特色的法律之一，无论是大陆法系还是普通法系都具有自己完整的发展路径，为比较研究提供了丰富的素材。在侵权法基本理念和原则全球化的时代，通过比较研究普通法系和大陆法系新近立法改革动态，可以把握国际主要国家的立法脉络，为本书的写作提供对比材料。海商法是法律渊源中国际性融合较强的法律产物，尤其是我国《海商法》中调整海上货物运输、船舶碰撞、海上旅客运输和其他私人主体的法律制度，基于历史背景的原因，对国际公约、其他国家的法律制度进行了大量的借鉴和模仿。因此，在研究海上侵权责任分担问题上，需要追寻法律规则形成的渊源和基础，还原法律最初的价值需求，以为新出现的法律问题提供最契合法律初衷的建议。

2. 归纳与演绎方法

尽管归纳与演绎的三段论式论证路径对于研究海上法律有一定的局限性，但是其在纷繁的现象中总结一般规律，再应用于现象解释中的逻辑思路不失为研究法学问题的一种有益路径。本书在各国法律规则、判例以及一般侵权法研究成果的基础上，归纳出侵权责任分担路径，将之与海上侵权案例素材对比分析，解释海上侵权现象，并在一般规则解释无力的领域内寻求海上侵权责任分担法律制度的特有规则，以形成海上侵权责任分担法律制度架构。

3. 法经济学方法

20 世纪 80 年代，经济理念的春风席卷了侵权法的固有领地，法经济学派就此诞生。侵权损害赔偿救济体系运用经济学理论能够更直观地解释侵权人和被侵权人的双极结构及博弈方式。因此本书的研究不可避免地对法经济学的历史，法经济学对侵权法解释的模型、博弈论等理论进行了研究和讨论（主要集中在侵权责任分担价值基础的论述中），从而得出侵权法与经济学在研究方法上的结合路径，更直观地对侵权损害赔偿方案进行解释和论证。

4. 价值分析法

追求一定的价值目标是法律的自然本性，侵权法亦是如此。在对侵权立法规则价值分析的基础上，笔者得出海上侵权分担法律制度追寻的首要价值和基础价值；利用首要价值和基础价值，对实然的规则进行价值判断和分析，为未来的规则提供价值判断基础和评判依据，从而得出应然规则的法律建议。

5. 实证分析方法

实证分析方法主要关注法律的实然层面。本书在两大法系判例和立法形成的法律规则基础上，对实然法律规则从价值层面进行分析，为构建海上侵权法律制度框架提供基础。实证分析方法为本书的论述提供了论据支撑和分析依据。

6. 图表分析法

图表较之文字具有直观和简洁的特点。本书对海上侵权责任分担制度的主要概念和架构的分析配合图表进行阐释说明，以更直观和简明地表达笔者观点。

（二）研究范围

本书分为六章，研究海上侵权责任分担法律规则和法律制度的完善。第一章和第二章通过分析侵权责任分担理论的相关概念和主要内容，确定海上侵权责任分担法律规则的概念、研究意义和研究方案。第三章和第四章主要以致害人明确为论述背景，从首次分配和最终承担两个阶段分析海上侵权责任分担法律规则的主要内容。第五章从致害人不明角度论述其在责任份额划分和责任承担方式等问题上的特殊之处，作为特殊领域补充海上侵权责任分担法律规则的内容。第六章作为全书的总结篇章，从海上侵权责任分担法律制度的价值基础、主要内容、与其他制度群或相关法律的关系上，为完善海上侵权责任分担法律制度提供建议。除此之外，笔者对于海上侵权责任分担法律规则的研究范围补充说明如下：第一，在合同和侵权竞合的情况下，本书关注侵权诉由下的责任分担规则。例如采用政府和社会资本合作（Public－Private－Partnership，PPP）模式[①]建造港口码头，施工过程中发生人员伤亡时，以侵权为由的诉讼责任分担问题可能会落入本书的探讨范围内，但依雇佣合同等的诉讼则不在本书的研究范围内。第二，本书的责任分担是指损害赔偿责任的分担，且主要针对的是补偿性损害赔偿，惩罚性损害赔偿、精神损害赔偿等是否能够得到支持的问题不在本书的讨论范围之内。惩罚性损害赔偿和精神损害赔偿同样面临侵权责任分担问题，其如何与侵权责任分担形态对应需要在研究补偿性损害赔偿规则的基础上再特别研究。[②] 第三，根据杨立新教授对侵权责任形态的分类，本书将存在替代责任的情形视为整体进行研究，无法合并的情形不在本书的讨论范围内。这主要是因为在海上侵权领域，广泛存在自己责任和替代责任的规定，学者对其是否为一个层面的责任问题存在争论，部分学者认为替代责任是为他人代过的责任，也是一种独立的无过错责任。[③] 由于政策考量和实践需求的不同，其分配规则具有特殊性和独立性。第四，海上油污案件中有时涉及针对保险人的直诉，笔者认为

① PPP 合同的介绍和法律性质，参见李莹莹：《PPP 合同法律性质探析》，载《理论导刊》2016 年第 5 期。

② 参见李莹莹、巴莹：《“问题电梯”频发背后的赔偿困境》，载《人民论坛》2016 年第 13 期。

③ 具体内容参见朱岩：《侵权责任法通论：总论》，法律出版社 2011 年版。

其实质是替他人受过，在面对被侵权人考量责任份额时应将被保险人和保险人视为一体进行责任分配。例如《1969 年国际油污损害民事责任公约》(International Convention on Civil Liability for Oil Pollution Damage）第 7 条规定，可对承担船舶所有人油污损害责任的保险人或提供财务保证的其他人直接提出油污损害索赔的情形；美国路易斯安那州、纽约州、波多黎各等法域允许索赔人对船舶保险人提出直接诉讼的情形等。2016 年，中国船舶油污损害赔偿基金管理委员会通过了《船舶油污损害赔偿基金索赔指南（试行版)》和《船舶油污损害赔偿基金理赔导则（试行版)》，标志着我国对船舶油污损害赔偿问题取得了新突破。从各国立法和国际公约的发展看，现代油污损害赔偿存在多重机制：第一层赔偿主体是船方和保险人，依据侵权责任原理进行赔付，属于本书研究规则的适用范围，但船方和保险人被视为整体分配责任份额。第二层赔偿主体是赔偿基金，基金主要由可能造成污染损害的行业者缴纳，例如大石油公司等，作为第一层赔偿机制的补充。但该层基金的赔偿已经脱离了侵权责任赔偿的原理。第三层赔偿主体是补充赔偿基金，例如以《2003 年建立国际油污赔偿补充基金的议定书》为法律依据，建立的“国际船舶油污损害补充赔偿基金”，提高了油污赔偿的责任限额，可以更充分地赔偿被侵权人的损失。但同时，赔偿基金的赔偿原则并非传统侵权责任的清偿问题，其实则已经突破了债和责任的关系，即基金遵循自身的分配机制。[①] 其依据的是协议或公约，而非侵权责任理论，所以不在本书讨论的范围之内。

---

① 例如交通运输部、财政部印发的《船舶油污损害赔偿基金征收使用管理办法实施细则》等。

第一章　侵权责任分担理论研判

第一节　相关概念的界定

一、侵权行为与侵权债务

侵权法视野下，侵权行为、侵权债务和侵权责任三个概念的界定和相互关系一直存在争议。比较侵权行为法的权威学者通克（Tunc）教授一针见血地指出，定义侵权行为也就是为侵权行为确定属加种差概念的尝试是非常困难的。罗马法的私犯是侵权行为的雏形。罗马法上私犯的概念主要指侵犯他人人身或财产的情形，是债的发生原因之一，罗马法上也有准私犯的规定。[①]国际上最为通用的是“tort”一词，该词的词源是拉丁文的“tortus”，本意为“扭歪”和“扭曲”。该词的本意表示侵权行为是偏离正常轨道的行为，是与正当行为相反的行为。[②] 法语语境中的“tortum”“tort”来自拉丁语中的另外一个词，即“delictum”，该词本意是“过错”和“罪过”，这表明侵权行为在法语语境中关注的是行为人的主观状态和客观条件的结合，并且体现了法律和道德对此的否定性评价。另外，德语中的“Unerlaubte handlungen”，意大利语中的“fatti illeciti”，葡萄牙语中的“factos ilicitos”和荷兰语中的

---

① 参见蔡忠良：《侵权行为法立法体例比较研究——兼论侵权行为法之冲突规范》，中国海洋大学2007年硕士学位论文，第1页。

② 参见王卫国：《过错责任原则：第三次勃兴》，中国法制出版社2000年版。

“onrechtmatige”等都是侵权行为的表述方式。[①]

“侵权行为”一词在普通法下一直被认定为“没有定论的怪胎”。美国学者莫里斯（Morris）认为，侵权行为可以用私法上的过错作为其简单的表达方式。[②] 美国著名侵权法专家威廉姆·普罗瑟教授进一步限定了这种过错的范围：“广义上讲，侵权行为是一种民事过错，但不是一种违约，法院通过损害赔偿诉讼的方式对此加以补救。”[③] 英国法学家约翰·G. 福莱明（John G. Fleming）指出：“侵权行为是区别于违反合同这种过错的行为，法院为此种过错提供的救济形式是损害赔偿诉讼。”[④] 福莱明的定义与普罗瑟的观点非常相近，英国的主流观点也采纳了福莱明的定义。[⑤] 英国法学家温菲尔德（Winfield）对侵权行为的定义揭示了侵权行为与违约行为的区别：“侵权行为产生损害赔偿责任，此种责任的来源是违反了法律针对世人设定的普遍性义务，法律同时为此种责任的实现提供了途径即损害赔偿诉讼。”[⑥] 也就是说，产生侵权责任的侵权行为是由于违反法律预设的对世义务。这区别于违约行为，因为违约行为的违反主体只能是特定合同的当事人，同时其违反的义务是合同缔约方依据意思自治订立的协议所约定的。从学者的观点中可以发现，英美侵权法对于侵权行为的定义，是将其定性为一种过错，区别于违约行为的法律上的否定性评价，法院通过损害赔偿诉讼提供法律救济。普通法系学者对于侵权行为概念的界定更关注程序，这与侵权诉讼在各国的发展历史有关。[⑦] 但是，当代侵权行为的种类无论从数量上还是复杂程度上讲都在逐步上升，涉及生活的各个方面。同时，侵权责任构成依据的新规则，如

---

① 参见王利明：《侵权行为法研究》（上卷），中国人民大学出版社2004年版。

② See Morris, *On Torts*, Brooklyn, 1953: 1. 转引自王利明：《侵权行为概念之研究》，载《法学家》2003年第3期。

③ Tunc, “Introduction, Torts”, *International Encyclopedia of Comparative Law*, V. XI, 1974: 6.

④ John G. Fleming, *The Law of Torts*, 4th edition, Sydney, 1971: 1. 转引自王利明：《侵权行为概念之研究》，载《法学家》2003年第3期。

⑤ See Salmond & Heuston, *The Law of Torts*, Sweet & Maxwell, 1981: 7.

⑥ Winfield & Jolwicz, *The Law of Tort*, 18th edition, Sweet & Maxwell, 1971: 77.

⑦ 关于救济（redress）、令状（writ）等有关程序的发展，参见杨彩霞：《试论国际私法中的侵权行为》，中国政法大学2001年硕士学位论文，第4页。

产品责任上的市场份额责任说（market share liability）扩大了侵权行为责任的涉及面，无过失主义的出现切断了传统过失责任的单条锁链，使侵权行为在主观上即归责原则方面沿着双轨方向发展①，简单地将侵权行为界定为过错，区别于违约行为，已无法满足现代社会侵权行为自身的发展。

从上文可以看出，普通法系学者对于侵权行为的界定观点大体相似，而与此不同的是，由于大陆法系国家的关注点不同且相应建立了非常复杂的侵权行为法体系，其对侵权行为概念的界定异常困难，也很难统一。大陆法系侵权行为法源于罗马法，主要是公元前286年制定的《阿奎利亚法》（Lex Aquilia），该法最重要的贡献是提出了“不法”（iniuria）一词。“不法”一词最初仅指故意侵害，后来过失侵害行为也可能构成不法。《阿奎利亚法》蕴含着侵权行为法的基本概念及思考方式，在两千年后的今天，“iniuria”的概念仍以不同的形式存在于大陆法系的侵权行为法中。② 例如，1804年《法国民法典》第1382条规定“自身过失致使他人受损害时，该人对受损害之人承担损害赔偿责任”，因此一部分学者根据该条的规定将侵权行为等同于损害赔偿责任。③《德国民法典》也继承了罗马法，其第823条和第826条规定了侵权行为的一般构成要件，即违法性（rechtswidrigkeit）、侵犯权利和有过失（culpability）。但事实上，“侵权行为”一词在以《十二铜表法》为代表的早期法学中，是较为广义的概念，甚至包括抢劫、强奸和偷窃等现代法学中的犯罪行为。④

我国的“侵权行为”这个概念源于《大清民律草案》。我国学界目前对于侵权行为也没有统一的定义，我国学者具有代表性的观点是法益侵害说、广义说和侵权责任与侵权行为分离说。法益侵害说的代表人物史尚宽先生认

① 即在某些侵权行为上实行过失责任，在另外一些侵权行为上实行严格责任；或者以严格责任为特别原则，以过失责任为一般原则。

② 参见杨彩霞：《试论国际私法中的侵权行为》，中国政法大学2001年硕士学位论文，第6页。

③ See Andre Tunc, *International Encyclopedia of Comparative Law Torts Introduction*, Tubingen, 1974: 9.

④ 参见［英］亨利·萨姆奈·梅因：《古代法》，高敏、瞿慧虹译，中国社会科学出版社2009年版，第283-284页。

为侵权行为乃“因故意或过失不法侵害他人之权利或故意以背于善良风俗之方法，加损于他人之行为也”①。广义说（也有学者称为责任说②）认为侵权行为是责任产生的依据，包括两层含义：首先，侵权行为指代行为人的过错行为；其次，侵权行为也指代依据法律规定而产生的责任，即公平责任和无过错责任等。③ 侵权责任与侵权行为分离说主要是王利明教授的观点，侵权行为的替代名称是侵害行为，指侵害他人权益的行为。④ 侵权行为与侵权责任的侧重点不同：前者关注的是行为，即具有过错的行为；后者关注的是责任，指由于行为人的过错行为或者依据法律的规定，责任人需要承担某种责任。侵权责任是法律的否定性评价，过错责任和公平责任都在其中。因此界定侵权行为这件事与公平责任的责任问题应是分开的。⑤ 王利明教授给出的侵权行为定义包含三个要素：第一，主观要求是过错；第二，本质是侵害他人权益，包括人身权益和财产权益；第三，需要承担民事责任。

普通法系将侵权行为界定为过错行为，主要针对的是一般侵权行为，但面对特殊侵权行为例如产生危险责任的情形，该种界定方式就无法自圆其说了。⑥ 法益侵害说旨在保护受害人之权益，但是其有扩大侵权行为内涵的嫌疑。⑦ 广义说尽管透析了侵权行为具有责任此种否定性评价的特质，但是其定义的方式混同了侵权行为和侵权责任。侵权责任与侵权行为分离说的缺陷正是广义说的优点，其忽视了行为的否定性评价，对于危险责任等责任性认

---

① 史尚宽：《债法总论》，中国政法大学出版社2000年版，第101页。

② 参见李霄敏：《论侵权行为的违法性》，重庆大学2009年硕士学位论文，第3页。

③ 参见王利明：《侵权行为概念之研究》，载《法学家》2003年第3期。

④ 参见王利明：《侵权行为概念之研究》，载《法学家》2003年第3期。

⑤ 参见王利明：《侵权行为概念之研究》，载《法学家》2003年第3期。

⑥ 参见李霄敏：《论侵权行为的违法性》，重庆大学2009年硕士学位论文，第3页。

⑦ 也有观点认为，法益侵害说极大地限制了侵权行为法所保护的权益范围，不利于对受害人的救济。参见李霄敏：《论侵权行为的违法性》，重庆大学2009年硕士学位论文，第3页。笔者认为上述观点有待商榷，史尚宽先生的定义将侵害权益的行为区分为两部分，一是法律规定的，二是善良风俗应予保护的。尽管法律和善良风俗是两个交叉的概念，但是并非所有善良风俗应予保护的权益都已上升至法律的层面，二者并非完全等同，因此史尚宽先生的定义扩大了侵权行为的内涵，而非上述论文笔者提到的“限制了权益保护范围”。

定的行为没有提供解释依据。正如莎士比亚所说的，“一千个观众就有一千个哈姆雷特”，各国学者对于侵权行为概念的界定方式不同，是因为每个国家都有自己独特的侵权行为法体系，侵权行为概念的形成一定会不可避免地保留这种独特性。我国学者对于侵权行为概念界定的不统一，也是因为学者们界定概念时的关注点不同，关注点不同自然导致何为侵权行为这个问题的答案具有了多样性。这恰恰体现了侵权行为具有多面性的特点，很难用一句话将其所有特点、种差性表达得淋漓尽致。

本书并未意图界定侵权行为的外延和内涵，只是希望借助分析侵权行为的属性特点，将侵权行为的骨架构造出来，以厘清侵权行为与侵权债务和侵权责任的关系。

第一，从现代刑法与民法区分的角度出发，侵权行为区别于犯罪行为，但是历史上大多数国家都经历了民刑不分到二者泾渭分明的过程，例如罗马法所确认的民事不法行为的开头是偷窃行为，甚至强奸、抢劫等也被认为是完全的侵权行为，所有类似的一切都产生了“债”或者“法锁”，并且都用金钱支付的方式予以补偿。① 这样的观点自然导致侵权行为与犯罪行为最初混合在一起，亨利·萨姆奈·梅因甚至认为，在法学的初期，公民赖以得到保护从而对抗暴力或欺骗的不是“刑法”而是“侵权行为法”，② 但是后世立法者和法学家逐渐意识到二者的区别，刑民两个部门尤其是侵权行为与犯罪行为慢慢发生分离。两种行为的区别也就是刑法和民法两个部门法的区别，二者在社会危害程度和被侵害权益的种类、范围及调整措施等方面都存在明显差异。但二者却可能同时存在于一个案件的责任人身上，例如《民法典》第 187 条③规定的责任承担的次序。

---

① 参见［英］亨利·萨姆奈·梅因：《古代法》，高敏、瞿慧虹译，中国社会科学出版社 2009 年版，第 283 页。

② 参见［英］亨利·萨姆奈·梅因：《古代法》，高敏、瞿慧虹译，中国社会科学出版社 2009 年版，第 283 页。

③ 《民法典》第 187 条规定：“民事主体因同一行为应当承担民事责任、行政责任和刑事责任的，承担行政责任或者刑事责任不影响承担民事责任；民事主体的财产不足以支付的，优先用于承担民事责任。”

第二，侵权行为的主观状态一般为过错，在法律有明确规定的情况下则无须过错的存在，这主要是指在工业大革命后严格责任[①]和危险责任等的大范围扩张。侵权行为是侵害民事权益的作为和不作为，[②] 这个表述体现在《民法典》的第1164条和第1165条。尽管《民法典》制定过程中学者的争论较多，但既然法律已经颁布，在解释和研究我国法律政策和态度时，就应该尊重我国现行有效的法律体系的用词习惯。因此，我国现有法律体系下的侵权行为是侵害民事权益的作为和不作为，民事权益包括人身和财产等绝对权，利益也在其中，而是否包含债权等相对权，目前没有确定的答案。但是国外侵权行为法的发展可以起到参考作用，例如一些国家承认引诱违约和第三人侵害债权等行为也是侵权行为的类型之一。[③] 但为了限制侵权法调整范围的闭合性，保持与合同法的界限，尊重行为人的自由和确保法律的可预见性等，上述行为一般仅在当事人故意的情况下才需要承担侵权责任。考虑到上述原因，笔者认为不宜将侵权法的保护范围扩大至相对权，即使扩大也需要增加例如主观状态等的限制条件。

第三，侵权行为与违约行为、违法行为不同，其直接的法律后果是侵权债务而非侵权责任。侵权行为与违约行为在违反的义务种类、涉及的当事人和法律救济措施等方面存在重要差异。有学者认为侵权行为是违法行为，即法的不当为。从法律后果上，侵权行为直接与侵权责任划等号。[④] 从

---

① 有学者认为，严格责任也需要考虑过错。参见王利明：《侵权行为概念之研究》，载《法学家》2003年第3期。

② 王利明认为，侵权行为是一种行为，包括作为和不作为。参见王利明：《侵权行为概念之研究》，载《法学家》2003年第3期。张新宝认为行为不仅包括加害人的行为（作为或不作为），也包括准行为（他人之行为、动物致人损害等）。参见张新宝：《侵权行为法的一般条款》，载《法学研究》2001年第4期。王泽鉴同意行为包括作为与不作为。参见王泽鉴：《侵权行为》，北京大学出版社2009年版，第88页。美国法学会《侵权法重述·第二次》第6条侵权行为（tortious conduct）规定："侵权行为"在本重述中是指依据侵权行为法（Torts）应负责任的作为或者不作为。翻译来自王竹：《论侵权事故责任》，载《望江法学》2009年第3期。

③ 参见［美］爱波斯坦：《侵权行为法》，利特尔布朗公司1984年英文版，第1335－1344页。

④ 有学者认为，侵权行为属于违法行为（法的"不当为"），法律对这种"不当为"的后果具有强制力，因此侵权行为后果的实质是责任而不是债。参见魏振瀛：《论民法典中的民事责任体系：我国民法典应建立新的民事责任体系》，载《中外法学》2000年第3期。

某种程度上说，这个观点有其合理性，因为所有侵权行为都是一种违反法定义务的行为。① 但是并非所有违法行为都是侵权行为，违法行为的范围较之侵权行为更广。除此之外，侵权行为的法律后果并不是侵权责任，而是侵权债务。民事法律以自治为原则，债的环节是当事人以自愿方式来进行权利救济的途径，并非所有的侵权行为最终都走进《民法典》等法律的范围内得到调整，有的完全可以通过当事人自愿履行债务得到解决。只有在债务没有得到履行，当事人的权益无法通过自治得到恢复之时，侵权事件才有可能走入侵权责任的环节，通过法的强制力来保障权益的实现。如果忽略了侵权债务在侵权行为和侵权责任之间的衔接角色，则与私法自治的原则相矛盾。

二、侵权债务与侵权责任

债务与责任的关系是另外一个存在争论的话题，关于二者关系的观点主要分为两大流派：一是以罗马法为代表的责任与债不严格区分；二是以日耳曼法为代表的区分责任与债。在区分责任与债的基础上，现代民法学者对责任和债的属性界定又有多种观点。

罗马法②中比较有代表性的是《十二铜表法》和《查士丁尼法学总论》。

① 参见王利明：《侵权行为概念之研究》，载《法学家》2003 年第 3 期。这个论述并不涉及侵权责任构成要件的违法性和过错的关系问题。认为违法性要件可以被过错要件吸收，侵权责任构成要件应该摒弃违法性这个要件的观点，参见王利明：《侵权行为法归责原则研究》，中国政法大学出版社 1992 年版，第 398 页以下。

② 罗马法根据沈宗灵先生的研究可以划分为 4 个时期，这其中具有代表性的法律成果是：(1) 罗马奴隶制社会形成至奴隶制共和国初期（公元前 8 世纪至公元前 3 世纪），在此阶段形成了最古老的罗马成文法——《十二铜表法》。(2) 罗马共和国初期至解体（公元前 3 世纪至公元前 27 年），这一时期的法律成果是公民法和万民法。(3) 罗马帝国时期（公元前 27 年至公元 3 世纪初），该时期也被称为罗马法学的古典时代，代表成果是五大法学家（盖尤斯、帕比尼安、保罗、乌尔比安和莫迪斯蒂努斯）的论述和“全面的国家法”。(4) 罗马帝国衰落至查士丁尼编纂罗马法为止的时期 (3 世纪初开始至 6 世纪)。这一时期的成果包括《查士丁尼法典》《查士丁尼学说汇编》《查士丁尼法学总论》《查士丁尼新律》，至中世纪时被合称为《查士丁尼民法大全》。后世所讲的罗马法主要指《查士丁尼民法大全》，它反映了罗马帝国全盛时期的罗马法。参见沈宗灵：《略论罗马法的发展及其历史影响》，载《历史研究》1978 年第 12 期。

《十二铜表法》阶段的债包括债权和债务，涉及债权人、债务人、保证人和代为清偿人。此时债权的内容包含一定给付的请求权和请求权未得实现时对债务人的处分权。① 显然此时的债不仅包含现代意义的债权债务，也包含责任的雏形。债务的内容是为一定给付，债务人未满足债权人的债权将会面临一定的法律不利益，也就是债权人对债务人身体和生命的处分权。这一阶段的债包括现代债和责任的内容，但是也区分了这两个内容的实现条件；处分权是债权人在债务人无法履行债务后享有的权利，也是债务人承担的法律不利益后果。《十二铜表法》第八表私犯是债的另一个发生原因，是侵权责任的萌芽，具体责任形式为同态复仇。尽管通说认为罗马法不严格区分债与责任，《十二铜表法》第三表和第八表的规定②将侵权责任单列一章的做法，说明了立法者对二者的区别对待，也体现了债之自主性、法定性和惩罚性的特点。债的惩罚性特点在现代法律体系下主要由法律责任来实现。《查士丁尼法学总论》汇编了罗马帝国时期的主要私法诏令和著名罗马法学家的私法学说，具有法律效力，该总论中定义的债为“依据国法施加于人之义务的法律联系（juris vinculum，也称为法锁）”。这个定义较为宽泛，债权和债务都涵盖在这个定义中，并且不仅仅指借贷关系。根据当时罗马法学家的理论，产

---

① 此种处分权，类似于现代法律体系下的法律责任。

② 在《十二铜表法》中，尽管没有对债务、责任明确定义，但是在第三表执行和第八表私犯的规定中，能够发现早期罗马法对于债务、责任的态度。为了表述方便，下文对于该表条款简要为：3.1 表示第三表第一条。3.1“对于自己承认或经判决的债务，有三十日的法定宽限期。”说明债务包括合意之债和法定之债。3.2“期满，债务人不还债的，债权人得拘捕之，押其到长官前，申请执行。”3.3“此时如债务人仍不清偿，又无人为其担保，则债权人得将其押至家中拘留，系以皮带或脚镣拴住，但（镣铐）重量最多为十五磅，愿减轻者听便。”3.2 和 3.3 表明债务人不履行债务，会引发一定的法律后果，比如被拘捕，拘押，受到刑罚等。3.4“债务人在拘禁期间，得自备伙食，如无力自备，则债权人应每日供给谷物粉一磅，愿多给者听便。”该条表明债权人除了权利，还负有一定义务。3.5“债权人得拘禁债务人六十日。在此期内，债务人仍可谋求和解；如不获和解，则债权人应连续在三个集市日将债务人牵至广场，并高声宣布所判定的金额。”债务人有和解的提出权，但接受与否取决于债权人。3.6“在第三次牵债务人至广场后，如仍无人代为清偿或保证，债权人得将债务人卖于台伯河（Tiber）外的外国或杀死之。”代为清偿和保证是两个解除债务人债务的方式，债权人有处置债务人人身和生命的选择权。3.7“如债权人有数人时，得分割债务人的肢体进行分配，纵未按债额比例切块，亦不以为罪。”

生债的原因是当事人之间的契约和一方对另一方的损害（不法行为）。该定义体现了债的强制性和负担性，债是种法定义务。当事人之间一旦成立了债，那么债权人就享有了法定权利，债务人就负有法定义务，并通过国法的强制力来保证债的实现；而国法的强制力表现在债务人不履行债务，债权人得以处分债务人人身和生命的选择权。随着文明的发展，法律对于债的保障实现由人身的束缚变成了财产的消极负担。

日耳曼法主要指日耳曼人入侵西罗马帝国建立早期封建王国后所颁布的法律的总称。该时期债务（schuld）指“当为”，同时“schuld”一词也指债权。日耳曼法对于债①和责任②分别进行了阐释，表明二者之间的区别。③ 19世纪德国民法学上最具争论的问题之一是债务与责任问题。④ 有学者指出，德国普通法时期受到罗马法的影响，债务与责任并没有区别。⑤ 但在《德国民法典》之后，德国实质上采纳了日耳曼法二者区分的体系。⑥ 对于该问题，

---

① 故所谓债务者，原谓债权人与债务人之间之当为状态。债务人并不负有强制履行之义务，履行与否，悉属债务人之自由；若债务人基于其自由意思而为履行时，则其给付有终局的效力，不再进行任意取回，当事人之间之债权债务亦即因而消灭。债权人仅得保有其所受领之给付而已，无强制诉追要求债务人给付之权利也。参见李宜琛：《日耳曼法概说》，中国政法大学出版社 2003 年版，第 104 – 105 页。

② 所谓责任（haftung）者，为服从攻击权之意。盖谓于债务不履行时，得诉之强制手段，要求债务之满足，损害之赔偿及复仇者也。是以责任为对于债务之羁束状态，得称之为羁束（binding），亦即债务之担保。部族法之法源中，恒谓债务人对自己之债务，自负责任者，为保证人。即在中世纪法源中，亦尝谓之为自己保证。故在日耳曼中世法往往谓责任为保证或担保。参见李宜琛：《日耳曼法概说》，中国政法大学出版社 2003 年版，第 104 – 105 页。

③ 日耳曼法上的责任与债务是不同的概念，二者的关系可能有以下 6 种特殊情形：(1) 无责任之债务，如超过时效、赌博债务等。(2) 无债务之责任，如对于将来可能发生之债务，先行设定质权或者保证。(3) 负债务而自己不负责任，如有他人提供担保或设定物上保证。(4) 负责任而自己不负债务，如家长因其家属之侵权而负有责任，债务属于家属（加害人）。更如动物之占有人就动物加于他人之损害，仅有责任而无债务，其债务则由动物负之。(5) 债务于责任从属同时存在，而其范围则不尽相同，如有限责任。(6) 债务之内容与责任之内容，多不相同。参见李宜琛：《日耳曼法概说》，中国政法大学出版社 2003 年版，第 104 – 105 页。

④ 参见王泽鉴：《债法原理》（第 1 册），中国政法大学出版社 2001 年版，第 28 页。

⑤ 参见魏振瀛：《制定侵权责任法的学理分析——侵权行为之债立法模式的借鉴与变革》，载《法学家》2009 年第 1 期。

⑥ 参见王竹：《侵权责任分担论——侵权损害赔偿责任数人分担的一般理论》，中国人民大学出版社 2009 年版，第 90 – 91 页。

有部分学者持反对意见，即从《德国民法典》第二编的体例角度分析，认为《德国民法典》形式上区分了债务和责任，实质上没有区分。《德国民法典》反映和占主流地位的观点是债务与责任可以通用。①

我国民法学界目前主流的观点认为，我国继承了大陆法系在形式构造方面债和责任分离的观点，但是关于责任的概念和属性，债的概念和属性，以及二者之间的关系依然存在争论。我国学界对于责任概念有四种基础观点，即义务说②、处罚说③、后果说④和法律责任说（法律地位说）⑤。这四种典型

---

① 参见魏振瀛：《制定侵权责任法的学理分析——侵权行为之债立法模式的借鉴与变革》，载《法学家》2009 年第 1 期。

② 法律责任是“义务”或“第二性义务”。例如，《布莱克法律词典》解释说，法律责任是“因某种行为而产生的受惩罚的义务及对引起的损害予以赔偿或用别的方法予以补偿的义务”。参见《布莱克法律词典》（英文版），美国西部出版公司 1983 版，第 1197 页。又如，张文显教授在吸收义务说的合理因素的基础上，把法律责任界定为“由于侵犯法定权利或违反法定义务而引起的、由专门国家机关认定并归结于法律关系的有责主体的、带有直接强制性的义务，亦即由于违反第一性法定义务而招致的第二性义务”。参见张文显：《法学基本范畴研究》，中国政法大学出版社 1993 年版，第 187 页。这个定义可称作“第二性义务说”或“新义务说”。

③ 该说认为“法律责任是‘处罚’、‘惩罚’和‘制裁’。亦指一定的行为时，（根据另一些规则）违法者因其行为应受到惩罚，或强迫对受害人赔偿”。凯尔森认为：“法律责任的概念是与法律义务相关联的概念，一个人在法律上对一定行为负责，或者他在此承担法律责任，意思就是，如果作相反的行为，他应受制裁。”参见［奥］凯尔森：《法与国家的一般理论》，沈宗灵译，中国大百科全书出版社 1996 年版，第 73 页。

④ 即将法律责任定义为某种不利后果。例如，林仁栋教授指出：“法律责任是指一切违法者，因其违法行为，必须对国家和其他受到危害者承担相应的后果。”林仁栋：《马克思主义法学的一般理论》，南京大学出版社 1990 年版，第 186 页。又如，有些定义以“必为状态”为中心词，与“后果”同。再如，“法律责任是法制规定的，义务之不履行所处之必为状态。”周永坤：《法律责任论》，载《法学研究》1991 年第 3 期。“所谓法律责任是指由于某些违法行为或法律事实的出现而使责任主体所处的某种特定的必为状态。”杜飞进：《试论法律责任的若干问题》，载《中国法学》1990 年第 6 期。后果说揭示了违法行为与法律责任之间的因果关系，体现了责任的强制性。法律责任是一种法律后果，但不仅仅是一种法律后果，只能说法律责任中包含法律后果的要素。而且后果说的局限还在于它“没有说明不利后果或否定性后果不都属于法律责任的范畴”。参见杜飞进：《试论法律责任的若干问题》，载《中国法学》1990 年第 6 期。

⑤ 法律责任说是一种主观责任。如：“责任乃是一种对自己行为负责、辨认自己的行为、认识自己行为的意义、把它看作自己的义务的能力。”［苏联］π. B. 巴格里－沙赫马托夫：《刑事责任与刑罚》，韦政强等译，法律出版社 1984 年版，第 2 页。这种学说的合理性在于说明了法律责任的道义内容，使法律责任从残忍的结果责任中解脱出来纳入法制文明的大道。然而，法律责任不仅是行为人的主观心理状态和社会对其进行的价值评断，而且包括违反义务的客观要素，是主观责任与客观责任的统一。刘作翔、龚向和：《法律责任的概念分析》，载《法学》1997 年第 10 期。

的观点都是学者从某一侧面观察法律责任的产物，细致入微地展现了法律责任的基本特质；但是这四种学说犹如魔方的单面，单独一面并不能构成魔方这个物件，组合在一起才是完整的魔方。正如埃德加·博登海默所言："法律犹如大厦，大厦由角落、房间或者大厅组成，法学家在目睹了房间或大厅后，就以为这是大厦的全貌，这是法学家常犯的错误。"① 为找到魔方或者大厦的全貌，睿智的学者将两个或者多个侧面组成法律责任的内涵，从而得出了关于法律责任新的定义方式。② 关于责任的属性，民法学界有"惩罚说"和"担保说"。"惩罚说"意指责任是特定法律后果，即义务未得到履行产生的法律后果；"担保说"的观点是责任是一种担保，担保义务应得到履行。即使罗马法没有将债务与责任区别开，"惩罚说"却带有浓重的私犯的影子；而"担保说"建立在区分债务与责任的基础上，乃是日耳曼法对

---

① 吕世伦主编：《西方法律思潮源流论》，中国人民公安大学出版社 1993 年版，第 264 页。

② 沈宗灵教授认为，法律责任"大体上指以下两个密切联系的含义：第一，相当于义务……第二，指有违法行为或违约行为，也即未履行合同义务或法定义务，或仅因法律规定，而应承受某种不利后果"。参见沈宗灵主编：《法理学》，高等教育出版社 1994 年版，第 404 页。孙笑侠先生认为，法律责任包含两层语义："法律责任首先表示一种关系的存在；其次表示责任形式。"孙笑侠：《法的现象与观念》，群众出版社 1995 年版，第 202 页。他把责任关系即法律义务关系和责任形式即不利后果作为法律责任两项互为逻辑关联的层次。以上两种观点综合了义务说和后果说的合理之处，揭示了法律责任的客观实在性与强制性，但似乎没有表明法律责任的当为性、正义性。刘作翔、龚向和认为应当着重吸收义务说、后果说及法律地位说的合理因素，确立一个三位一体的法律责任概念，法律责任是有责主体因法律义务违反之事实而应当承受的由专门国家依法确认并强制承受的合理的负担。参见刘作翔、龚向和：《法律责任的概念分析》，载《法学》1997 年第 10 期。余军、朱新力从法现象的角度着手，认为一个理想的法规范概念应当包含价值要素（内容正当）、规范要素（有效性）与事实要素（社会实效）三个层面。作为规范性概念的法律责任所应包含的价值、规范与事实三要素具体表现为"责任的根据"与"归责"、"救济权关系"、"强制"三个层面。参见余军、朱新力：《法律责任概念的形式构造》，载《法学研究》2010 年第 4 期。"在强制执行范围内，提出这样一个问题，即债务人必须在多大程度上对其义务承担责任以及他用什么来'承担责任'（Haftung）。责任概念在运用时有两个不同的意思：（1）责任指承担损害赔偿义务（如：'A 向 B 承担损害赔偿责任'，也即'A 向 B 承担损害赔偿义务'）。这一责任概念包含在专业术语'危险责任'和'有承担责任的义务'之中。（2）责任必须是以人或财产去担当义务。这一责任概念所指的不是义务，而是以之为前提，它所涉及的是义务人由于该义务而要受强制执行的财产范围。在这个意义上，人们说'限制责任（有限公司责任）'，'以全部财产承担责任'……债务人对其责任原则上以其全部财产承担责任……"参见［德］迪特尔·施瓦布：《民法导论》，郑冲译，法律出版社 2006 年版，第 168－169 页。

民法的一大贡献。郑玉波教授则兼采两种学说，称之为第一种意义的责任和第二种意义的责任。第一种意义的责任是“不法侵害他人权利或利益应承受的民事制裁”，是“责任为因，债务为果”；第二种意义上的责任是“债务人以其财产担保其所负担的债务”，是“债务为因，责任为果”。在债务的关系上，两者正好相反。① 其他学者大多支持“担保说”，如史尚宽先生认为，债务为应为给付之义务，责任为此义务之财产的担保。债务人不为给付时，债权人得依强制执行之方法，实现其债权者。② 林诚二教授也指出，所谓责任关系，指债务人不履行其给付义务时，以其财产担保债务人之一种特定人之间的关系，借此责任关系，可以达到有因给付同一价值之债的目的。③ 王泽鉴教授总结为：“债务，是指为一定给付的义务。责任，履行义务的强制力保障，即实现义务的手段。”④ 我国学者关于债务的属性主要有几种观点：林诚二认为，从法律目的的角度分析，债权关系的目的，不是债务人给付的“实行”，而是债务人的行为使债权人得到满足。⑤ 郑玉波认为，债务仅属于法的当为，而不含有法的强制。⑥ 我国民法学者关于责任和债的关系，主要有三种观点：一是债务与责任形影不离说。其中的“形”是指债务，“影”是指责任；责任如影，不离债务之形。“承担债务的人如果没有履行债务，那么他应该用其全部财产担负履行债务的责任。债务和责任相系相生，如影随形，担负债务的当事人不仅从道德伦理上应该履行义务，从法律角度其财产也面临因为强制执行而被剥夺的危险。”⑦ 有学者认为，

---

① 参见郑玉波：《民事责任之分析》，载郑玉波主编：《民法债编论文选辑》（上册），台北，五南图书出版股份有限公司 1984 年版，第 60 页以下。转引自张广兴：《债法总论》，法律出版社 1997 年版，第 285－286 页。

② 参见史尚宽：《债法总论》，中国政法大学出版社 2000 年版，第 3 页。

③ 参见林诚二：《债之本质与责任》，载中国法制出版社编：《债法论文选萃》，中国法制出版社 2004 年版，第 35 页。

④ 王泽鉴：《债法原理》（第 1 册），中国政法大学出版社 2001 年版，第 28 页。

⑤ 参见林诚二：《债之本质与责任》，载中国法制出版社编：《债法论文选萃》，中国法制出版社 2004 年版，第 35 页。

⑥ 参见郑玉波：《民法债编总论》（修订 2 版），中国政法大学出版社 2004 年版，第 9 页。

⑦ 王泽鉴：《民法学说与判例研究》（第 4 册），中国政法大学出版社 1998 年版，第 123－124 页。

现行法治下，责任早已成为“债务的影子”，二者紧密关联。法律或者其他语境下，“负责任”和“负义务”成为可以互相替代使用的同义词常常只是为了避免重复使用“负担债务”。[①] 二是责任包含债务说。该理论代表性的观点是承担债务的义务人，由于责任关系的存在，在债法上即为损害赔偿义务或给付义务。因此，责任与义务有密切关系。这种紧密的关系就像是橘子的皮和肉，“肉”指债务，“皮”指责任，“橘肉”需要“橘皮”的保护，也就是说债务包含于责任之中。橘子同时有肉和皮才能让人食用，即使贩卖，也是连皮带肉的债权。主张该理论的学者同时认为债务人只要没有履行债务，就需要服从这样处置的法律效力，这种服从不是源于容忍债权人的义务，而是源于债务人责任的本意。[②] 三是债务包含责任说。此说认为：“只有有责任的债务才是完全债务。”[③] “自然债务亦可称为无责任债务。反之完全债务则可称为有责任债务也。”[④]

我国《民法典》将侵权单独规定在第七编侵权责任中，而不是将其作为债的发生依据之一进行规定，对此笔者认为立法并未否定侵权行为作为债发生依据的属性，只是表明立法对侵权行为的后果——法律责任的关注，体现了我国对侵权立法制裁功能的选择。同时，合同之债和侵权行为之债在民事责任上具有关联性或者可比拟性。根据《民法典》第187条、第1164条至第1167条的规定可以得出以下结论：(1) 侵权责任的目的是保护民事主体的合法权益，预防并制裁侵权行为，说明我国侵权责任法的首要功能是保护、预防和制裁。(2)《民法典》保护的是民事权益，说明侵权责任是民事权益的保障，并不仅仅是债的担保，同时承担责任的前提并不一定是债。(3) 享有请求权的主体是被侵权人，承担侵权责任的主体是侵权人。(4) 侵权责任是

---

① ［德］迪特尔·梅迪库斯：《德国债法总论》，杜景林、卢谌译，法律出版社2004年版，第17页。

② 参见林诚二：《民法债编总论——体系化解说》，中国人民大学出版社2003年版，第221页。

③ 黄茂荣：《债法总论》（第1册），中国政法大学出版社2003年版，第62页。

④ 邱聪智：《新订民法债编通则》（上），中国人民大学出版社2003年版，第8页。

区别于行政责任和刑事责任等公法责任的私法责任，且具有优先性。上述三种学说仅是关注的重点不同，并不矛盾。责任与债务相生相伴，但是二者并不一定在所有的情况下都同时存在。民事义务（债务也是义务的一种）体现了主体的行为自由，是适法状态的范畴；民事责任是强制主体行为，属于违法状态。违反民事义务就会产生民事责任，民事义务的违反是因，民事责任是果。① 债务包含责任一说说明了自然债务和完全债务两种债务类型，但是不能说债务的概念大于责任的概念，或者说责任概念是债务概念的从属概念。责任包含债务一说更深入准确地揭示了责任与债务关系的常态。侵权责任分担的是侵权责任而非侵权债务，正是从这个层面说的。侵权债务并非都会导致侵权责任的产生，侵权责任是侵权债务人不主动自觉履行债务时，法律通过强制力保障责任人向受害人承担责任的方式。同时，侵权责任的范围和方式必须由法律规定，法律通常设定了责任人的责任下限，在数额上并不一定等于侵权债务的数额，本书的论述即是对此种规则的总结和分析。

三、侵权责任与侵权损害赔偿责任

侵权责任作为侵权行为的法律后果，体现了国家对于该种行为的制裁和否定评价，同时为了正义的追求，通过立法技术将被侵害的权益恢复到未受侵害之前。但是民事生活是纷繁复杂的，民事权益不仅仅包括财产权益，也包括人身权益，这就必然要求恢复权益的原有状态的方式是多样的。侵权立法对于权益的保护范围呈现逐渐扩大的趋势，这个问题在《法国民法典》和《德国民法典》制定的时候并没有过多争议，因为当时人们对于人身权保护的理念并没有像对于财产性权利一样成熟。“人格权这个概念一直处于发展的状态，它可以被称为母权。”② 民法上对于侵害人格权抚慰金的适用范围经

① 参见高留志：《论民事责任与民事义务的区分》，载河南民商法网2024年8月2日，http://www5.zzu.edu.cn/lawc/mflt/4a44c05f42d239d50142d71f973102f0.html。

② 王泽鉴：《民法学说与判例研究》（第8册），中国政法大学出版社1998年版，第93页。

历了由严格限制到逐步扩大的过程，这说明民事责任理论也是一个发展中的理论。现代社会科学技术高度发达，伴随生产和生活水平提高的是风险的扩大，民事权利受侵害的范围扩大和严重性增加，同时人民的维权意识也随之增强，在这种情况下，民事责任限于损害赔偿已经远远不能适应现实和社会发展的需要。[①] 在知识产权、名誉、商业信用、环境等方面的侵权，停止侵害的责任方式往往比事后赔偿更为重要；对人格权的侵害，恢复名誉、赔礼道歉的重要性不亚于损害赔偿。排除妨碍、消除危险在德国民法上本来属于物权请求权的范畴，德国司法实践和理论早已突破了这一法律规定。[②] 因此一些学者认为："中国侵权立法实践起步较晚，具有选择的余地，固守绝对请求权并非唯一方式，接受其他方式可以避免中国侵权立法重蹈覆辙。"[③]

《民法典》出台之前，侵权责任承担方式主要规定在《民法通则》和《侵权责任法》中。《民法通则》第134条[④]规定了10种侵权责任承担方式。该条使用了不完全举例的方法，列举了承担民事责任的主要方式，而赔偿损失只是承担侵权责任的一种方式。《侵权责任法》第15条[⑤]规定了8种侵权责任承担方式，较之《民法通则》少了"（六）修理、重作、更换"和"（八）支付违约金"，这两种方式多出现在合同违约的情形中。不变的是赔偿损失仍然是侵权责任承担的一种方式。事实上，赔偿损失在古代法中是

---

① 参见魏振瀛：《制定侵权责任法的学理分析——侵权行为之债立法模式的借鉴与变革》，载《法学家》2009年第1期。

② 参见魏振瀛：《制定侵权责任法的学理分析——侵权行为之债立法模式的借鉴与变革》，载《法学家》2009年第1期。

③ 郭明瑞：《侵权立法若干问题的思考》，载《中国法学》2008年第4期。

④ 《民法通则》第134条规定承担民事责任的方式主要有：（1）停止侵害；（2）排除妨碍；（3）消除危险；（4）返还财产；（5）恢复原状；（6）修理、重作、更换；（7）赔偿损失；（8）支付违约金；（9）消除影响、恢复名誉；（10）赔礼道歉。以上承担民事责任的方式，可以单独适用，也可以合并适用。

⑤ 《侵权责任法》第15条规定承担侵权责任的方式主要有：（1）停止侵害；（2）排除妨碍；（3）消除危险；（4）返还财产；（5）恢复原状；（6）赔偿损失；（7）赔礼道歉；（8）消除影响、恢复名誉。以上承担侵权责任的方式，可以单独适用，也可以合并适用。

“不法行为之诉”即“侵权行为之诉”的唯一方式，[①] 在现代法的实践中也是一种主要和常见的方式。依据我国《民法通则》第134条的规定，损害赔偿责任叫作赔偿损失。《民法典》第179条[②]规定了民事责任的承担方式，第1167条[③]规定了危及他人人身、财产安全的责任承担方式。随着立法技术和文明的发展，人们对侵权法保护的权益范围是动态变化的过程，侵权责任承担的方式也随之改变，而赔偿损失作为其中最重要的一项承担责任的方式，适用于大多数侵权的情形，这也使很多学者在研究侵权责任理论之时将赔偿损失的规则扩大适用于侵权责任的其他承担形式中。事实上，赔偿损失的规则、构成要件和其他责任承担形式的规则、构成要件是不同的，例如大多数侵权损害赔偿案件需要过错、违法行为、损害事实及因果关系才能构成侵权。但是依据《民法典》第53条、第179条和第196条的规定，返还财产这种侵权责任承担方式并不问当事人之过错存在与否，只要原物还存在，有以侵占或其他不合法方式占有他人之物的行为，侵权人就负有返还财产的责任。

侵权责任分担论关注的是侵权责任的财产属性，因此主要是指赔偿损失这一种侵权责任承担方式。因此本书的研究主题尽管为侵权责任的分担，主要表现为损害赔偿的分担规则，但是侵权责任绝不仅限于此。而且随着海上侵权立法的发展，应该明确扩充侵权责任的承担方式，尤其是在海上污染和人身损害赔偿等领域，这样才能更充分地保护当事人的合法权益，诠释侵权责任法对正义的追求。

---

① 参见［英］亨利·萨姆奈·梅因：《古代法》，高敏、瞿慧虹译，中国社会科学出版社2009年版，第283页。

② 《民法典》第179条规定：“承担民事责任的方式主要有：（一）停止侵害；（二）排除妨碍；（三）消除危险；（四）返还财产；（五）恢复原状；（六）修理、重作、更换；（七）继续履行；（八）赔偿损失；（九）支付违约金；（十）消除影响、恢复名誉；（十一）赔礼道歉。法律规定惩罚性赔偿的，依照其规定。本条规定的承担民事责任的方式，可以单独适用，也可以合并适用。”

③ 《民法典》第1167条规定：“侵权行为危及他人人身、财产安全的，被侵权人有权请求侵权人承担停止侵害、排除妨碍、消除危险等侵权责任。”

第二节　侵权责任分担理论形成思路

一、侵权行为划分引发的困境

侵权行为依据不同的标准可以划分为不同种类，国内学者依据归责原则的不同将侵权行为分为一般侵权行为和特殊侵权行为，这也是侵权责任法的主要分类体系。也有学者认为，侵权行为应该分为一般侵权行为、特殊侵权行为和共同侵权行为。这种分类方式存在一定的价值，但是在概念上是不周延的。一般的否定应为非一般，也就是特殊，共同侵权行为尽管区别于普通侵权行为，但是从归责原则上看，它既有可能属于一般侵权行为，也有可能属于特殊侵权行为。也就是说，一般侵权行为、特殊侵权行为和共同侵权行为存在交叉地带，用传统的分类方法很难解释这种存在形式。

有学者试图从责任关系的角度解决这个问题，将侵权行为对应责任类型的不同划分为直接责任、间接责任和连带责任。杨立新教授对此种分类方式有异议，认为该种分类方式并没有穷尽和囊括侵权责任形态。这三种分类方式仅针对一部分侵权行为，例如共同侵权行为对应连带责任，但是其他多人侵权情形可能承担非连带责任，对于这部分责任形态该种分类方法并没有提供对应项。同时，侵权案件还存在侵权人承担全部赔偿责任以及侵权人和被侵权人共同承担责任的情况，这两种情形的区分也没有包含在上述分类方法中。① 为解决侵权行为的定义和分类问题，以杨立新教授为代表的学者提出了“侵权责任形态理论”的概念体系。

二、初步解决方案——侵权责任形态理论

侵权责任形态是指在侵权两极赔偿体系中，依据侵权行为类型在当事人

① 参见杨立新：《侵权责任形态研究》，载《河南省政法管理干部学院学报》2004 年第 1 期。

之间分配侵权责任的具体形式。也就是说，侵权赔偿关系中的当事人按照一定规则承担侵权责任的基本方式。[①] 侵权行为形态处理的是数个侵权行为之间的关系，通过概括和归纳数个侵权行为的表现形式形成侵权行为形态。侵权行为形态依据不同标准可以作出四种划分：一般侵权行为和特殊侵权行为、积极侵权行为和消极侵权行为、单独侵权行为和共同侵权行为、以侵害客体划分的侵权行为形态。侵权责任形态将侵权责任按照一定规则在当事人之间进行分配。侵权责任形态主要有三种基本形式：依据侵权责任是由行为人承担还是由与行为人有特定关系的责任人以及与物件具有管领关系的人承担分为直接责任和替代责任；根据侵权责任由一方当事人承担还是由双方当事人承担划分为单方责任和双方责任；如果侵权责任由被告方承担，依据责任是由一个加害人单独承担还是由加害人共同承担分为单独责任和共同责任。[②]

侵权责任形态理论在侵权行为形态的基础上，建立起侵权行为形态与侵权责任形态之间的对应关系。[③] 处理侵权案件时，首先利用侵权责任构成理论确定侵权责任是否成立，然后依据侵权责任形态理论确定具体承担侵权责任的民事主体，这样就能够对所有的数人侵权案件均按照同一理论体系进行分析和处理，满足司法实践的需求，保证高质量和高效率地处理案件。[④]

侵权行为形态与侵权责任形态对应的思路是侵权责任研究的一大创新成果，其将侵权行为与侵权责任的不同表现形式直接对应，对于理论和实践无疑具有重要的指导作用；但是该理论也存在以下缺陷。第一，侵权行为形态与侵权责任形态的不完全对应性，如积极的侵权行为和消极的侵权行为在责任形态上没有对应的意义，补充责任、公平责任等责任形态没有相应的侵权

① 参见杨立新：《侵权责任形态研究》，载《河南省政法管理干部学院学报》2004 年第 1 期。

② 参见杨立新：《侵权责任形态研究》，载《河南省政法管理干部学院学报》2004 年第 1 期。

③ 参见杨立新：《中国侵权行为形态与侵权责任形态法律适用指引——中国侵权责任法重述之侵权行为形态与侵权责任形态》，载《河南财经政法大学学报》2013 年第 5 期。

④ 参见王竹：《侵权责任分担论——侵权损害赔偿责任数人分担的一般理论》，中国人民大学出版社 2009 年版，第 76 页。

行为形态等。[①] 第二，侵权责任形态中三种基本形式的划分不够合理。这主要包括两点：首先，自己责任与替代责任的区分。侵权案件中自己责任是承担侵权责任的常态，替代责任需要满足一定的身份关系和特殊状态才能够成立。这个过程事实上是在确定侵权责任是否成立的问题，依然是在“全有或全无”思想指导下的处理方式，故将其放进侵权责任构成领域较为合适。其次，三种基本形式的划分并不是对侵权责任形态这个属概念的完全划分，而是属于不同层面和标准的划分。三种基本形式之间存在交叉关系，这导致侵权责任承担形式的交叉，以及适用规则的交叉。例如，无论是在单方责任还是双方责任下，都有可能存在单独责任和共同责任，责任人都有可能承担连带责任，这样交叉的区分对于研究责任分担规则并无实质意义。第三，侵权责任形态理论建立的最初目的是解决侵权行为划分困难的问题，落实责任承担，具体实现补偿和救济的功能，但是由于其缺乏核心理论原则、操作规则等，依然停留在理论状态，很难在实践中得到应用。

三、替代解决方案——侵权责任分担理论

学者在侵权责任形态理论的基础上，沿着侵权责任承担的主干思路发展出了新的理论成果——侵权责任分担理论。侵权责任分担具体指按照一定规则将损害赔偿责任（包括风险责任和最终责任）以及相应的程序负担在被侵权人和侵权人等主体之间进行分配的过程。同时侵权责任分担也包括连带责任中部分责任人无分摊能力时，对损害赔偿责任、受偿不能风险及程序负担的再分配。

侵权责任分担与侵权责任构成存在“关系三原则”，即侵权责任分担以侵权责任构成为前提，每个参与侵权责任分担的民事主体都必须单独地符合侵权责任构成要求；侵权责任分担要素源于侵权责任构成要素，过错责任考虑原因力和过错，危险责任考虑原因力和客观危险；侵权责任分担主要是对

① 参见杨立新：《侵权法论》（第3版），人民法院出版社2005年版，第516页。

通过侵权责任构成确定的最终责任和通过适用侵权责任分担形态确定的风险责任的双重分担，也是对程序负担的分担，即“总额限定”，侵权责任分担中的最终责任总额等于侵权责任构成的赔偿总额。① 侵权责任分担论的解释论基础是分配正义。

侵权责任构成利用侵权行为类型对应不同归责原则，判定侵权责任的成立与否，从而实现矫正正义；侵权责任分担利用侵权行为形态对应分担规则的适用，确定侵权责任分担结果，从而实现分配正义。侵权责任构成和侵权责任分担解决问题的思路为：

侵权行为类型→归责原则→侵权责任构成→矫正正义的实现

侵权行为形态→分担规则→侵权责任分担→分配正义的实现

第三节　侵权责任分担理论主要内容

侵权责任分担理论主要解决侵权损害赔偿责任在被侵权人和侵权人、侵权人之间分配和承担的问题。依据本书研究思路，笔者将其主要内容总结为四个方面进行论述，即价值基础的选择、风险责任的划分、受害人过错制度的处理和最终责任的确定。

一、价值基础的选择

现代法学研究吸纳了其他社会科学研究方法作为观察法律特性的手段，其中就包括哲学解释学。根据现代哲学解释学的观点，解释者和解释活动始终被“前见”围绕，这种前见也就是哲学解释学大家海德格尔所说的理解前结构。② 侵权法解释理论也是沿着这种前见的思路，为侵权理论的解

---

① 参见王竹：《侵权责任分担论——侵权损害赔偿责任数人分担的一般理论》，中国人民大学出版社2009年版，第119页。

② 参见王轶：《论民事法律事实的类型区分》，载《中国法学》2013年第1期。

释和理解提供助力。侵权法解释理论是侵权立法成立的正当性基础，也是某一制度是否合乎侵权法理论的标准。对于法律现象的解释即是检验其与客观事实的契合度。尽管侵权法解释论并不是论证某制度合理性的唯一标准，但是如果某一制度无法从侵权法解释论中找到支持的理论基础，那么至少证明该理论不是传统侵权法体系所认可的，其在侵权法体系中的地位也将岌岌可危。

自现代侵权法产生之日起，侵权法解释论观点的争议将学者自然地划分成了不同学派。20 世纪 60 年代后，较为有影响力的是经济分析理论和从伦理道德出发的矫正正义理论。从 20 世纪 60 年代起，经济学的概念和分析方式被引入侵权法，侵权法经济学理论从两个方面对传统侵权法理论中的个人主义观念作出了修正。① 第一，除掉侵权法若有似无的道德面具，还原经济视角下个人理性的作用，并重新建立了过失侵权结构下理智人的要素。勒尼德·汉德在 1947 年的 United States v. Carroll Towing Co. 案件中提出从成本和收益的角度判断行为是否存在过失的方法。② 第二，为了解决损害赔偿的问题，传统侵权法自身趋向于扩大公共责任：侵权法面对令人同情的原告和作为看似强大、无情的机构的被告，将损害赔偿责任越来越多地施加给后者，但是这种解决方式招致了新的批评，即所谓过于“慷慨”的侵权制度。③ 经济分析理论学派以理性人为出发点，将侵权法的理论解释构建在经济概念的基础上，从而得出侵权法是福利最大化经济学理论的工具和调整社会资源分配的手段等结论。④ 侵权人对被侵权人是否应该赔偿以及赔偿范围的考量因素不再是过错或因果关系而是宏观政策，比如震慑力的考量。通过侵权法制度的设计，这种政策追求将达到最优，实现最优效率

① 参见陈皓：《侵权法矫正正义论中的个人主义》，载《法制与社会发展》2014 年第 5 期。

② See United States v. Carroll Towing Co. , 159F. 2d 169（2nd Cir. 1947）. 波斯纳在其《法律的经济分析》中引述了这个公式。参见［美］理查德·波斯纳：《法律的经济分析》，蒋兆康译，法律出版社 2012 年版，第 239 页。

③ 参见陈皓：《侵权法矫正正义论中的个人主义》，载《法制与社会发展》2014 年第 5 期。

④ 参见孙大伟：《作为侵权法正当性基础的结果责任——以英美侵权法理论的发展为背景》，载《法制与社会发展》2009 年第 2 期。

的资源配置。[①] 依据经济分析理论学派的观点，侵权法的目标不是使遭受侵害的被侵权人的权益得到补偿，从而实现公平正义，社会福利最大化和效率才是侵权法的价值追求。这是与其他学派理论最大的分歧。经济分析理论在一定程度上从外部解释了侵权法主体选择、结构配置、调整范围和社会效用的属性特点，但其理论局限也饱受诟病。这些局限主要包括来自经济法本身理论的不足[②]和被侵权人诉权实现的诉讼结构解释无力[③]等。也正是由于上述局限性，经济分析理论在孕育它的普通法系中也渐渐淡出了舞台。尤其在1972年乔治·P. 弗莱彻（George P. Fletcher）的《侵权法理论中的公平与效用》[④] 发表后，更多学者反对将侵权法建立在经济型的概念上。

公平正义等概念从哲学诞生之日起就是爱智者们（philosophos）热衷的话题，与侵权法有关的论述可以追溯至亚里士多德的《尼各马可伦理学》[⑤]；当代系统性表达矫正正义的理论以法哲学教授朱尔斯·科尔曼的《风险与侵权》（Risks and Wrongs）[⑥] 和《侵权法和侵权理论》（Tort Law and Tort Theory）[⑦] 等著作为代表。亚里士多德认为：一个人具有的某种品质、德性的实现，就是他做了他能做、该做的事，获得了他能得、应得的东西，这就是公正。关于具体的正义，亚里士多德将其进行了两次区分。他把正义先分为“普遍正义”和“特殊正义”，后来又将“特殊正义”分为“分配正义”和“矫正正义”。[⑧] 正义作为亚里士多德思想的重要组成部分，也成为私法，

---

① See Jules Coleman, *Tort Law and Tort Theory*: *Prelminary Reflections on Method*, in Gerald J. Postema ed. , Philosophy and the Law of Torts, Cambridge University Press, 2001, p. 187 - 188.

② See Michael D. Green, Negligence = Economic Efficiency: Doubts, 75 *Texas L. Rev.* 1605 (1997).

③ 参见孙大伟：《作为侵权法正当性基础的结果责任——以英美侵权法理论的发展为背景》，载《法制与社会发展》2009年第2期。

④ See George P. Fletcher, *Fairness and Utility in Tort Theory*, Harvard Law Review 85 (1972).

⑤ 参见［古希腊］亚里士多德：《尼各马可伦理学》，廖申白译注，商务印书馆2005年版。

⑥ See Jules Coleman, *Risks and Wrongs*, Cambridge Univerisity Press, 1992.

⑦ See Jules Coleman, *Tort Law and Tort Theory*: *Prelminary Reflections on Method*, in Gerald J. Postema ed. , Philosophy and the Law of Torts, Cambridge University Press, 2001.

⑧ 参见［美］塞缪尔·弗莱施哈克尔：《分配正义简史》，吴万伟译，译林出版社2010年版，第25页。

尤其是侵权责任的正当性基础。“它解释了原告为什么应当得到赔偿，且应当得到赔偿的原因。”[①] 在一个典型的非自愿私人交易—伤害中，矫正的正义把双方看成是平等的，要求法律只考虑一方是否做出了不公正的行为，相关的另一方是否因此受到了伤害，而不考虑双方当事人的个人特征。假设甲打了乙，甲的主动攻击和乙的被动承受造成了不平等，这是因为从统筹角度考量挨打的痛苦时，甲的攻击可称为得，乙被动挨打可称为失，此种情况下需要法官消除新形成的不平等，恢复之前平衡的状态。[②] 矫正对应被矫正的不正义。甲在攻击行为中获得了乙受损害而来的得，因此矫正正义使甲对此承担侵权责任，借以帮助乙取回所失去的损失，同时使二者的权利义务关系达到之前平衡的状态。

亚里士多德关于矫正正义的论述揭示了侵权责任构成和侵权责任承担的正当性基础。受到亚里士多德思想影响的后世人也自然将矫正正义与道德等伦理因素连接在了一起。但是以科尔曼教授为代表的一派学者认为矫正正义与道德并不是天然连接在一起的。科尔曼分三个维度重新审视了侵权法与矫正正义的关系：首先，侵权法律制度决定矫正正义的内在，同时侵权法的实践正是矫正正义的内涵所在；其次，矫正正义之道德义务依赖于矫正正义之实践，即侵权法的实践；最后，矫正正义在何种程度上为侵权法提供解释力决定了矫正正义的合理性与正当性。[③] 据此，矫正正义存在的合理性和正当性取决于侵权法的实践以及对于侵权法实践的解释力。离开侵权法的实践，矫正正义的内涵将不复存在，道德义务的强加与否也失去了意义。矫正正义只能通过侵权法的实践间接地发挥其调整人类活动的作用。[④] 科尔曼的矫正

---

① ［美］詹姆斯·戈德雷：《私法的基础：财产、侵权、合同和不当得利》，张家勇译，法律出版社2007年版，第295－296页。

② 参见［古希腊］亚里士多德：《尼各马可伦理学》，廖申白译注，商务印书馆2005年版，第137页。

③ See Jules Coleman, *Tort Law and Tort Theory: Prelminary Reflections on Method*, in Gerald J. Postema ed., Philosophy and the Law of Torts, Cambridge University Press, 2001, p. 184.

④ 参见孙大伟：《作为侵权法正当性基础的结果责任——以英美侵权法理论的发展为背景》，载《法制与社会发展》2009年第2期。

正义理论与经济分析理论最大的不同，是其认为侵权法的理论是人类的直觉的体现。这种直觉具体体现在被侵权人选择侵权人作为诉讼相对人、被侵权人举证证明侵权人的侵害行为过错地造成了损害后果、侵权行为和损害结果存在因果关系等方面；同时当被侵权人成功证明了上述方面时，被侵权人就具有要求侵权人承担损害赔偿义务的权利。[①]

根据矫正正义的要求，如果侵权行为引发了被侵权人的伤害或者损失，所有个人的生理、自然因素，比如年龄、智力、视觉等影响行为能力的因素，并不能隔断侵权人的行为与被侵权人损失之间的因果关系。[②] 矫正正义理论较之经济分析理论能够更好地解释诉讼结构和权利义务关系模式，得到了较多学者的支持。但是作为侵权法解释论的两大理论学派，越来越多的学者尝试将二者结合，以形成完整、更具有说服力的侵权法解释理论。[③] 尽管矫正正义理论解释了侵权法诉讼的双极结构、价值追求等问题，并给予侵权责任结果正当性，但是随着社会实践的发展，矫正正义的局限也显现出来。如果说 20 世纪之前人们对于正义的追求是朴素的、粗糙的、模糊的，那么 20 世纪工业革命后人们对于正义的追求已经不再满足于此，人们普遍要求更加具体、精确的正义形式。这是矫正正义无法解决的，矫正正义能够解释侵权人负责任的原因，实现数量平等，但是无法充分解释侵权人在何种程度上，以何种方式来承担侵权责任的问题，这也是比例规则——分配正义所要实现的目标。

矫正正义的缺陷和现实的需求反应在学术理论上的变化就是学者主张将分配正义引入侵权法解释论，利用比例正义弥补矫正正义理论解释力的不足。更有学者将侵权法现代化的标志这一重要使命，赋予了分配正义代替矫正正

① See Jules Coleman, *Tort Law and Tort Theory*: *Prelminary Reflections on Method*, in Gerald J. Postema ed., Philosophy and the Law of Torts, Cambridge University Press, 2001, p. 189.

② 参见陈皓：《侵权法矫正正义论中的个人主义》，载《法制与社会发展》2014 年第 5 期。

③ See Guido Calabresi, *The Costs of Accidents*: *A Legal and Economic Analysis*, Yale University Press, 1970, p. 24.

义这一变化。① “侵权行为法上的积极主义使法院负担起使侵权行为法现代化的任务，并使其从规范当事人之间矫正正义的传统机能，转向担负分配财富的使命，成为一种隐藏的公法。”② 人们对侵权行为法的司法，从矫正正义的传统机能到分配功能的要求，反映在解释论上即分配正义的引入。

如前文所述，分配正义也是亚里士多德分类的特殊正义的一种。“平等可以分为两类，即数量相等和比值相等。‘数量相等’指同种事物两人获得的数量和容量相等；‘比值相等’指依据比例分配与个人相称之事物，此种比例份额的标准是个人的真价值。”③ 亚里士多德分配正义所分配的内容是城邦职位，主要指政治职务，而不是物质财富。④ 亚里士多德分配正义的标准是比例平等，是一种相对平等和合适比例。⑤ “人们普遍认为，较之在所有方面按照绝对平等构成的政体而言，依据每个人的价值分配事物更加符合绝对正义（公道）。”⑥ 亚里士多德的分配正义反对纯粹的数量上均等，他推崇依据城邦公民个体的因素来分配城邦职位，这种个体因素包括城邦公民的出身、天赋、为城邦贡献的美善行为等。分配正义意味着荣誉、金钱或政治职务的分配需要实现正义的要求，即依据美德成比例地给个人分配；矫正正义意味着作出错误行为的人需要赔偿受害人的损失，填补其所受伤害。对于分配正义，每个人都根据自己的美德得到财富是平等的，假如在美德上不平等却被平等对待是不公正的，在美德上平等而被不平等对待同样是不公正的。⑦ 从这个角度说，亚里士多德的分配正义关注的是最初的权利配置问题，而矫正正义关注的是权利的救济。

---

① 参见张铁薇：《侵权责任法与社会法关系研究》，载《中国法学》2011 年第 2 期。

② Green, *Tort Law as Public Law in Disguise*, 38 *Tex L. Rev.* (1995).

③ ［古希腊］亚里士多德：《政治学》，吴寿彭译，商务印书馆 1965 年版，第 9 页。

④ 参见［美］塞缪尔·弗莱施哈克尔：《分配正义简史》，吴万伟译，译林出版社 2010 年版，第 26－29 页。

⑤ 参见陈霞：《比例平等与中庸之道：亚里士多德分配正义的实现之维》，载《党政干部学刊》2014 年第 7 期。

⑥ ［古希腊］亚里士多德：《政治学》，吴寿彭译，商务印书馆 1965 年版，第 9 页。

⑦ 参见［美］塞缪尔·弗莱施哈克尔：《分配正义简史》，吴万伟译，译林出版社 2010 年版，第 25 页。

后世将亚里士多德关于分配正义的观点供在了神坛的位置，亚里士多德认为正义的本质内涵是平等，这也是近代有关正义的各种理论和流派的出发点。[①] 由于时代背景所限，亚里士多德的正义观在当代的解读存在一定的局限性。“尽管亚里士多德向我们展示了什么是正义，但是他试图将哲学和政治等同于对完美正义的追求，这种尝试很难实现其目的。”[②] 首先，分配正义分配的内容绝不限于政治职务，公民权利义务的初始配置还包括产权等物质因素，因此分配正义应同样适用于社会财富、自然资源等方面，而18世纪以前的分配正义理论较多关注的是政治权利的分配，而不是物质财富。其次，分配正义所追求的虽不是数量意义上的绝对平等，但其追求的是理想意义的完全平等，这只能作为目标追求，当时、现在和不远的未来都难以实现。除此之外，分配正义的标准是模糊的，如何将人的美德、出身、天赋等因素作为可量化的判断因素，并在一定程度上与权利的初始配置接轨，亚里士多德的分配正义只给予了模糊性的理念指导，并没有提供具体方案。

18 世纪后期，以康德、斯密为代表的分配正义，开始关注贫困问题，这是分配正义以政治权利为关注点转向以财产权利为关注点的分界线。洛克、卢梭、斯密对于财产权的论述将分配正义的现代内涵丰富了起来。[③] 康德重新诠释了分配正义，将分配正义等同于法律实施，例如司法实践对于个案的审理活动。[④] 罗尔斯的《正义论》认为，正义的关注点应该是两类事项：一是“最基本财富”的分配；二是如何分配社会基本善。正义要求这两类事项的分配理应遵循平等的规则，如果为了满足“最少受惠者”利益，可以存在

---

① 参见陈霞：《比例平等与中庸之道：亚里士多德分配正义的实现之维》，载《党政干部学刊》2014 年第 7 期。

② Delba Winthrop, *Aristotle and Theories of Justice*, The American Political Science Review 1215 (1978).

③ 参见［美］塞缪尔·弗莱施哈克尔：《分配正义简史》，吴万伟译，译林出版社 2010 年版，第 51、78－81、87－92 页。

④ 参见［美］塞缪尔·弗莱施哈克尔：《分配正义简史》，吴万伟译，译林出版社 2010 年版，第 95 页。

一定程度的不平等分配。[1] 除此之外，罗尔斯对于分配正义原则下分配的事项进行了例举和分析。现代分配正义的发展不仅体现在分配内容的扩张、分配手段的多元和分配目标的清晰上，其另外一个功能是对作为权利救济基础法的侵权法产生了至关重要的影响。

格劳秀斯认为，正义的本质只是禁止取得属于他人的财产。西塞罗在《论责任》中也指出，为了使自己得利而剥夺他人是违反自然法的。[2] 具体来说，侵权法规则依据正义观的结论如下：矫正正义是过错责任的基础，这种责任是道义责任；分配正义是危险责任的解释基础，这种社会责任区别于过错责任。[3] 矫正正义能够解释过错责任的存在，但是无过错责任的出现和发展实则是分配正义的要求和体现，同时导致侵权法社会本位代替了个人本位。[4] 狄骥（社会学法学派）指出，社会连带是法律社会功能的体现，同时它是人们生存的基本事实，绝不是某种命令或行为规则。无过错责任的存在致使社会连带承担此种损害，这实质是对分配正义的朦胧表达。[5] 在传统侵权责任法领域，仅有过错责任的存在，矫正正义能够为此种责任的存在提供充分的解释。但是现代法律的发展产生了无过错责任，侵权责任法危机也由此产生，而分配正义正是解决此危机的方法。[6] 分配正义为无过错责任的存

---

① 参见［美］塞缪尔·弗莱施哈克尔：《分配正义简史》，吴万伟译，译林出版社 2010 年版，第 151 页。

② 参见［荷］格劳秀斯：《战争与和平法》，马呈元、谭睿译，中国政法大学出版社 2015 年版，第 20 页。

③ 有学者认为，无过错责任作为侵权责任的另一重要形式，其最终的法哲学根据只能是矫正正义。其主要反对观点是：第一，亚里士多德分配正义强调的是在全社会的范围内分配可析分的资源，它所适用的对象是全社会的全体成员，而不仅仅着眼于某一对由于一个偶然或故意发生的侵权事件的双方当事人。由此可以看出，分配正义的对象与无过错责任所连结的双方当事人不相符合。第二，矫正正义发生作用的领域先天具有双极性的特征，也就是说，矫正正义的矫正是对限定了的双方当事人之间的不利益分配，其对象只能是由于侵权行为而连结起来的双方当事人，而不能是其他的人，参见丁凤楚：《论现代侵权损害赔偿新的二元归责体系》，载《法学》2007 年第 2 期。

④ 参见张铁薇：《侵权法价值目标的变迁》，载光明网，http：//www. gmw. cn/01gmrb/200612/29/ content_529129. htm。

⑤ 参见姚岚：《无过错责任之理论依据分析》，载《法律适用》2002 年第 12 期。

⑥ 参见熊进光：《侵权行为法的合法性危机——从过错责任到无过错责任变化的法理学思考》，载《江西财经大学学报》2005 年第 6 期。

在提供了解释基础，这是现代法律的折中选择，即将工业社会的风险责任施加在最有可能规避掉此种风险的人身上，督促其利用保险等形式将风险分散。这种折中做法削弱了侵权责任制度的遏制与预防功能，也意味着侵权责任道德性的示弱。反对这种观点的学者认为：在二元归责体系的前提下，违法性不是过错责任的一个构成要件，而是整个侵权行为的属性，是侵权行为构成要件共同作用的结果；换言之，侵权行为乃违法行为。因此无论是传统意义上的一般侵权行为还是特殊侵权行为，都是违法行为，其违法性建立在结果违法的基础上，是行为造成了权利（利益）侵害的事实，故而行为具有了违法性。过去，学者习惯用过错责任原理分析无过错责任，这会导致悖论的产生，即产生无过错责任的行为虽然是合法行为，但法律依然苛以责任。①

综上所述，源自亚里士多德的正义观经后世学者发展，分配正义的内涵由最初的政治权利扩展至私人财产权利的分配和救济。正是从这一层面，分配正义成为现代侵权法责任分担的价值基础之一。依据现有侵权责任分担理论，分配正义基本结构包括三个要素，即参与的主体、被分配的对象和分配标准。

二、风险责任的划分

风险责任是指当事人由于侵权责任分担形态的适用而承担的其他责任人的责任份额或者受害人承担的责任人赔偿不能的责任部分。② 风险责任的划分解决的是侵权行为形态和分担规则的对应性问题，也即何种侵权行为形态适用何种侵权责任分担形态，决定适用某种侵权责任分担形态的标准是什么的问题，例如共同侵权行为适用连带责任。由于侵权责任形态理论存在本章第二节论述的问题，侵权行为形态与侵权责任形态并不完全对应，学者提出了侵权行为形态与侵权责任分担形态对应确定风险责任的解决方案。侵权行

---

① 参见王福友：《侵权行为法价值论》，吉林大学2007年博士学位论文，第155页。

② 参见王竹：《侵权责任分担论——侵权损害赔偿责任数人分担的一般理论》，中国人民大学出版社2009年版，第99页。

为形态的概念延续了侵权责任形态理论下的定义方式，即依据一定规则，概括和归纳数个同种侵权行为形成的表现形式。侵权责任分担形态是指侵权责任在侵权人之间分担的具体形式。与侵权责任形态概念不同的是，侵权责任分担形态仅指责任在侵权人之间分担的具体形式，而非所有当事人，即不包括被侵权人在内。通常情况下，侵权责任分担形态有两类，即按份责任形态和非按份责任形态。非按份责任形态指连带或不真正连带责任以及补充责任。① 有学者进一步指出，在侵权责任分担形态的类型化上，应该特别考虑到以按份责任与连带责任的区分为原则，不真正连带责任与补充责任为例外的基本趋势。不真正连带责任和连带责任的区别利用侵权责任分担理论解释将会更为清晰。不真正连带责任被冠以“连带”是因为就债的对外效力而言，其与连带责任是相同的，债权人可以同时或先后向所有或任一债务人要求承担全部或部分债务；“不真正”则是说在对内关系方面，与连带责任的每个责任人都要承担一定的风险责任和最终责任不同，不真正连带责任人中，只有一个最终责任人承担最终责任，其他责任人承担的是纯粹的风险责任。② 概括来说，适用连带责任的根本标准是“可责性标准”，通过比较双方的可责性，将受偿不能风险全部分配给可责性较强的一方。③ 不真正连带责任只适用于法定类型，例如产品责任等。④ 在交往安全义务和第三人侵权预防义务领域适用补充责任。⑤

侵权行为形态与侵权责任分担形态对应的基本思路是从法律适用、内部份额和立法规则角度对四种侵权责任分担形态进行分类，分为一般和特殊两

① 参见杨立新：《侵权法论》（第3版），人民法院出版社2005年版，第521页。

② 参见王竹：《侵权责任分担论——侵权损害赔偿责任数人分担的一般理论》，中国人民大学出版社2009年版，第135页。

③ 参见王竹：《侵权责任分担论——侵权损害赔偿责任数人分担的一般理论》，中国人民大学出版社2009年版，第141页。

④ 参见王竹：《侵权责任分担论——侵权损害赔偿责任数人分担的一般理论》，中国人民大学出版社2009年版，第175页。

⑤ 参见王竹：《侵权责任分担论——侵权损害赔偿责任数人分担的一般理论》，中国人民大学出版社2009年版，第200页。

大类。按份责任以及连带责任较为常见，普遍适用于所有侵权行为类型，因此称为一般数人侵权责任分担形态。其适用规则是：除非法律有明确规定，否则都适用按份责任，连带责任仅在法律明确规定时适用。连带责任存在内部份额，意味着所有责任人共同承担责任，承担了风险责任的连带责任人要求其他责任人分摊的权利也是此规则的应有之义。立法层面需要注意的是，只需要明确规定适用连带责任的侵权行为形态和疑难领域侵权行为形态。由于补充责任及不真正连带责任仅在法律有明文规定时才适用，较之一般责任分担形态对应较窄范围的侵权行为类型，所以将二者划归为特殊侵权责任分担形态。过错责任以及过错推定责任领域适用补充责任，严格责任领域适用不真正连带责任。这两种特殊侵权责任分担形态实质不存在内部份额，因为只有真正的责任人承担最终责任，当然，也有可能存在追偿不能的情况。立法方式上，只有法律明文规定适用特殊侵权责任分担形态的才能够适用上述两种侵权责任分担形态，法律无明文规定的，只适用一般侵权责任分担形态；从实践中看，现代各国法律对此均持较保守的态度，仅在特定领域适用上述两种侵权责任分担形态。①

侵权行为形态对应侵权责任分担形态的解决方案沿用了侵权行为形态对应侵权责任形态方案中侵权行为形态的概念，区别是提出了侵权责任分担形态的概念和划分方式。此种划分方式将现有侵权责任承担的多种方式都囊括其中，并且依据责任人对外和对内承担责任的方式以及份额的不同划分为四种类型，在四种类型的基础上又归纳为一般和特殊侵权责任分担形态。这样的划分方式较之侵权责任形态的重复划分较为合理，能够更好地与理论和立法衔接。同时，由于侵权责任分担形态是对现有责任承担方式的完全划分，侵权行为形态必然与之存在对应关系，只是具体如何对应有待研究。上述对应方式无疑是一种进步，但是在海上侵权责任分担领域，此种解决方式只能是借鉴思路，绝不是解决问题的答案，这也是海上侵权责任分担法律规则需

① 参见王竹：《我国侵权法上特殊数人侵权责任分担制度立法体例与规则研究——兼评〈侵权责任法（二次审议稿）〉第14条及相关条文》，载《政法论丛》2009年第4期。

要单独研究的原因之一，后文将详述。

三、受害人过错制度的处理

现有侵权责任分担理论认为受害人过错制度与侵权责任分担理念是契合的，因此属于侵权责任分担理论的一部分。受害人过错制度和侵权责任分担的目的是一致的，均旨在将受害人过错纳入考量之中，以确定侵权责任在各方当事人之间的分配。对于受害人过错制度进入侵权责任分担领域，目前学者建议将其按照“三分法”划分：第一种称为受害人责任（auto－responsibility）[①]，这种情形下，受害人损害产生的唯一原因是受害人或者能归咎于受害人自身的行为，此时侵权人免除责任。第二种称为受害人过失，此种情形下，受害人对于损害的发生亦存在过错，侵权人的责任在法官考量双方过错的基础上得以减轻。侵权人承担的责任结果即是适用比较过失规则确定的责任。第三种在法庭的特殊侵权行为类型中，将双方或者多方过错导致责任分担的侵权责任分担形态定性为比较有责性问题，其本质是比较过失规则的发展，但需要直接采用法律明确规定的比例来分配损害赔偿责任。

四、最终责任的确定

最终责任指依据赔偿份额划分规则确定属于责任人自身的责任份额；最终责任分担包括最终责任份额的确定、分摊及追偿原理的适用等问题，实现侵权责任分担的终局结果。最终责任体现的是侵权法的补偿价值，因此应该以客观作用，即原因力标准为主，借此构建的侵权责任分担原则是比例分担原则，类似侵权责任构成论上的无过错责任原则。[②] 侵权责任人只对自己造成的损害负最终赔偿责任，其责任范围与因其侵权行为而产生的损害赔偿之

---

① 参见王竹：《侵权责任分担论——侵权损害赔偿责任数人分担的一般理论》，中国人民大学出版社2009年版，第307页。

② 参见王竹：《侵权责任分担论——侵权损害赔偿责任数人分担的一般理论》，中国人民大学出版社2009年版，第128页。

债范围相同；因此，其分配的基本规则就是使最终责任份额与其造成的损害比例相等。承担了最初支付责任的当事人不一定最终承担责任，只有在连带责任的情况下，理论上每个责任人都应该承担一定的责任；在不真正连带责任或者补充责任的情况下，责任有可能最终只有一人而非多人承担。最终责任份额可以确定的基础是侵权损害赔偿责任的财产性，最终责任分担领域分配正义的实现方式是比例分担原则，即按照比例分配责任份额。

第二章　海上侵权责任分担法律规则研究之必要性

第一节　海上侵权责任分担法律规则的特殊性

海上侵权责任赔偿的特殊性主要体现在赔偿总额的有限性、强制保险的适用和基金的二次补偿等方面。在责任分担领域，船舶优先权制度、海事赔偿责任限制制度、人命优先考量等因素的存在，对于风险责任和最终责任的承担起到了重要影响。船舶优先权制度的存在打破了侵权之债权平等受偿的原则；单位责任限制和海事赔偿责任限制等制度的存在使侵权损害赔偿责任在总额上体现为有限性；海上法律规则的商法性质使侵权责任分担价值基础存在二元性；海上侵权案件实践形成了受损权益和损失原因类型决定风险责任划分的对应结果；海上分摊和追偿请求权的存在使侵权责任内部转移形式有所区分。在上述特殊性的基础上，海上侵权责任分担法律规则体系形成了海上侵权赔偿总额限定规则、侵权责任分担形态对应规则、内部转移形式对应规则和责任限制优先适用等特殊规则。

一、侵权之债的非平等受偿

海上领域在调整侵权之债权的制度上，由于各国海上立法、国际公约普遍存在船舶优先权制度，债权平等受偿的民法原则被打破。船舶优先权是法律技术创设的工具，立法对于债权进行分层次保护，侵权之债由于受损权益的性质不同，受偿顺序也不同。例如，依据我国《海商法》第22条的规定，船舶营运过程中产生的人身伤亡赔偿请求优先于财产赔偿请求。在民法领域，债权的平等受偿是基本原则，即使在破产债权领域，根据《企业破产法》第113条的规定，当侵权之债务成为破产财产时，应作为第三类普通破产债权排在破产费用及共益债务、员工工资、社保费用、税务等后面。这两条规定作为债权受偿的基本规则，使相同侵权类型的案件由于适用法律的不同，被侵权人获得的赔偿和侵权人承担的责任大相径庭。

二、侵权损害赔偿责任的有限性

侵权损害完全赔偿是各国侵权责任法的常态，“弥补被侵权人所受损害，恢复损害发生前之原状”是侵权损害赔偿的基本出发点。但是在海上侵权案件中，这种常态时常被打破，取而代之的是不完全损害赔偿，也就是说，侵权责任人对于侵权损害赔偿责任的承担是有限的。这种有限性的原因是海上侵权案件普遍存在责任限制制度，如单位责任限制制度以及海事赔偿责任限制制度等，还有由《海商法》以外法律规定的油污责任限制和核污染责任限制制度等。

依据侵权责任分担原理，适用按份责任是将受偿不能风险分配给了被侵权人，适用连带责任等非按份责任分担形态是将受偿不能风险责任分配给了侵权人。但在海上侵权案件中，由于责任限制的适用，这种风险责任分配的结果有所改变。海上侵权案件中无论适用何种责任分担形态，被侵权人都有可能承担不完全受偿的责任风险，责任人在非按份责任分担形态下也有可能承担责任限制造成的分摊或追偿不能的责任风险。

三、海上侵权责任分担价值基础的二元性

人与人之间为了更和谐地继续群居社会生活，将自己的一部分权利让渡，彼此之间达成相关协议，形成共同生活的规则。类似地，国家与国家之间为

了在不互相干扰的情况下各自更好地发展，需要依靠彼此，所以形成了交往规则，即国际法。国内法主要调整国内社会法律关系，国际法主要调整国际社会法律关系。将国内法和国际法作比较或者说将国家社会和国际社会作比较仅具有相对意义，国内社会法律关系和国际社会法律关系不同，以法律关系为调整对象的法律基本原则也不同。法律需要符合“理”，即事物的本身运行规则。海上法律属于国际交流实践的一部分，其符合的“理”应该是国际的，而不仅仅是国内的。海商法本来是由商人习惯形成的，海商法之所以为“法”是因为商人为了更好地获取利益而形成了具有强制效力的规则；如果海商法失去了维护此种利益的属性，那么海商法就不是商人的法律了，就要面临被淘汰的危险。所以驱使海商法规则改变的不仅仅是正义，更重要的是利益。我国海商法规则主要受英美法律思维即商法规则的影响，具有国际性，但民法思维也在一定程度上体现在海商立法之中，这是《海商法》的国内性。《海商法》未明确区别合同和侵权规则，在侵权案件中，《海商法》未明确规定时，将适用《民法典》等一般法律规范。上述法律共同构成了海上侵权案件适用的法律规则，从这个角度说，海上侵权法律规则是商法和民法共同作用的领域。从理论体系上说，侵权法律规则体系包括侵权责任构成和侵权责任分担两大部分，海上侵权法律规则在这两部分都较为特殊，矫正正义和分配正义对这些特殊性不能提供全面的解释。在海上侵权责任分担法律规则领域，效率是保障商人获得最大利益的前提之一，可以为这些规则的存在提供合理的制度性基础。从这个角度说，海上侵权责任分担法律规则的价值基础是二元的，即效率与分配正义。

四、风险责任划分因素的差异

海上侵权责任分担法律规则中风险责任的分担原理较之一般侵权领域具有特殊之处。侵权案件类型化需要考虑四个基本问题，即何种权益受损、侵权行为的性质、受损权益表现的损失类型和损失对应的赔偿方式。① 侵权案件类型化是侵权责任构成和分担领域都需要解决的基础问题，但是二者的方式是不同的。侵权构成领域将侵权案件区分为一般侵权和特殊侵权，分别对应过错责任原则、过错推定或严格责任原则，即能够将法律规则相应适用。但是在侵权责任分担领域，上述类型化并没有太多实际意义，对于适用不同侵权责任分担规则也没有对应效果。因此，针对上述问题，学者提出了适用于侵权责任分担领域的侵权案件类型化方法，即侵权行为形态对应侵权责任分担形态，最终决定侵权责任的分担。②

在海上侵权责任分担领域，侵权行为形态应该替换为受损权益和造成损失的原因，这两项因素共同决定风险责任的划分，单纯的侵权行为形态在海上侵权领域并不具有普遍对应性。例如一般侵权法上共同侵权行为适用连带责任，但是在海上碰撞案件中，依据我国《海商法》，责任人对于人身伤亡承担连带责任，对于财产损害承担按份责任；此时的侵权行为形态是一个双方的可责性比例是确定的，原因力大小也是同样的数值，不会因为对于财产或人身的区分而改变。有学者从侵权行为种类的角度尝试对此作出解释，即船舶碰撞造成财产损失的情形属于“原因竞合侵权”，适用《侵权责任法》第 12 条③，即侵权责任人之间是按份责任；而船舶碰撞造成的人身伤亡是“准共同侵权”，没有意思联络，属于客观共同侵权，侵权责任人之间应该承担连带责任。④ 同一次事故，事实要素和法律要素是相同的，却分别属于两种侵权行为形态，这是不符合逻辑的，这样解释立法规定有些牵强。究其原因，是没有意识到海上侵权责任分担形态适用规则与一般侵权责任领域的不同。该法律的规定并不是因为侵权行为形态有所改变，而是因为被侵害权益

---

① See David Weissbrodt, *The Common Law Process of Torts*, Carlina Academic Press, 2012, p. 2.

② 参见王竹：《侵权责任分担论——侵权损害赔偿责任数人分担的一般理论》，中国人民大学出版社 2009 年版，第 82 页。

③ 现为《民法典》第 1172 条规定：“二人以上分别实施侵权行为造成同一损害，能够确定责任大小的，各自承担相应的责任；难以确定责任大小的，平均承担责任。”

④ 参见司玉琢：《侵权法的发展对船舶碰撞法律制度的影响》，载《中国海商法研究》2012 年第 1 期。

的区别。对于人身的保护优于财产保护，对于人身伤害，适用连带责任，将受偿不能风险完全加给侵权人一方；对于财产损坏，适用按份责任，将受偿不能风险加给被侵权人。同样，受损权益单独也无法确定侵权责任分担结果。一般侵权法领域针对不同侵权客体的调整规定是线状的，即无论发生在何种法律关系下，大体规则是基本一致的，因此通过侵权客体的划分来研究不同规则是可行的。但是在海上侵权领域，根据侵权客体划分侵权行为类型，由于传统海上侵权领域是块状的，多数领域由海上实践习惯上升到法律规则，在不同事故类型背景下考量的因素不同，即使是相同的侵权客体，适用的规则也可能因为造成损失的原因不同而不同，尤其是损害赔偿责任承担的规定，这是海上侵权法的常态。例如同样是财产损坏，发生在不同事故领域适用的风险责任分配规则是不同的。如果造成第三方财产损坏发生在船舶碰撞领域，碰撞双方依据《海商法》承担的是按份责任，也就是风险责任由被侵权人承担。但是在海上拖航领域，依据《海商法》第163条的规定，承拖方和被拖方对被侵权人承担连带责任，即将财产灭失损坏的风险责任分配给侵权责任人。也就是说，在海上侵权责任分担领域，决定风险责任划分的不是侵权行为形态，而是造成损失的原因和受损权益两项因素。

五、内部责任转移请求权的区分

我国一般侵权法领域沿袭大陆法系的传统，不存在分摊和追偿请求权的区分，因此立法和司法实践将数人侵权案件中责任人之间转移责任的形式笼统地称为追偿。近年来，研究侵权责任分担理论的学者意识到二者的差异，将分摊和追偿请求权对应不同侵权责任分担形态，即连带责任对应分摊请求权、不真正连带责任和补充责任对应追偿请求权，以区分侵权责任分担案件中责任人的内部转移形式。但是在海上侵权领域，分摊和追偿请求权有不同的发展路径。分摊作为处理数人责任分配的手段，长期存在于海上侵权法实践中。追偿是为缓和分摊请求权适用规则的严苛而产生的，二者对应不同的案件类型并且具有各自的适用限制。除此之外，由于海上实践中大量存在合同追偿形式，简单地认为分摊和追偿适用于侵权案件是不准确的。分摊请求权和追偿请求权在损害按过失比例承担理念成为普通法解决海上侵权责任分担问题主流方式的背景下，出现了再度融合的趋势。但是不可否认的一点是，海上侵权责任分担案件在内部责任转移请求权的选择和适用上区别于一般侵权案件。

第二节 侵权责任分担理论应用于海上侵权的局限性

一、价值基础的缺陷及风险责任确定方式的非对应性

分配正义作为国家社会职能和经济制度职能的伦理基础，从本质上讲是制度正义。对制度正义的追求是任何一项社会政策的内在要求，这同样包括侵权法律制度体系的构建。尽管法学家们对分配正义的具体形式、分配内容、分配标准等问题存在争议，但是不可否认的是，随着社会发展、历史变迁，传承了古希腊哲学家思想的分配正义，已融合进现代侵权法解释思想中，使侵权法的扩张和延续得以正当化。同时，分配正义要求分配内容、分配主体、分配标准等合理化、制度化。被侵权人作为侵权法律关系中重要的当事人，必须进入分配的体系中，正义才能实现。没有了被侵权人，侵权责任法律关系也失去了存在的意义。如果说，在侵权责任构成领域，分配正义的作用还不明显，在侵权责任分担领域，分配正义则是重要且具有基础性的价值追求。所谓基础性，是侵权责任分担制度建立在分配正义的基础上，即正是人们对于分配正义的不懈追求，要求侵权责任法从内部寻找问题突破口，完善自身机制，才形成了侵权责任分担法律制度。所谓重要，则正如侵权责任分担制度与侵权责任构成制度密不可分一样，分配正义与矫正正义也息息相关。即使在侵权责任分担领域，矫正正义的角色也不容忽视，分配正义单独并不能完全支撑起侵权责任分担制度。

尽管分配正义对于一般侵权责任分担理论具有较强的解释力，但是这仅仅是针对一般侵权领域规律的总结，由于侵权责任分担论目前对于特殊领域研究的缺乏，其在解释论基础问题上关注的内容也较为片面，难以涵盖整个侵权责任分担领域。

例如民法学界的通说认为，归责原则体系囊括过错责任、过错推定责任和严格责任原则，实则是多层次的机制。严格责任具有补偿和预防功能。在一般侵权法领域，无论是坚持三要件还是四要件的国家，过错是构成大部分侵权责任的要件之一，严格责任即无过错责任，仅是例外情形，存在于特定领域中。此时侵权责任的构成并不需要证明侵权人存在过错，无疑减轻了被侵权人的举证责任。在海上侵权领域，由于船舶是海上主要的运输工具，船舶参与或者与船舶相关的侵权占据海上侵权案件的大部分。船舶所有人提供适航船舶的责任是绝对的义务，船舶不适航引发的侵权无须被侵权人证明船舶所有人有过错，大多数国家要求被侵权人只要证明了人身伤害或者货物损害是船舶不适航的状态导致的，侵权人就很可能被认为存在侵权责任。这种由于船舶不适航引发的侵权责任是大规模存在的，难以说是海上侵权类型中少数的存在。即使侵权发生在钻井平台等工作环境中，钻井平台的所有人也有提供安全工作环境的绝对义务，钻井平台的所有人很可能因为未尽此义务而构成侵权责任。在人身伤害案件中，船员依据一般海商法获得供养和医疗的赔偿也不以雇主存在过错为前提；油污损害赔偿责任的基本规则是“谁漏油，谁赔偿”，也无须证明过错的存在。究其本质，海上法律规则以效率为首要价值追求，有利于迅速便捷地解决实践纠纷的做法即为海商法的首选，故其并不严格按照矫正正义理论指导下的理论框架进行构建和选择。

在海上侵权领域，海上侵权责任分担制度源于商人习惯法，效率是规则的出发点，当然也包括侵权责任领域。在许多规则的最终选择上，起到最终决定作用的是其是否符合效率的要求，而非单纯的正义所需。因此，作为基础性价值追求的正义，是海上侵权责任分担理论制度的重要价值追求而非全部价值追求。从亚里士多德的正义观发展而来的分配正义理论，关注比例公平，而非数量上的绝对均等，反映在侵权责任分担领域即为责任份额比例的公平，而非侵权责任数额的均等。符合此基础价值追求的分担规则即为正当的，反之，即应被立法主动放弃。但是该规则仅适用于一般侵权责任法领域，而非全部侵权责任领域。

侵权责任分担理论利用侵权行为形态对应侵权责任分担形态的方式确定风险责任的归属。侵权行为类型、侵权行为事实要素与侵权行为形态转化较为复杂，即使转化成变量侵权行为形态，侵权行为形态与侵权责任分担形态如何对应也将会是一个难以操作和实现的难题。在海上侵权领域，侵权行为形态对应侵权责任分担形态的解决方式更加无法适用。

尽管海上侵权行为的表现形式纷繁复杂，但是按照一般侵权法从侵权客体划分侵权行为类型的角度，海上侵权行为的类型包括海上人身侵权、海上财产侵权和海洋环境侵权。单独以这种标准区分的方式对于研究海上侵权责任的分担规则没有太大的意义，海上侵权往往发生于事故当中，而一次事故可能同时涉及人身、财产和环境侵权。由于事故所属的类型不同，即造成损失的原因不同，同样是人身、财产侵权，适用的分担规则也可能不同。因此研究海上侵权责任分担规则必须首先区分造成损失的原因，再结合受损权益适用不同的分担规则。从这个角度说，不同侵权案件的分担结构相同亦不同。相同指的是都遵循造成损失原因与受损权益结合决定责任分担结果的这一路径相同；不同指的是不同原因的案件将适用不同的分担规则，分担结果也不尽相同。因此，海上侵权责任分担领域决定适用何种侵权责任分担形态的因素为受损权益与造成损失的原因两者的结合而非侵权行为形态。

二、受害人过错制度与侵权责任分担关系未尽研究事项

侵权责任分担理论关注到受害人过错制度与分担理论的共通性，将受害人过错制度并入侵权责任分担制度具有积极意义；但是在受害人过错制度的研究上，方式较为粗疏，对于受害人过错规则的形成缺乏系统性研究，受害人过错制度与侵权责任分担阶段的结合效果也缺乏针对性研究。现有研究成

果只能从宏观上大体确认受害人过错制度，但没有具体说明受害人过错制度的内容、发展过程、包含阶段以及与其他相近原则之间的关系。据笔者研究，受害人过错制度在普通法系和大陆法系有各自的发展脉络，尽管理念相通，却形成了不同的具体规则。1911 年的《英国海事公约法令》、《统一船舶碰撞某些法律规定的国际公约》（Brussels Collision Liability Convention）和大陆法系主要国家的民法典对于受害人过错的处理存在差异，代表了对于受害人过错态度的转变，需要分别研究。受害人过错制度与减少损失赔偿规则在一定程度上具有相似性，需要进行比较研究。在受害人过错进入侵权责任分担领域后，如何进行认定也是亟须回答的问题。受害人过错与侵权人过错的关系、受害人过错在侵权责任分担问题上的定位、受害人过错参与侵权责任分担的解释基础等都是现有侵权责任分担理论所忽略的，笔者将在第三章详细说明。

三、风险责任与最终责任分离式研究的低效性

侵权分担理论将风险责任分担和最终责任分担独立研究，从而得出风险责任分担遵循的分担原则是以过错为主、原因力标准为辅，最终责任按照确定的比例分配责任，在无法确定分配比例时，适用平均分配的方式作为补充性的规则,① 最终责任份额的确定需要综合考虑原因力和过错，并以原因力为主。② 尽管这在理论上可行，但是与实际处理案件的程序融合起来较为困难。法院在处理实际案件时，不会单独将损害赔偿责任区分为风险责任和最终责任，然后通过分担标准来分别确定风险责任适用何种原则，最终责任适用何种原则。法官做的是将损害赔偿责任“一刀切”，要么由原告和被告共同承担，要么将所有责任加在被告身上；而这个过程既包含了风险责任的分配也包含了最终责任的分配，这是解决问题的第一个阶段，接下来才是在当

---

① 参见王竹：《侵权责任分担论——侵权损害赔偿责任数人分担的一般理论》，中国人民大学出版社 2009 年版，第 214 页。

② 参见王竹：《侵权责任分担论——侵权损害赔偿责任数人分担的一般理论》，中国人民大学出版社 2009 年版，第 101 页。

事人之间通过追偿或分摊等规则将责任在责任人之间互相转移的过程。也就是说，侵权损害赔偿案件的解决包含两大过程，在这两个过程中同时包含风险责任和最终责任的分配和承担过程，孤立地研究风险责任和最终责任的分担原则在理论上具有一定的价值和意义，但在实际解决案件的过程中，并不能减少程序的负担。风险责任和最终责任分担原则的独立研究尽管从理论上体现了两种责任的差别和考量法律要素的区别，但是实践操作困难，法官在确定案件责任的过程中，通过一定方式确定原因力大小、过错大小本身即是个难题。这是法官自由裁量权的体现，如果再要求法官将两种标准进行结合，并且依据结合的不同形态分别确定风险责任的承担方式和最终责任的份额，则更加会加剧解决问题的困难性。尤其是在海上侵权损害赔偿领域，确定风险责任分配的直接决定因素是造成损害的原因和受损权益，而在最终责任的确定份额上起作用的是原因力或过错的大小或者二者的结合。尽管二者的决定因素不同，但在案件处理的阶段上是统一的。风险责任适用的效果是侵权责任分担形态的确定，最终责任适用的效果是责任比例的划分，二者可以同阶段处理，无须分阶段重复考量过错和原因力等要素。

四、法律规则的缺位及特殊领域研究的空白

民法规范由于其适用范围的广泛性追求，法律规则具有高度概括性，而且多数为伦理性规范，技术性条款仅是补充。这种特点导致研究侵权责任分担理论的民法学者忽视了对具体法律规则的研究，仅提出了笼统且高度概括性的理念。尽管侵权责任分担理论确立了风险责任、最终责任以及数人侵权责任分担原则等，但是其仅限于原则性、理论性研究，未转化成具体的责任分担法律规则。这导致侵权责任分担理论成为似有实无的理论，即依据侵权案件事实的处理脉络可以确定在侵权责任分担问题上确实存在一系列可以抽象的原则理念，但是当实践对其有需求之时，却发现该理论下并没有实质可以适用的法律规则，该理论成为“鬼魅”般的存在。法律理论的研究源于实践规律的总结，同时法律理论的研究旨在指导实践行为，这意味着脱离了实

践的法律理论研究将成为象牙塔式的空中楼阁，而无法指导实践操作的法律理论注定会被实践抛弃。侵权责任分担理论如欲获得持久的生命力，必须与实践紧密结合，并将理论输出转化为可以具体应用的实践性法律规则。具体而言，在风险责任、最终责任、受害人过错问题等领域应该形成具体法律规则，从而实现风险责任的确定、最终责任份额的划分和受害人过错问题的处理。但是按照现有侵权责任分担理论体系的研究方式，风险责任和最终责任分离式确定，将使相关法律要素重复认定，不利于实践操作。

从理论上研究海上侵权行为存在的内在逻辑和特点已是理论和实践的大势所趋。但国外或者国内学界，在侵权责任分担理论的研究上主要关注基础理论的一般性研究，忽视了特殊性和完整性。这主要表现在缺乏对海上特殊侵权领域法律规范的研究，海上一旦发生大规模侵权案件，将可能会对人身、财产甚至环境带来重大损坏，如船舶碰撞、船舶污染、海上人身伤亡等，这些领域相应的法律规范研究却较为薄弱。尽管海上侵权领域作为特殊研究领域已有一定的成果，但是目前海上侵权行为法的研究成果主要是关注侵权责任构成制度，而非侵权责任分担领域。忽视特殊性与各领域取样完整性的研究理论，很难被称为普适性的基础理论。

第三节　海上侵权责任分担法律规则研究意义

用来挣脱过去道德规范和认知束缚的实用主义声称，一个选择只要是有用就是“正确的”。但是它缺乏对于该“有用”的决定的道德属性考量，也没有系统性地考证相对于任何已选择的结果，还存在其他各种不同代价和利益的选择。因此，实证主义没有提供退让的过程，也没有提供选择这个而不选择另一个的理由。[①] 尽管侵权法理论是为实践应用而作的研究，但是侵权

① 参见万鄂湘、王贵国、冯华健主编：《国际法：领悟与构建——W. 迈克尔·赖斯曼论文集》，法律出版社2007年版，第25页。

法规则的决定过程却应该避免实用主义的缺陷，在决定适用何种规则时，为此种选择提供除了“有用”之外更明确具体的衡量标准，从而为选择提供正当性基础以及退让的推理决策过程。这正是论证海上侵权责任分担法律规则确立价值的过程。所有存在论的基本任务都是澄清存在的意义，构建丰富紧凑的范畴体系需要在解决了这一基本任务后才有实现的可能，否则即是盲目的，与初衷背道而驰。[①] 因此，研究海上侵权责任分担法律规则的重要任务是澄清其存在的价值和意义。

传统侵权责任法利用侵权责任构成理论，主要是归责原则，来解释责任人承担责任、赔偿损害的理由和依据，这从本质上说是定性的问题，这也是传统侵权责任法扮演救济法的主要功能和目的。但侵权责任构成理论或者说传统侵权法忽略了定量，即责任人承担责任、赔偿损害的范围问题，而这个问题需要侵权责任分担理论来解决。旧有的法律理论和法学受到了产生它们的政治和法律环境的深刻影响，并巧妙地结合了该环境的许多特征。除等级制度的残余观点外，这些理论不能适应全球相互依存、大社会、全球战争、工业化、基于科学的文明和不断出现的过去无法想象的变化的现实需求。[②] 侵权责任法的制定受到了环境、政策等的影响，对海上复杂的环境并不具有普适性。因此，海上侵权责任分担法律规则的研究存在多方面的重要意义。

一、回应多元化价值需求

氏族社会是构成原始社会的主体形态。氏族往往是血缘结合在一起的团体，偶尔也因为收养、继承等关系加入新成员。但是最初的氏族之间不存在现代意义的管理组织或者司法机构，因此血亲复仇就成为解决氏族纠纷的主

---

① 参见［德］马丁·海德格尔：《存在与时间》，陈嘉映、王庆节合译，生活·读书·新知三联书店 2014 年版，第 13 页。

② 参见万鄂湘、王贵国、冯华健主编：《国际法：领悟与构建——W. 迈克尔·赖斯曼论文集》，法律出版社 2007 年版，第 2 页。

要手段。这种手段经常使整个氏族失去和平安逸的生活状态，甚至产生灭族的危险。为了改善这样的情形并防止大规模报复行为的发生，氏族之间逐渐产生了新的解决方式，即利用赔偿的方法弥补对受害人和其氏族造成的损害。这种方式在摩尔根的《古代社会》中有所介绍，他称之为“代偿损害”。在古代社会，一旦发生损害情形，往往加害人一方总会积极主动地进行赔偿，以避免血亲复仇或其他报复行为的出现，但是即便如此，也不能保证得到受害人和其氏族的谅解。因此在当时的情况下，加害人的行为造成损害后果就足以使加害人承担责任，至于加害人的主观状态，则并不是考量因素。同时，受害人一方的主观状态或者其他因素也不在考虑范围内，故而当然不会产生现代法律中减免加害人责任的结果。① 这个时期的侵权责任法唯一的价值追求是社会秩序。随着社会组织的建立，社会契约的形成，以《汉谟拉比法典》② 和罗马法的《十二铜表法》③ 为代表，模糊正义和人的自由的追求已经有所显现，主要体现在开始考虑对加害人的主观状态苛以责任或在一定条件下免责。尽管这时侵权责任法的价值追求已经多元化，但是秩序仍然是价值链的顶端。直到 17 世纪以后，人们对自由的追求超越了对秩序的需求，形成了近代私法三原则，即所有权绝对、契约自由和过失责任。侵权责任法中自由成为首要价值，秩序次之，对自由、秩序的维护就是人们对正义的追求。19 世纪随着资本主义经济、科学技术的发展，受害人证明责任人存在过错、损害与过错之间有因果关系的难度也在上升，过错责任原则成为雇主的“保护伞”，这种对自由的无限维护摧毁了平衡的社会秩序。“近代民法自由主义的土壤孕育了过错责任，过错责任主要考量侵权人的行为和主观状态，利用个人能动性为人们创造安全的社会环境。”④ 人们对于正义的追求不再是绝对

① 参见王卫国：《过错责任原则：第三次勃兴》，中国法制出版社 2000 年版，第 17 页。

② 《汉谟拉比法典》第 244 条规定：“倘自由民所租之牛或驴在原野为狮子所杀，则其损失仅由其主人负之。”第 249 条和第 266 条规定了牲畜因神力或狮子而死，租用人或牧人可以免除责任。

③ 《十二铜表法》第八表第 10 条规定：“烧毁房屋或堆放在房屋附近的谷物堆的，如属故意，则捆绑而鞭打之，然后将其烧死；如为过失，则责令赔偿损失，如无力赔偿，则从轻处罚。”第八表第 24 条规定：“杀人者处死刑；过失致人于死的，应以公羊一只祭神，以代本人。”

④ 王卫国：《过错责任原则：第三次勃兴》，中国法制出版社 2000 年版，第 83 页。

的以自由或秩序为核心的价值体系，而是二者或多者的平衡和融合。体现在侵权责任法中的变化就是严格责任等多种归责原则体系的建立。自由和秩序并重成为侵权法的基础价值结构，而正义成为侵权法的主导价值。

通过分析侵权法历史不难发现，侵权法的价值追求一直在演变，具有代表性的是四个阶段：第一个阶段是单一的秩序价值时期；第二个阶段是以秩序为绝对价值核心，统筹正义多元价值发展时期；第三个阶段是以自由为绝对价值核心，构建新型价值观时期；第四个阶段是秩序和自由并重阶段，此时正义是主导价值。①

在正义价值为主导的秩序和自由衡平时期，矫正正义已不能满足人们对侵权责任法的期待，分配正义也顺其自然地成为正义价值的组成部分。由于海上侵权责任法不仅体现了侵权责任法的价值追求，其不可避免地受到商法理念的影响，效率也成为必不可少的价值之一。分配正义要求在处理海上侵权案件时，平等关注被侵权人和侵权人的权益状态，将失衡的天平恢复，避免矫枉过正。效率价值要求在分配各方当事人的责任份额时，用最便捷的方式和规则定分止争，解决问题。因此，分配正义和效率是海上侵权责任分担法律规则的出发点，也是法官解决实际纠纷时最重要的考量因素。在这样多元化的价值追求体系下，海上侵权责任分担法律规则的制定是实现多元化价值追求的必然和途径。

二、弥补侵权责任构成制度之不足

侵权责任构成理论仅解决了责任人缘何承担赔偿责任的问题，即归责原则和侵权责任的构成要件。但是侵权责任构成理论无法解释责任人赔偿额度的确定、责任人之间的责任份额、被侵权人过错减轻责任人赔偿额、致害人不明承担责任等理论问题。侵权责任构成理论主要利用归责原则体系来控制被侵权人和侵权人之间关系的平衡，但是由于归责原则只能解决侵权责任有

① 参见马黎：《民法目的性价值研究》，西南政法大学2012年博士学位论文，第115页。

或无两个极端的问题，这种衡平关系依靠法律小心翼翼地维护，归责原则的变动将会从根本上变换当事人的主体地位和权益，导致天平的过度倾斜。仅仅依靠侵权责任构成理论来维持当事人之间的平衡在当代复杂的社会背景下已将侵权责任法逼进死胡同，这也是20世纪70年代一部分侵权法学者认为侵权法面临危机的主要原因。例如，约洛维奇（Jolowicz）教授（来自英国剑桥大学）曾呐喊侵权法正面临危机；费莱明（Fleming）教授（来自美国加利福尼亚大学）认为侵权法已经到了生死存亡的时刻，侵权法正处于选择的路口；瑞典学者约尔延森（Jorgensen）甚至发出侵权法没落的警示。[①] 除了侵权法自身系统存在的与外部发展不协调的问题外，侵权法面临的另一问题是福利国家社会保障法的出现和发展对侵权法固有领地的冲击。原有的侵权责任构成理论并没有给社会保障法的存在提供对接点，二者成为非此即彼的对立关系。例如新西兰在20世纪对侵权法的改革：新西兰放弃了原有的侵权损害赔偿体系，依据法经济学理论构想，建立了社会赔偿体系；但新的社会赔偿体系的建立没有达到初衷，反而在不断限缩赔偿数额和范围效果不佳的情况下，只能求助传统侵权法来解决棘手的问题。这次实验实质上是传统侵权法和社会保障法的磨合过程，但是结果并不理想。

笔者认为，解决传统侵权法危机的方式是在侵权责任构成理论的基础上，引入侵权责任分担理论。首先，传统侵权责任构成理论解决了定性问题，忽略了定量问题。侵权责任分担理论主要研究的即是侵权损害赔偿责任在各方当事人之间份额的分配和承担问题。其次，社会发展导致严格责任和危险责任等的出现带给传统侵权法危机，侵权责任分担理论也能够为其提供解释基础。侵权责任分担形态中包括多种无须过错即成立的赔偿责任，如平均分配、致害人不明分担责任形态等，从而在这个角度上为已然存在的概念提供基础。除此之外，传统侵权法与社会保障法衔接的失败主要是因为侵权构成理论与社会救济法理念存在冲突。传统侵权责任构成要求满足构成要件，且符合侵

① 参见王泽鉴：《民法学说与判例研究》，中国政法大学出版社1997年版，第143页。

权法索赔程序。社会救济法以高效补偿当事人损失为目标，补偿并不要求完全满足侵权责任的构成要件，只要有损失的存在，救济法的程序就有可能启动，这在一定程度上忽略了对程序正义的追求。侵权责任分担理论将损害赔偿责任依据一定的原理在侵权责任人和被侵权人之间、侵权责任人之间进行分配，其前提是侵权责任的成立。在侵权责任分担程序完成后，分配后无法实现的责任为社会保障法的加入提供了契机，即该部分责任可以利用社会保障法机制解决。因此，从上述角度分析，海上侵权责任分担法律规则的建立弥补了侵权责任构成理论的不足，在一定程度上解除了侵权法面临的时代危机。

三、构成海上贸易风险分摊机制

海商法的建立基础是海上贸易、运输的发展和交易习惯的积累，因此海上法律规范的制定和完善必须是海上贸易、运输习惯的体现。符合和促进海上贸易和运输习惯的法律才能成为被法律主体尊重和适用的规范。从这个角度说，违反海上贸易运输交易习惯的规则是很难得到当事人遵守，并得到良好的贯彻和执行的。纵观海上贸易、运输的历史，主要是船货双方利益平衡的动态过程。探究商业贸易的本质，无非是利益和风险的交易。以此为调整对象的法律规范主要是两大方面，即利益分配机制和风险分摊机制。利益分配机制主要通过金融工具、商业机构体系的运营、商事操作模式等商事行为来实现。这是所有商事领域共通的，在陆地商事和海上商事贸易中区别并不明显。如果非得比较分析，主要是政策和法律对于金融管制等的原因，使一些投融资模式仅在一定行业和领域得以实行。真正使海上贸易商的行为区别于陆地上的一般商行为的是风险分摊机制。

笔者认为，海上风险分摊机制主要通过以下几种方式实现：（1）免责、共同海损分摊等特殊损失分摊机制广泛存在于海事合同中。（2）海事赔偿责任限制的存在，使责任主体的最高风险责任限额控制在一定范围内。（3）侵权损害赔偿责任的分担，使损害赔偿责任在当事人之间分配和承担。上述三种方式除了合同约定外，也普遍得到了国际公约、各国法律的认可；同时，上述三种方式有可能同时存在于一个特定案件中。现代法律体系环境下，上述三种方式最终都将通过保险和基金等第三方或社会保障法的参与而得到最终解决。作为海上风险分摊机制重要方式的侵权损害赔偿责任分担体系，对于研究海上商事规则至关重要，而且是海上商事规则区别于陆上商事规则的根本所在。上述关系如图 1 所示。

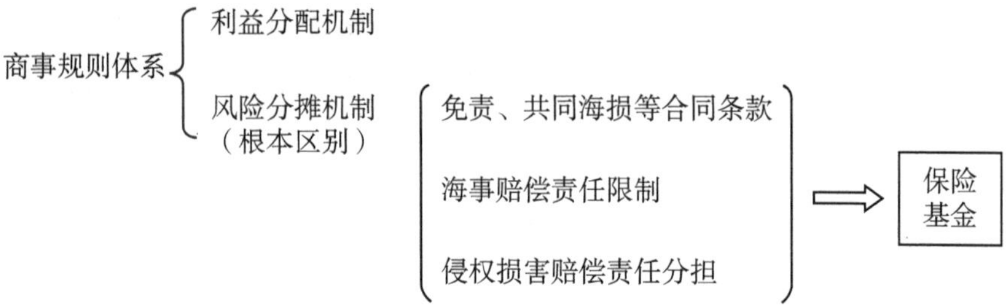

图 1　商事规则体系

四、解决传统海上侵权遗留问题

利用海上侵权责任分担理论可以解释许多在侵权责任构成理论中一直困惑或无法找到答案的问题，这正是海上侵权责任分担理论的工具论价值，笔者总结了两个典型例子。

（一）问题 1：侵权受偿数额与赔偿范围非对等性

侵权案件中受害人的索赔额与最终获得的赔偿额不对等，这是实际中经常发生的事情，这样的结果可能是法庭不支持造成的，也可能是执行不能引起的。但是实践中还存在另外一种情况，即受害人的索赔额不等于侵权责任人的赔偿总额。例如，A 和 B 共同侵害了 C，A 和 B 对 C 承担连带责任 50，A 的责任份额为 30，B 的责任份额为 20。A 向 C 全额支付了赔偿，转而向 B 要求分摊，B 向 A 赔偿了 20。在这个案件中，C 获得的赔偿额是 50，而 A 和 B 的赔偿总额是 70。这 20 的差额性质在侵权责任构成领域无法得到解释，只能在侵权责任分担制度下获得阐释。根据侵权责任分担原理，这 20 的差值实际上是风险责任，即超过最终份额责任而实质上承担了受偿不能风险的责任部分。①

案件中的A由于连带责任分担形态的适用，其不仅应该向C承担自身的最终责任份额，同时在C要求的情况下，还需要承担B对C所负的份额责任。这相当于将C从B处无法获得赔偿的风险转移给A承担，A在向C承担完连带责任总额后，依据连带责任原理，可以向B要求分摊，如果B无能力偿还或其他原因造成偿还不能，则此种受偿不能的风险责任就得到了实现，由连带责任人A承担。

（二）问题2：侵权责任分担形态与海事赔偿责任限制的冲突

海事海商纠纷中，一直存在侵权责任分担形态与海事赔偿责任限制冲突的问题，表现最明显的是连带责任和海事赔偿责任规则如何共同适用的困惑。究竟海事赔偿责任限制的效力是针对所有索赔人，还是排除连带责任人内部要求分摊的情形。这个问题利用侵权责任构成理论无法得到全面的解释，但是侵权责任分担规则却可以为此问题提供答案。

从侵权责任分担制度视野下分析，海事赔偿责任限制对于侵权责任总额进行限定，各种侵权责任分担形态都有可能与海事赔偿责任限制发生冲突，不仅仅是连带责任，按份责任也可能存在，只是实践中人们自觉遵守了海事赔偿责任限制规则优先适用的方式，冲突并不明显。在连带责任情况下，承担了超过自己份额的连带责任人，其超过自己份额的部分为风险责任，更具体地说是受偿不能风险责任。这当然包括由于被要求分摊的责任人享受海事赔偿责任限制而无法得到分摊的风险。在其他分担责任形态下，也可适用责任分担理论进行解释。因此，侵权责任分担法律规则中存在一种特殊规则，即责任限制优先适用规则，专门解决此类冲突。

除此之外，海上侵权致害人不明案件索赔的困难，其本质是特定责任人

① 参见王竹：《侵权责任分担论——侵权损害赔偿责任数人分担的一般理论》，中国人民大学出版社2009年版，第99页。

与特定损害之间因果关系、原因力的举证困难。致害人不明案件承担责任的当事人责任构成的依据区别于一般侵权案件。在此类案件中，责任人之间责任的分担基础也区别于致害人明确的侵权案件。仅从构成角度分析致害人不明侵权案件是片面的，无法解释责任人承担责任和分担责任的现象，这些问题利用侵权责任分担理论都可以得到解决。同时，国际航运经济对于政治、法律等各种因素较为敏感，完善的海上法律体系将有助于航运贸易的健康发展。

五、补充侵权责任分担理论

侵权责任分担理论已经取得了诸多成果：第一，该理论弥补了侵权责任形态理论的诸多不足，解决了侵权行为类型与侵权责任形态不完全对应的问题，明确了受害人的过错与公平责任的差异，统一了受害人过错与侵权责任分担制度，对致害人不明侵权行为的特殊规则分别研究。第二，该理论建立了与侵权责任构成理论相对应的理论体系，包括独立的分担原则、制度体系、考量标准、分配要素等，克服了侵权责任形态理论可操作性不强的缺陷。第三，该理论形成于侵权责任形态理论的基础上，将侵权行为、侵权债务和侵权责任连接起来，使损害赔偿责任的范围和承担方式有据可依、有轨可行。第四，该理论弥补了侵权责任构成理论解释力不足的问题，指出连带责任、不真正连带责任、补充责任等责任形态在责任分担角度的区别，使责任形态的研究立体化、清晰化。

但是侵权责任分担理论未对特殊领域规则进行研究，因此存在多项缺陷，而这些缺陷正是海上侵权责任分担法律制度存在的意义。第一，海上侵权责任分担理论扩展了侵权法解释理论，在确认传统的矫正正义地位的基础上，引入了效率和分配正义作为责任分担正当性基础，建立了侵权责任分担的价值追求体系。第二，填补"风险责任"实现领域研究的不完整性。区别侵权责任分担形态引发的受偿不能风险责任和海事赔偿责任限制的适用引发的分摊不能风险责任等。利用风险责任理论，创设海上风险责任再分配规则和责任限制优先适用规则，解决了连带责任等责任分担形态与海事赔偿责任限制同时适用引发冲突的问题。第三，海上侵权责任分担法律规则将责任人内部和外部关系区分处理，并且依据致害人明确与否适用不同规则。从上述角度说，海上侵权责任分担法律规则的研究丰富了侵权责任分担基本理论研究的范围，弥补了特殊领域研究空白的缺陷。

第四节　海上侵权责任分担法律规则研究方案

一、海上侵权责任分担法律规则的界定

法律规则是指国家立法者将具有共同规定性的社会或者自然事实，通过文字符号赋予其法律意义，并以之具体引导主体权利义务行为的一般性规定，它是法律规范中关于人们行为的直接指南部分。① 法律规则的要素有三要件说②、两要素说③和新三要素说④等。简言之，法律规则是调整或反映客观世界发展规律的主观映像。海上侵权责任分担法律规则的界定最重要的是确定其适用的调整范围。海上侵权责任分担法律规则适用于海上侵权行为，因此

① 参见谢晖：《论法律规则》，载《广东社会科学》2005 年第 2 期。张文显对法律规则的解释是："是指具体规定权利义务以及具体法律后果的准则，或者说是对一个事实状态赋予一种确定的具体后果的各种指示和规定。"张文显：《法学基本范畴研究》，中国政法大学出版社 1993 年版，第 51 页。李桂林则认为："法律规范是一种特殊的社会规范，它是由国家制定或认可，并由国家强制力保障实施的具有严密逻辑结构的行为规则。"公丕祥主编：《法理学》，复旦大学出版社 2002 年版，第 331 页。郑成良则以为："简要地说，法律规则就是法律的基本要素之一，是法律中明确赋予一种事实状态以法律意义的一般性规定。"张文显主编：《法理学》，法律出版社 1997 年版，第 64 页。

② 假定、处理和制裁三要素，有人认为该观点的缺陷是明显的，处理和制裁在行外人看来具有明显的逻辑包含关系，更重要的是这种学说所表达的是一种强烈的以刑为主（高压和强制为主）的法律观念，因此，不利于人们自觉地接受法律观念。参见谢晖：《论法律规则》，载《广东社会科学》2005 年第 2 期。

③ 指行为模式和法律后果，有人认为该观点否定了假定的存在，将"婴儿"随"流水"一起倒出了。参见谢晖：《论法律规则》，载《广东社会科学》2005 年第 2 期。

④ 行为模式、条件假设（假定）和后果三要素。

界定海上侵权责任分担法律规则的适用范围需要厘清海上侵权行为的范围。

英文经常用“maritime tort”“tort at sea”表达海上侵权行为。[①] 2016 年 3 月 1 日起施行的最高人民法院《关于海事法院受理案件范围的规定》中例举了多项海事侵权纠纷案件，但是该例举的方法仅表明哪些案件属于海事法院受理案件范围，并未明确何为海上侵权行为或者海事侵权行为。传统意义上的海事侵权是以船舶为中心的，表现为因船舶火灾、碰撞、搁浅、浪损、触碰、爆炸，以及以非法留置或错误扣押等手段侵占船舶或船载货物或者海事欺诈等行为造成船货等海上财产损失或人身伤亡、船舶污染而产生的海事争议。从上述例举可以看出，传统的海事侵权主要围绕对船舶、船载货物以及船舶对外的侵权。海上侵权并不把行为载体限定为船舶，还包括海上作业、生产、港口作业、海洋工程建设、海洋开发利用等过程中发生的侵权行为。也就是说，海上侵权的类型远远超过了传统意义上的海事侵权。这个观点从外延上将海上侵权行为与一般侵权行为相区别；同时，其突破了传统海商法围绕船舶展开的法律关系视角，将海上生产、作业等也纳入海上侵权概念的范围中。但是，作为海上侵权行为概念，它欠缺必要的内涵和属性界定。海上侵权行为，指发生在海上的侵权行为。[②] 这个概念以行为发生地界定海上侵权行为，很好地将海上侵权行为和一般侵权行为相区别。海上侵权行为指发生于海上、与海相通的可航水域以及港口区域，在海上运输、海上生产及相关作业过程中的侵害他人人身、财产权益的行为。[③] 这个观点利用三种限定方式界定概念：第一，利用侵权行为发生地，并且将行为发生地具体化，包括海上、与海相通的可航水域以及港口区域。第二，例举作业性质界定相关行为，即海上运输、海上生产及相关作业中产生的行为。第三，侵害权益包括他人人身和财产权益，不包括海洋环境等。海上侵权行为是发生在海和与海相通的可航水域的侵害他人人身、财产和社会公共利益的依法应当承担

---

① 参见邓瑞平等：《海上侵权法比较研究》，厦门大学出版社 2013 年版，第 15 页。

② 参见李志文主编：《海上侵权行为法基本理论研究》，大连海事大学出版社 2006 年版，第 8 页。

③ 参见韩立新主编：《海上侵权行为法研究》，北京师范大学出版社 2011 年版，第 4 页。

责任的行为。[1] 此概念将海上侵权行为的发生地限于海上、与海相通的可航水域、港口，以及上述水域的上空、水面、水下。[2] 这个概念较为全面地揭示了海上侵权行为的内涵和外延，但也存在一定的问题，即这个概念的属概念是行为，而种差除了地点外还有“依法应当承担责任”的限制。侵权行为并不一定都会导致法律责任的产生，比如自然债务的情况下，当事人自己履行了对他人侵害的赔偿义务，也就不涉及侵权责任的承担问题了。或者在海上货物运输的情况中，船员驾驶船舶疏忽使货物发生损坏灭失，侵权行为已经存在了，但是由于这属于法律规定的免责事项，承运人对此并不需要承担侵权责任。因此，用“依法应当承担责任”这个表述限制侵权行为不够严谨。

海上侵权关系意指因船舶碰撞、船舶污染海洋环境等行为所引起的肇事方与受害方之间的法律关系。[3] 这个概念从总体上解释了海上侵权关系，并显示出了海上侵权关系区别于一般侵权关系的特点；但是列举的方式可以展示某个概念包含什么，并不能界定某个概念是什么。海上侵权行为法调整特定类型关系，由具体的法律规范组成。此种特定类型关系主要是由各类海上侵权行为形成的。相应地，研究海上侵权行为法应包括对侵权关系的主体问题、侵权责任归责原则和侵权责任的损害赔偿等方面的研究。[4] 海上侵权行为法具有两方面特点：一是海上侵权行为法调整的对象是海上侵权行为引起的法律关系；二是海上侵权行为法中所调整的船舶范围不局限于我国《海商法》中规定的船舶。[5] 有学者认为该定义的缺陷有两点：一是海上侵权法的调整对象应是海上侵权关系，而不是海上侵权法律关系，海上侵权法本身是一种法律关系，是在调整海上侵权关系中所形成的法律关系；二是海上侵权法调整的侵权关系的范围应是侵害海上人身、财产和其他利益，而不是仅限于海上人身、财产权益。其他利益包括海上公共利益，而海上公共利益主要

---

① 参见邓瑞平等：《海上侵权法比较研究》，厦门大学出版社 2013 年版，第 17 页。
② 参见邓瑞平等：《海上侵权法比较研究》，厦门大学出版社 2013 年版，第 15 – 19 页。
③ 参见司玉琢等编著：《新编海商法学》，大连海事大学出版社 1999 年版，第 4 页。
④ 参见李志文主编：《海上侵权行为法基本理论研究》，大连海事大学出版社 2006 年版，第 16 页。
⑤ 参见李志文主编：《海上侵权行为法基本理论研究》，大连海事大学出版社 2006 年版，第 17 页。

指海上安全、海上生态环境利益。[①] 还有学者对海上侵权行为法的特点进行了概括：海上侵权行为法在性质上相对于《民法典》属于侵权特别法，海上侵权行为法的渊源分散、相互独立，并未形成一部统一的海上侵权行为法，但是各种海上侵权行为具有一些共同点，现行法律制度也可以向着涵盖面更广、概括性更强的方向适当发展；海上侵权行为法的国际统一化程度高；海上侵权行为法类型划分细致，法律规范详尽，为侵权普通法所无法比拟；海上侵权行为损害赔偿机制具有特殊性，表现在三个方面，即一是赔偿责任的有限性，二是责任保险的强制性，三是赔偿基金的补偿性。[②]

结合上述学者的观点，笔者认为海上侵权行为法是指调整海上侵权关系的法律规范的总称。其特点是：调整的对象为海上侵权关系，规范的行为是海上侵权行为，适用的水域为海与海相通的可航水域（包括港口可航水域）；是相对独立的特别侵权法；适用具有可分割性；性质上直接归属于广义海事法。[③] 尽管学者对于海上侵权行为法的概念界定有争议，但是大多数学者认可的是海上侵权法律规范的适用范围要广于《海商法》的适用范围。根据目前国际通行的做法和我国现有法律体系，笔者认为海上侵权行为应该界定在发生地为海、与海相通的可航水域，即水面和水下的范围。海上侵权行为指发生于上述水域范围内，在海上运输、海上生产及相关作业过程中侵害他人人身、财产权益和海上生态环境等公共权益的行为。本书界定的海上侵权责任分担法律规则适用和调整的范围不限于《海商法》规范的侵权关系，但是海上侵权损害赔偿分担规则的适用范围受制于海上侵权行为的范围，决不能超过该范围。因此，本书中海上侵权责任分担法律规则即处理发生于海、与海相通的可航水域，在海上运输、海上生产和相关作业过程中侵害他人人身、财产权益和海上生态环境引发的侵权损害赔偿责任分配和承担问题的法律规范。

---

① 参见邓瑞平等：《海上侵权法比较研究》，厦门大学出版社 2013 年版，第 26 页。
② 参见韩立新主编：《海上侵权行为法研究》，北京师范大学出版社 2011 年版，第 10－16 页。
③ 参见邓瑞平等：《海上侵权法比较研究》，厦门大学出版社 2013 年版，第 26－30 页。

二、首次分配和最终承担分阶段处理责任关系

鉴于海上侵权实践的特点，笔者建议海上侵权责任分担法律规则通过区分外部和内部责任关系进行规则整合和研究。本书采用了首次分配和最终承担两个概念来表达侵权责任被分担，在外部和内部变动的过程。分担至少包括两层含义——分配和承担：分配是当事人权益受损后的初次权利调整，是一个暂存的过程，而侵权责任的承担是一个结果，两个阶段的考量因素、规则和功能不同。有学者认为，风险责任的分担过程和最终责任份额是分开进行的。[①] 笔者认为在首次分配阶段，通常情况是同时分配了风险责任、程序负担和损害赔偿责任。尽管影响风险责任和损害赔偿最终份额责任结果的规则有所不同，但是确定二者的过程是无法分开的，分开将引起简单问题复杂化，也不利于司法实践操作。在最终承担阶段，承担了风险责任的责任人与其他责任人之间通过分担规则进行责任转移，是将受偿不能风险转化成最终承担的责任的阶段。由于最终承担阶段是风险责任的转移，如果某个案件中适用的侵权责任分担形态风险责任份额等于损害赔偿责任份额，那就不涉及最终承担阶段的问题了，比如按份责任的情形。将侵权损害赔偿案件划分为两个阶段，并对两个阶段责任分配和承担的原则、规则进行研究，较为符合实践解决案件纠纷的思路和流程。将分担理论与司法实践衔接起来，通过明确每个阶段适用的规则和考量因素，能够实际指导实践操作，有益于提高案件解决的效率，弥补了现有侵权责任分担理论的不足。同时，一般侵权法不区分案件类型，依据可责性标准来确定是否适用连带责任或按份责任来分配风险责任；但是海上侵权损害赔偿责任分担形态的适用无法统一标准，将侵权损害赔偿责任的分担分成两个阶段更符合海上侵权损害赔偿责任的内在体系，能够更好地说明是造成损失的原因和受损权益共同决定了分担原则的适用，从而达到风险责任分配和最终责任承担的结果。

---

① 参见王竹：《侵权责任分担论——侵权损害赔偿责任数人分担的一般理论》，中国人民大学出版社2009年版，第130－131页。

侵权责任框架中，被侵权人和侵权人作为两级结构，并不是零和博弈。被侵权人的损失额并不一定等于侵权人的赔偿额，被侵权人获得的索赔额也不一定等于侵权人的赔偿额，这是由侵权人和被侵权人责任划分标准和方式决定的。详言之，“首次分配”是指由侵权法中确定责任人对被侵权人承担责任的范围和方式的一系列规则组成的制度，相对于侵权责任人内部责任承担，这是外部责任的划分。首次分配规则主要解决的是责任人以何种侵权责任分担形态、在多大范围内向被侵权人承担损害赔偿义务。首次分配规则实质上主要确定的是风险责任的负担。

从致害人角度对侵权类型进行完全划分可以分为致害人明确案件和致害人不明案件。相应地，侵权责任分担规则纵向上包括致害人明确之责任分担规则和致害人不明之责任分担规则。侵权责任分担规则适用于存在侵权责任的所有案件类型，区别于侵权责任数人分担理论规则。① 由于实践中致害人明确属于较为常见的侵权类型，致害人不明案件相对较少，所以笔者称致害人不明案件为特殊领域。根据侵权责任分担体系的划分，侵权损害赔偿责任首次分配应该包括致害人明确和致害人不明两大类型，前者具体包括海上侵权赔偿份额划分规则、海上侵权责任分担形态对应规则和海上侵权赔偿总额限定规则。② 上述划分如表1所示。

表1　侵权责任首次分配法律阶段

分类	内容
海上侵权致害人明确之责任分担	海上侵权赔偿份额划分规则 海上侵权责任分担形态对应规则 海上侵权赔偿总额限定规则
海上侵权致害人不明之责任分担	特殊领域分配规则

① 侵权损害赔偿责任数人分担理论的分析参见王竹：《侵权责任分担论——侵权损害赔偿责任数人分担的一般理论》，中国人民大学出版社2009年版，第349－353页。

② 参见李莹莹、郭萍：《论侵权责任首次分配规则的拓展性构建》，载《东岳论丛》2016年第6期。

海上相关立法对于侵权责任承担机制的特殊规定，使侵权损害赔偿责任分担的最终承担规则具有特殊性，更加复杂。例如免责和责任限制的规定在民法中很少存在，但是免责和海事赔偿责任限制等普遍存在于各类海上侵权案件中，对侵权责任的承担起到至关重要的调整作用。普通法领域调整侵权人和被侵权人损害赔偿责任的重要规则即比较过失原则便产生于海事侵权领域，而后扩展应用于普通法的各个领域。但是比较过失原则在海上侵权责任分担领域的发展路径又与普通法上比较过失的发展路径不同，形成了对比分析的可行性。分摊和追偿理论是对侵权主体的最终责任进行调整的重要手段，这个理论在海上侵权领域也形成了与普通法领域不同的规则和适用范围等。而且同一个案件往往涉及连带责任和责任限制的共同适用，这对侵权损害赔偿责任的最终承担规则起到至关重要的影响，需要单独研究。正如李志文教授所说：海上侵权行为和其责任承担方式的特殊性决定了海上侵权行为法不同于一般的侵权行为法。[①] 同时，海上侵权责任分担体系中，一般情况下，责任人损害赔偿责任的总额是有上限的，而这个上限就是海事赔偿责任限制所确定的限额。当事人最终实际承担的责任并不一定等于按照分担原则确定的最终责任额度。一般侵权法中，针对连带责任中承担了较少最终责任的一方反而要承担较多风险责任的不公平现象，美国一些法院提出绝对门槛和最高倍数的结合，限制连带责任的适用。海上侵权责任法已经存在这个机制了，即连带责任人无论最终责任是多是少，承担的连带责任总额存在上限，即海事赔偿责任限制额，相对来说，不会造成极端不公现象。连带责任适用产生的“深口袋”（deep pocket）不公现象，在海上侵权损害赔偿环境中因为有海事赔偿责任限制的存在而有所缓和；同时，承担了风险责任的连带责任人自己也面临受到海事赔偿责任限制的约束而无法实现分摊权利的可能。尽管侵权赔偿份额划分规则在一般侵权责任分担领域也分配了受偿不能风险，但是其同时是最终责任承担的形式，因此学者将其放进了最终责任分担理论进

---

① 参见李志文：《论海上侵权行为法的范畴》，载《深圳大学学报（人文社会科学版）》2005 年第 5 期。

行研究。[①] 但是在海上侵权损害赔偿领域，由于海上侵权责任限制的广泛存在，赔偿份额划分规则确定的责任份额并不一定是赔偿义务人最终需要承担的责任。因此，将该规则在海上侵权责任分担领域归入首次责任分配领域进行研究较为合理。

侵权责任最终承担指在确定了被侵权人与侵权人之间侵权责任的范围和承担方式后，由侵权人内部责任划分和转嫁规则组成的法律制度。侵权责任最终承担是侵权责任分担制度的一个阶段，包括一般规则和特殊规则。一般规则指内部转移形式对应规则；特殊规则指海上侵权风险责任再分配规则和责任限制冲突优先适用规则等。顾名思义，一般规则适用于所有侵权案件类型，是将多种形式的侵权责任分担形态与责任人内部之间责任转移和划分规则对应的过程。特殊规则仅存在于一定案件类型中，例如不完全赔偿领域和大陆法系个别国家的法律制度中，不完全赔偿以海上侵权适用了海事赔偿责任限制的案件最为典型，风险责任再分配规则以《法国民法典》对连带责任人分摊不能份额进行事后二次分担为代表。[②] 上述划分如表 2 所示。

表 2　侵权责任最终承担阶段

分类	内容
海上侵权致害人明确之责任分担	内部转移形式对应规则 责任限制冲突优先适用规则 海上侵权风险责任再分配规则
海上侵权致害人不明之责任分担	补充规则

三、区别致害人情形制定规则

前文已述，纵向分割海上侵权责任分担法律规则包括致害人明确和致害

① 参见王竹：《侵权责任分担论——侵权损害赔偿责任数人分担的一般理论》，中国人民大学出版社 2009 年版，第 4 页。

② 参见王竹：《侵权责任分担论——侵权损害赔偿责任数人分担的一般理论》，中国人民大学出版社 2009 年版，第 200 – 228 页。

人不明两大领域，由于致害人明确属于侵权案件的常态，而致害人不明属于特殊情形，故笔者将致害人不明的情形称为补充规则。致害人不明领域在责任分担问题上存在两种拟制，区别于致害人明确的情形，因此笔者将其单独作为一章在后文论述，主要分析致害人不明责任分担的特点、两种拟制的具体方案和建议等。但是，致害人不明案件从横向上依然分为首次分配和最终承担两个阶段，处理外部和内部关系，因此在未特别说明的情况下，该两个阶段的规则依然适用于致害人不明的情况。上述划分如表 3 所示。

表 3　海上致害人不明责任分担规则

分类	内容
首次分配	补充规则
最终承担	补充规则

第三章　海上侵权责任首次分配法律规则

第一节　海上侵权赔偿份额划分规则

在侵权责任构成阶段，影响侵权责任是否成立的是四要件，即损害、违法行为、过错和因果关系。侵权责任分担是在侵权责任构成后才涉及的问题，如果侵权责任构成，证明上述四个法律要件都存在（严格责任下对过错不作要求，但是当事人一般都存在或大或小的过错）。在侵权责任分担领域，对于确定被侵权人与责任人赔偿份额划分有影响的因素也是基于上述四要件的法律事实而来。由于损害事实的存在才涉及赔偿问题，违法行为和因果关系在责任分担领域被称为原因力。责任分担领域考量的过错与侵权责任构成领域的区别是，在责任构成领域仅考虑侵权责任人一方的过错，在分担领域需要同时考量包括被侵权人在内的当事人双方或多方的过错。也就是说，四要件决定侵权责任是否成立，在成立的基础上，确定当事人责任份额时需要考量过错、原因力和损害等法律要素。由于上述因素在侵权责任构成问题上已经进行了考虑，在侵权责任分担问题上需要研究的问题是上述因素如何转化为责任份额因素。笔者从五个方面进行讨论，即侵权归责原则的处理、确定责任份额时考量的因素、受害人过错制度的融合、被侵权人与侵权责任人过错异质性的转化、赔偿份额划分原则和赔偿份额划分标准。

一、海上侵权归责原则的处理

就世界各国现有法律体系分析，侵权责任归责原则包括过错责任、过错推定责任和严格责任。[①] 笔者认为，侵权责任归责原则还包括一种特殊类型，即处理致害人不明案件时适用的归责原则。侵权责任归责原则的目的是为当事人承担侵权责任在侵权责任法理论框架中给予法律和道德意义的合理性。严格责任仅存在于特定类型案件中，以法律规定为限。在侵权责任构成领域，不同的侵权归责原则涉及举证责任的分配问题，在侵权责任分担领域，侵权归责原则面临的第一个问题是不同的侵权归责原则是否统一适用侵权责任分担规则，即是否需要建立适用于不同侵权归责类型的分担规则。笔者认为无此必要。

第一，过错责任、过错推定责任和严格责任等是侵权责任在构成时需要考量的因素，即过错有无影响侵权责任的成立，以过错存在为必要条件的是过错责任和过错推定责任，无须过错存在即可成立侵权责任的是严格责任。比如船舶触碰码头，索赔人需要证明侵权行为人存在过错，有损害事实，存在因果关系，才能使被告承担侵权责任具有正当性，即符合《民法典》要求的侵权责任成立的要件和标准。又如，油污损害，根据我国《民法典》和《海商法》的规定，索赔人只需要证明该船舶有漏油、自身有财产损失即可，此处过错和因果关系不是索赔人需要证明的问题，过错的有无亦不会影响油污损害赔偿责任的成立。

第二，在侵权责任已经成立的情况下，过错问题是影响侵权责任首次分

---

① 对于归责类型的划分，学者间存在异议。王卫国先生认为，侵权责任归责原则只有过错责任，应该扩大过错责任的适用范围，以解决环境污染等问题。参见王卫国：《过错责任原则：第三次勃兴》，浙江人民出版社 1987 年版，第 212 页。魏振瀛认为，侵权责任归责类型包括过错责任、过错推定责任和无过错责任，过错推定责任是介于过错责任和无过错责任之间的责任。参见魏振瀛：《侵权责任方式与归责事由、归责原则的关系》，载《中国法学》2011 年第 2 期。孟旭认为我国侵权责任法现在是二元论，即过错责任和无过错责任，应该将公平责任纳入其中。参见孟旭：《侵权归责原则体系划分》，载《商业研究》2010 年第 4 期。孔祥俊认为三元的归责原则应该是过错责任、危险责任和公平责任。参见孔祥俊：《论侵权行为的归责原则》，载《中国法学》1992 年第 5 期。

配结果的一个因素。侵权责任成立后，面临的问题是侵权责任在包括被侵权人在内的当事人之间如何分配。侵权责任首次分配阶段在考量一定因素的前提下，将侵权损害赔偿责任在当事人之间进行分配。过错作为一项重要的因素，将在根本上影响当事人的可责性和责任承担的正当性。从常识上讲，两艘船舶漏油，甲船漏油量为1吨，乙船漏油量为100吨，让漏油较多的船承担更多的责任较为合理。当然，从法律上讲，漏油量这种具有过错性质的侵权要素仅是责任分配考量的其中一个因素。例如《民法典》第1186条也有类似规定，受害人和行为人对损害的发生都没有过错的，依照法律的规定由双方分担损失。该条至少说明了两点：首先，如果受害人和行为人对于损害都没有过错，那么通常难以构成侵权损害赔偿责任。其次，在这种情况下，如果存在损失，需要根据法律的其他规定由双方分担。

第三，既然不同侵权责任归责原则的案件在责任分担考量上是一致的，那么过错在不同类型案件中的效用是否一样？以过错责任和严格责任案件中被侵权人存在过错问题为例，《民法通则》第131条①实质确立了侵权损害赔偿义务可以依据具体情形在被侵权人和侵权人之间分配的基本规则。值得说明的是，该条仅是对赔偿义务的分配，减轻侵权人的民事责任并不意味着被侵权人承担这部分责任，这源于自己无法对自己侵权的基本法理。只能说，在被侵权人有过错的情况下，被侵权人遭受的一部分损失的赔偿义务由自己负担，侵权人在该范围内减轻赔偿义务。《侵权责任法》第26条②延续了《民法通则》的规定，再次确定了侵权损害赔偿义务可以在侵权人与被侵权人之间分配。该条和《民法通则》第131条共同达到的法律效果是，在被侵权人存在过错时，侵权人的责任可能会减轻，而非免除。③ 但是对于上述两

① 《民法通则》第131条规定："受害人对于损害的发生也有过错的，可以减轻侵害人的民事责任。"

② 《侵权责任法》第26条规定："被侵权人对损害的发生也有过错的，可以减轻侵权人的责任。"

③ 参见李莹莹、郭萍：《论侵权责任首次分配规则的拓展性构建》，载《东岳论丛》2016年第6期。

条适用的侵权案件类型，学者争议较大，有人认为仅适用于过错责任案件，[①] 有人认为上述规则并未区分侵权类型，所有案件应该都适用。[②] 目前大多数学者的观点以及部分国家和地区（如德国、美国、英国、荷兰、比利时、奥地利和日本等）的司法实践在严格责任案件中，也考量被侵权人过错，对侵权人的责任进行减免，只是并非被侵权人的所有过错都能产生减免侵权人责任的效果。[③] 笔者较为认可此种做法，由于适用过错责任、严格责任案件类型的性质不同，过错在责任分担问题上的影响力自然也是不同的，包括哪些行为可以被认定为影响责任分担的“过错”因素，“过错”在案件中减免责任的比例等。在法律适用规则上，则应该考虑到法律对于特殊侵权行为适用类似比较过失这样制度的特别规定。曾隆兴先生指出：“在无过失责任类型案件中，确定责任份额考量被侵权人过错的程度或比重时，应该比在过失责任案件中更为宽松，这样才符合立法利用无过失责任扩大侵权责任人承担责任范围的本意，中间责任也应该按照无过失责任的情形处理……”。[④] 例如《道路交通安全法》经过三次修正，该法中第 76 条确定了机动车与非机动车或者机动车与行人之间的交通事故按照过错推定责任处理的基本原则。该条第 2 款是关于免责事由的规定，当非机动车驾驶人或者行人“故意碰撞”机动车时，适用该款免责的规定。侵权法适用严格责任的案件类型，在一定情况下可能对被侵权人过错因素的影响有特别规定，在这样的情况下应该优先

① 参见程啸：《过失相抵与无过错责任》，载《法律科学》2014 年第 1 期。

② 参见王泽鉴：《民法学说与判例研究》（第 1 册），北京大学出版社 2009 年版；W. V. H. Rogers, *Winfield & Jolowicz on Tort*, 16th edition, Sweet & Maxwell, 2002, p. 248。在适用无过错责任的侵权行为中，除非法律另有规定，可以适用比较过失，这是法律之公平精神与自己责任原则的要求。在可以适用比较过失规则的无过错责任中，对该规则的适用也应有一定的限制。首先，只有当受害人对损害的发生或扩大有重大过失时，才能适用比较过失，减轻侵权人的赔偿责任。其次，如果受害人是不完全民事行为能力人，无论是受害人本人还是其监护人对于损害的发生或扩大有过错，对侵权人赔偿责任的减轻都不得低于全部损失的一定比例。参见程啸：《过失相抵与无过错责任》，载《法律科学》2014 年第 1 期。

③ 对上述各个国家和地区具体规定的比较法介绍参见［德］U. 马格努斯、［西］M. 马丁－卡萨尔斯主编：《侵权法的统一：共同过失》，叶名怡、陈鑫译，法律出版社 2009 年版，第 20、49、50、117 页。

④ 曾隆兴：《详解损害赔偿法》，中国政法大学出版社 2004 年版，第 439 页。

适用法律的明确规定。[①]《民法通则》第123条即是如此，在该条的后段限定了适用条件，即“受害人故意”，这意味着被侵权人过失不能成为当事人的免责事由。[②]《侵权责任法》第27条将“受害人故意”统一规定为行为人不承担责任的情形之一；《民法典》第1174条继承了此种做法，是立法技术的变化，绝不意味着对于严格责任案件和过错责任案件中认定被侵权人过错效果的标准是统一的。

二、海上侵权赔偿份额考量因素立法模式分析

在侵权责任首次分配阶段，影响责任份额比例的因素包括过错和原因力等，各法域对此态度不一。在海上侵权领域，尤其是碰撞案件中，英国法院从1700年开始便一直采用平均分担的做法。[③] 之后，以1911年的《统一船舶碰撞某些法律规定的国际公约》为标志，英国法下的侵权人损害赔偿份额依据过错比例确定。同年，英国颁布了《英国海事公约法令》，标志着比较过失制度在英国的适用。1945年《法律改革（助成过失）法令》颁布后，英国法院对于数个侵权人之间分担损害赔偿责任采纳与比较过失制度类似的规则，考虑原因力和可责性。[④] 也有学者认为是以因果关系和可归责程度为基础。[⑤] 由于翻译习惯的影响，需要分析原文文字的语境得出上述概念的具体含义。可责性和可归责程度实质指的是当事人的过错造成损失的程度比较，而因果关系和违法行为的结合即为原因力。因此，英国法院确定责任份额时的主要考量因素实质是过错程度和原因力。美国没有参加《统一船舶碰撞某些法律规定的国际公约》，美国法院在20世纪后半叶继续采用半数法则。在

---

① 参见张新宝：《侵权责任法原理》，中国人民大学出版社2005年版，第474页。

② 参见杨晓兵：《过失相抵制度探讨》，华东政法大学2013年硕士学位论文，第6页。

③ See Victor E. Schartz & Evelyn F. Rowe, *Comparative Negligence*, LexisNexis Matthew Bender, 4th ed., 2002 with 2007 Cumulative Supplement: 11.

④ See W. V. H. Rogers, *Winfield & Jolowicz on Tort*, 16th edition, Sweet & Maxwell, 2002, p. 742.

⑤ 参见［奥］科赫、［德］考茨欧主编：《比较法视野下的人身伤害赔偿》，陈永强等译，中国法制出版社2012年版，第105页。

1975年的United States v. Reliable Transfer Co. 案①中，美国最高法院推翻了可分割的损害赔偿原则，利用其创设海事法律的权限，宣布适用比较过失原则。② 现代美国侵权法的侵权责任分担制度源于对比较过失制度的逐步承认，而比较过失在消除非法所得与损失和造成损害的个体之间责任分配方面，均具有道德上的正当性。③ 对于确定责任份额时的考量因素存在以下观点：第一，当事人的不当行为的相对过错程度（例如，偏离通常的合理性的程度）。④ 第二，考量各方对于损害的贡献（因果关系）。⑤ 第三，通过不当行为造成被侵权人损失的因果关系的影响和程度来确定过错比例。⑥ 第四，综合考量过错、因果关系因素。《美国侵权法重述·第三次》规定，确定责任比例时应该考量侵权人和被侵权人“造成风险行为的性质和造成风险的行为和损害结果间因果联系的强度”。同时，因果关系是指一方过错引起的风险与损害之间的法律上的关系程度，而不是任何事实因果关系，实质上是我们常用的原因力。目前，主流趋势是采纳第四种观点。

欧洲各国侵权法上数个侵权人之间的侵权责任分担制度都与受害人过错

---

① See United States v. Reliable Transfer Co. , 421 U. S. 397 (1975).

② See Donald G. Gifford & Christopher J. Robinette, *Apportioning Liability in Maryland Tort Cases: Time to End Contributory Negligence and Joint and Several Liability*, Maryland Law Review 709 (2014).

③ See Alan Caiman, *Justice and Tort Law*, Carolina Academic Press, 1997, p. 312.

④ 美国各州的许多法条规定了比较的是被侵权人和侵权人的过错程度，例如威斯康星州、密西西比州、缅因州、俄勒冈州和特拉华州。See Harper, James and Gary on Torts §22.16 (3rd ed., 2006). 司法意见如State v. Kaatz, 572 P. 2d 775, 782 (Alaska 1977) 中，法庭认为比较的是过错(negligence)，包括行为、过失、可责性，但绝不是因果关系，无论是事实上的因果关系还是法律上的因果关系。

⑤ 美国法庭认为，在海上人身伤害案件中，应该比较相对因果关系来确定侵权人承担的损害赔偿额。See Miller v. Am. President Lines, Ltd. , 989 F. 2d 1450, 1459 (6th Cir. 1993). 认为特拉华州的比较过失法律分配责任是基于“每个当事人对于损害结果的贡献程度，例如近因”。See Moffitt v. Carroll, 640 A. 2d 169, 175 (Del. 1994).

⑥ “在决定过错的百分比时，事实审理者应该同时考虑有过错各方的行为性质和行为与主张的损害之间的因果关系范围。”（译文修改基于《美国统一州法全国委员会〈统一比较过错法案〉(1979修订版)》，王竹译，可见于http://cc.scu.edu.cn/G2S/Template/View.aspx?courseId=2402&topMenuId=176430&action=view&type=&name=&menuType=1&curfolid=180310。）原文来自Uniform Comparative Fault Act, §2 (b) (1977)。一些州的立法也采用了类似表述，参见§Iowa Code 668.3 (3)。

制度紧密相关，一般由法官综合相关考量因素决定。[①] 德国法官通过类推适用《德国民法典》第254条关于“共同过错”的规定，根据各个侵权人的行为对发生损害所起的作用和过错的程度来确定责任的分担。[②] 法国由法官依自由裁量权决定。[③] 如前文所述，在过错责任的情况下，法官往往根据过错的严重性确定责任的分担。在客观责任上，法国最高法院在德斯马尔（Desmares）案判例中提出“全有或全无”原则，[④] 选定了一种颇为激进的解决方法：要么被侵权人的行为（无论是否有过错）表现出不可抗力的特征，从而导致被告完全免责；要么这些行为不具有此特征，则被告要负全责。至于被侵权人的非过错行为，则不在考虑的范围。[⑤]《瑞士债务法》也有类似规定，该法第50条第2款规定，“法官可以依据自由裁量权决定责任人是否承担责任或者承担责任的份额”。这一规定将责任人承担责任的范围和有无问题都交于法官自由裁量，较为宽松。奥地利法域下，被侵权人的行为促成损害发生的，被侵权人自己也要承担损害，其责任份额要根据其自身过错与被告的过错之间的关系来确定（《奥地利普通民法典》第1304条）；[⑥] 无法确定这种关系的，则双方以相同的份额共同承担损害。[⑦] 依据《意大利民法典》第2055条的规定，侵权损害赔偿可由侵权人按照每个人作用的重要性和造成损害的大小分担。对比各国在侵权责任分担领域确定责任份额考量因素的规定，可以发现，其实质都围绕在过错和原因力两项因素上。

---

① See W. V. H. Rogers, *Unification of Tort Law: Multiple Tortfeasors*, Kluwer Law International, 2004, p. 96, 299.

② 参见［德］马克西米利安·福克斯：《侵权行为法》，齐晓琨译，法律出版社2006年版，第240页。

③ 参见张民安：《过错侵权责任制度研究》，中国政法大学出版社2002年版，第760页。

④ Civ. 2eme, 21 juillet 1982, D. 1982. 449 et 487, concl. Charbonnier et note Ch. Larroumet., ［1982］JCP Ⅱ. 19861 et 19875 et note F. Chabas, ［1982］RTD civ. 606, obs. Durry.

⑤ Civ. 2eme, 6 avr. 1987, ［1987］JCP Ⅱ. 20828, note F. Chabas, ［1987］RTD civ., 767 obs. Huet. civ. 2eme, 18 oct. 1995, ［mars 1996］Dr. et part., 91, obs. F. Chabas.

⑥ 在加害人的过错极为严重的场合，对受害人一方极为轻微的过错不予考虑。

⑦ 参见［奥］科赫、［德］考茨欧主编：《比较法视野下的人身伤害赔偿》，陈永强等译，中国法制出版社2012年版，第20页。

我国立法文件和司法案例中比较具有代表性的分配责任考量因素包括过错、原因力以及二者的结合等。笔者将其按照三种类型用表格方式进行例举，如表 4、表 5、表 6 所示。

表 4　分配规则：过错

生效时间	来源	具体规定或判决结果 （比例为责任份额）	分配规则
2021 年	《民法典》	第 1173 条、第 1192 条、第 1209 条、第 1212 条	过错
2015 年	最高人民法院《关于审理环境侵权责任纠纷案件适用法律若干问题的解释》	第 5 条	过错
2013 年	张某英财产损害赔偿案①	杨某和新疆证券有限责任公司连带，中国工商银行股份有限公司昌吉回族自治州分行与二者部分连带	过错
2013 年	冯某装修漏电案② （冯某∶蔡某∶物业公司）	原审份额：20∶80∶0 终审份额：20∶55∶25	过错
2013 年	孔某礼花炸伤案③ （燃放者∶销售者∶生产商）	原审判决：0∶0∶100 终审份额：10∶90∶0	过错
2013 年	赵某旅行救助不及时死亡案④ （原告∶旅行社∶景区）	原审份额：20∶40∶40 终审份额：20∶（20∶20 连带）∶40	过错
1993 年	《海商法》	第 162 条、第 169 条	过错

注：①参见张某英与中国工商银行股份有限公司昌吉回族自治州分行、新疆证券有限责任公司、杨某、张某民财产损害赔偿纠纷案，载《最高人民法院公报》2013 年第 2 期。

②参见浙江省湖州市中级人民法院民事判决书，（2013）浙湖民终字第 356 号。

③参见江苏省南京市中级人民法院民事判决书，（2013）宁民终字第 1402 号。

④参见河南省濮阳市中级人民法院民事判决书，（2013）濮中法民开终字第 116 号。

表5　分配规则：过错或原因力

生效时间	来源	具体规定或判决结果（比例为责任份额）	分配规则
2014年	最高人民法院《人身损害赔偿司法解释》	第3条第2款	过错或原因力大小
2011年	范某生人身损害赔偿案[①]（原告：电信局）	原审份额：60∶40 终审份额：60∶40	过错及原因力大小
2011年	江苏省高级人民法院民事审判第一庭《侵权损害赔偿案件审理指南》	第三部分	过错或原因力大小
2006年	吴某景等人身伤害赔偿案件[②]（旅行社：牛姆林公司）	原审份额：10∶90 终审份额：10∶90	过错或原因力大小
2005年	山东省《民事审判工作座谈会纪要》	第三部分第1条	过错及原因力大小
1984年	最高人民法院《关于贯彻执行民事政策法律若干问题的意见》	第73条	过错及原因力大小[③]

注：①参见范某生等诉淮安电信分公司淮阴区电信局、淮安市淮阴区公路管理站人身损害赔偿纠纷案，载《最高人民法院公报》2011年第11期。

②参见吴某景、张某逸、吴某娟诉厦门市康健旅行社有限公司、福建省永春牛姆林旅游发展服务有限公司人身损害赔偿纠纷案，载《最高人民法院公报》2006年第6期。

③1984年最高人民法院《关于贯彻执行民事政策法律若干问题的意见》（已失效）第73条第1句规定："两个以上致害人共同造成损害的，应根据各个致害人的过错和责任的大小，分别承担各自相应的赔偿责任。"根据上下文，笔者认为该句中的"责任"应该被理解为原因力。

表6　分配规则：原因力

生效时间	来源	具体规定	分配规则
2010年	《侵权责任法》（已失效）	第67条	原因力大小

续表

生效时间	来源	具体规定	分配规则
2007 年	重庆市高级人民法院《关于当前民事审判若干法律问题的指导意见》	第 20 条	原因力大小
2002 年	《医疗事故处理条例》	第 49 条	原因力大小
2001 年	最高人民法院《关于审理触电人身损害赔偿案件若干问题的解释》（已失效）	第 2 条	原因力大小

除了上述三种较为明确的规定，我国立法中还存在一些模糊不清的规定方式，例如《侵权责任法》第 12 条[①]、第 14 条第 1 款[②]，《民法典》第 1172 条[③]等。上述条款均规定在确定每个责任人赔偿份额时的考量依据是“责任”，但是法条并没有给出责任的具体含义，依据立法者的本意其显然不同于“侵权损害赔偿责任”中的责任，否则就是语意重复。《侵权责任法》这两条依据责任大小承担责任的规定表面上解决了问题，但实则并没有指出确定责任大小的依据。《民法典》第 178 条也是如此，仅规定了按份承担责任的责任人依据“责任大小”承担责任，并没有指明责任份额的确定依据。从上述对比中不难发现，我国立法和司法实践在确定责任份额时的考量因素存在多种操作模式，但主要考量因素为过错和原因力。

在海上侵权案件中，我国海上相关法律法规、司法解释和审判实践对上述考量因素也存在三种规定模式。

第一，过错作为唯一判断标准。例如我国《海商法》第 169 条，在这里过错程度的比例决定赔偿责任的份额。海上环境污染案件也有可能适用最高人民法院《关于审理环境侵权责任纠纷案件适用法律若干问题的解释》

---

① 《侵权责任法》第 12 条规定：“二人以上分别实施侵权行为造成同一损害，能够确定责任大小的，各自承担相应的责任；难以确定责任大小的，平均承担赔偿责任。”

② 《侵权责任法》第 14 条第 1 款规定：“连带责任人根据各自责任大小确定相应的赔偿数额；难以确定责任大小的，平均承担赔偿责任。”

③ 《民法典》第 1172 条规定：“二人以上分别实施侵权行为造成同一损害，能够确定责任大小的，各自承担相应的责任；难以确定责任大小的，平均承担责任。”

(2020年修正)，该解释第5条明确规定按照过错程度确定污染者和第三人的责任份额。当然，在不同事故领域，何为“过错”的判断标准不一。比如船舶碰撞的“过错”系指特定人员在驾驶或管理船舶时，未尽到通常的注意义务，或应预见而未预见损害的发生或者造成损失的扩大，在这些情况下的作为或不作为将被认定为存在过错。特定人员一般是指与船舶有紧密联系的工作人员，包括船长、船员或者岸上相关工作人员等。[①] 在考量相关人员是否存在过错时，一般适用通常注意标准，即合理的谨慎和通常技术水平。如果已经符合该标准，即使发生碰撞损害或者损害扩大，也不宜认定当事人存在过错；如果没有达到该标准，则有可能被认定为存在过错。当然，是否达到通常注意标准每个个案的法官需要依据充分的证据和事实因素作出判断。[②]《海商法》第162条[③]对海上拖航合同中承拖方和被拖方受到的损失采用依照过错比例承担赔偿责任的方案。尽管此领域过错的具体标准与船舶碰撞领域不同，但在比较双方过错时二者是基于同一事故领域考量的。最高人民法院《关于审理涉外海上人身伤亡案件损害赔偿的具体规定（试行）》（已失效）中“责任的承担”一条也以过错比例为责任分担的基础。该条中规定，除法律另有规定者外，损害的发生完全是因一方的过错造成的，由该过错方承担全部责任；互有过错的，按过错程度比例分别承担责任；过错程度比例难以确定的，由各自平均承担责任。二人以上共同侵权造成他人损害，侵害人承担连带责任。

第二，依据原因力确定赔偿责任分担，这主要指海上环境污染损害案件中确定多个侵权责任人之间份额的情况。例如《侵权责任法》中关于环境污染损害的规定，该法第67条指出，在认定两个以上污染者承担责任的大小

---

① 参见司玉琢、吴兆麟：《船舶碰撞法》（第2版），大连海事大学出版社1995年版，第29页。

② 参见喻晖：《海上侵权人身伤亡损害赔偿法律制度研究》，上海海事大学2007年硕士学位论文，第13页。

③ 《海商法》第162条第1款规定：“在海上拖航过程中，承拖方或者被拖方遭受的损失，由一方的过失造成的，有过失的一方应当负赔偿责任；由双方过失造成的，各方按照过失程度的比例负赔偿责任。”

时，应该统筹考量污染物的种类、排放量等因素。最高人民法院《关于审理环境侵权责任纠纷案件适用法律若干问题的解释》第4条在《侵权责任法》的基础上又增加了几项考量标准。海上环境污染最常见的是油污损害，我国关于油污损害和赔偿责任的规定主要集中在《海洋环境保护法》[①]、《海商法》、《防止船舶污染海域管理条例》、最高人民法院《关于审理船舶油污损害赔偿纠纷案件若干问题的规定》（以下简称《船舶油污损害司法解释》）和《海上船舶污染事故调查处理规定》[②] 等。我国《海商法》均未明确界定何谓"污染损害"，目前的司法审判仅可依据《船舶油污损害司法解释》加以判定，该司法解释第9条[③]规定的"油污损害"的界定主要参照《1992年国际油污损害民事责任公约》（1992 International Convention on Civil Liability for Oil Pollution Damage，以下简称1992 CLC）和《2001年国际燃油污染损害民事责任公约》（2001 International Convention on Civil Liability for Bunker Oil Pollution Damage，以下简称《2001燃油公约》）的定义方法，在一定程度上填补了我国船舶"油污损害"定义不清的空白。[④] 我国《民法典》在明确环境污染为一种特殊的侵权行为的同时，[⑤] 规定了环境污染损害责任应当适用无过错责任原则，只有证明损害是由被侵权人故意造成的才能免责。[⑥] 《民法典》对于明确环境污染侵权责任承担与分配具有非常重要的现实意义，但该

---

① 《海洋环境保护法》第90条对如何赔偿油污损害作了原则性规定，但是却未对"损失"进行定义。

② 《海上船舶污染事故调查处理规定》第32条第2款规定："直接经济损失是指与船舶污染事故有直接因果关系而造成的财产毁损、减少的实际价值。包括：（一）为防止或者减轻船舶污染损害采取预防措施所发生的费用，以及预防措施造成的进一步灭失或者损害；（二）船舶污染事故造成该船舶之外的财产损害；（三）对受污染的环境已采取或将要采取合理恢复措施的费用。"

③ 《船舶油污损害司法解释》第9条规定了船舶油污损害赔偿的范围：（1）为防止或者减轻船舶油污损害采取预防措施所发生的费用，以及预防措施造成的进一步灭失或者损害；（2）船舶油污事故造成该船舶之外的财产损害以及由此引起的收入损失；（3）因油污造成环境损害所引起的收入损失；（4）对受污染的环境已采取或将要采取合理恢复措施的费用。

④ 参见蒋琳：《船舶油污损害的国际法研究》，华东政法大学2014年博士学位论文，第37页。

⑤ 《民法典》第1229条规定："因污染环境、破坏生态造成他人损害的，侵权人应当承担侵权责任。"

⑥ 《民法典》第1174条规定："损害是因受害人故意造成的，行为人不承担责任。"

法对环境污染只作了原则性规定，并未就油污损害作出具体规定。《海商法》主要调整海上运输关系和船舶在海上贸易运输等环节中与其他人或物产生的相关关系，目的在于促进海上运输和经济贸易的发展，未对船舶污染及赔偿进行详细规定，其仅在第十一章规定了海事赔偿责任限制的内容。《防止船舶污染海域管理条例》和《海洋环境保护法》确立了“谁污染，谁赔偿”的基本原则。在存在多条船舶漏油的情况下，几项主要的国际公约形成的原则是不可分割损害承担连带责任。① 我国审判船舶漏油案件的原则是，按照漏油量分别承担责任，漏油量无法证明的，承担连带责任。能够确定责任额的，即“泄漏油数量及泄漏油类对环境的危害性等因素能够合理分开各自造成的损害”的，按照责任额分摊；不能确定的，平均承担。② 漏油数量和泄漏油类对环境的危害性可理解为原因力，对于可以合理分开的损害，适用原因力的标准进行责任分担。值得注意的是，在船舶碰撞引发油污的情形下，《船舶油污损害司法解释》第 4 条规定，船舶互有过失碰撞引起油类泄漏造成油污损害的，受损害人可以请求泄漏油船舶所有人承担全部赔偿责任。这里的“可以”是指被侵权人的权利，也就是说，被侵权人也可以主张向互有过失的船舶要求共同赔偿。尽管自 1992 CLC 对我国生效后，油污损害一般依据

① 《1969 年国际油污损害民事责任公约》第 4 条规定：如果两艘或多艘船舶溢出或排放油类，因而造成损害时，则所有有关船舶的所有人，除非依第 3 条免责，都应对不能合理区分的损害负连带责任。1992 CLC 修订为：“当发生涉及两艘或更多船舶的事故并造成污染损害时，所有有关船舶的所有人，除按第Ⅲ条被豁免者外，应对所有无法合理区分的此种损害负连带责任。”《2001 燃油公约》第 3 条第 2 款规定，如果根据第 1 款有一个以上的人应对事件负责，那么这些人负连带责任。《2001 燃油公约》第 5 条规定，涉及两艘或多艘船舶的事故，当发生涉及两艘或两艘以上船舶的事故并造成污染损害时，所有有关船舶的船舶所有人，除按第 3 条获得豁免者外，应对所有无法合理分开的这类损害负连带责任。

② 《船舶油污损害司法解释》第 3 条规定：“两艘或者两艘以上船舶泄漏油类造成油污损害，受损害人请求各泄漏油船舶所有人承担赔偿责任，按照泄漏油数量及泄漏油类对环境的危害性等因素能够合理分开各自造成的损害，由各泄漏油船舶所有人分别承担责任；不能合理分开各自造成的损害，各泄漏油船舶所有人承担连带责任。但泄漏油船舶所有人依法免予承担责任的除外。各泄漏油船舶所有人对受损害人承担连带责任的，相互之间根据各自责任大小确定相应的赔偿数额；难以确定责任大小的，平均承担赔偿责任。泄漏油船舶所有人支付超出自己应赔偿的数额，有权向其他泄漏油船舶所有人追偿。”

“谁漏油，谁负责”的原则进行判决，但在实践中也存在个别法院将油污损害作为船舶碰撞引起的对第三人造成的财产损失，依据碰撞过失比例承担责任的做法。[①] 司法实践真正逐步统一的时间点是《2001燃油公约》对我国生效后，法院基本依照“谁漏油，谁赔偿”的原则，要求漏油船舶所有人承担全部责任。[②] 在多船漏油的情况下，依据原因力进行责任划分。综上所述，目前我国海上环境侵权案件中，基本依据原因力大小来确定责任人之间的责任份额。

第三，选择适用过错和原因力进行责任划分，这主要指海上人身伤亡案件。我国处理海上人身伤亡案件的法律规定主要集中于《民法典》第1179条、《海商法》、《关于不满300总吨船舶及沿海运输、沿海作业船舶海事赔偿限额的规定》、《港口间海上旅客运输赔偿责任限额规定》、《水路旅客运输规则》和《国内水路货物运输规则》等，但是关于责任份额划分依据的基本原理规定于最高人民法院的两大司法解释中。最高人民法院《关于审理人身损害赔偿案件适用法律若干问题的解释》（2003年，已失效）第3条第2款[③]是处理多人造成人身损害案件基本责任划分的规定，采用了选择适用过错和原因力确定责任份额的方式。但是依据最高人民法院《关于审理涉外海上人身伤亡案件损害赔偿的具体规定（试行）》（2003年，已失效）关于责任承担的规定，对人身伤亡的赔偿责任依据过错比例承担。也就是说，在海上人身伤害或死亡侵权案件中，存在双轨制，涉外海上案件适用过错这唯一标准作为责任份额划分依据，非涉外案件适用过错或者原因力作为判定标准。笔者认为最高人民法院《关于审理人身损害赔偿案件适用法律若干问题的解释》第3条的规定较之最高人民法院《关于审理涉外海上人身伤亡案件损害

① 参见广东省海洋与渔业局诉南通天顺船务有限公司等油污损害赔偿纠纷案，广州海事法院（2001）广海法初字第89号民事判决书。

② 参见宁波海事法院民事判决书，（2009）甬海法事初字第32号。

③ 最高人民法院《关于审理人身损害赔偿案件适用法律若干问题的解释》（2003年修正文件，2020年修正时删掉该条文）第3条第2款规定：“二人以上没有共同故意或者共同过失，但其分别实施的数个行为间接结合发生同一损害后果的，应当根据过失大小或者原因力比例各自承担相应的赔偿责任。”

赔偿的具体规定（试行）》考量得更为全面和科学。根据司法实践的特点，赋予法官自由裁量权，在无法确定过错大小或者其他情况下适用原因力作为责任份额的划分依据，由法官运用自由裁量权根据个案情况处理。尽管目前我国关于这种方式的高位阶立法文件不多，仅散见于各地的审判指南中，如上文表 4、表 5、表 6 中的例子，但司法实践越来越多的案件都是依据上述原则确定赔偿份额。笔者也认为这种通盘考虑过错和原因力确定责任份额的方式较为科学，后文将详述如何适用的问题。

三、受害人过错制度的融合

传统侵权法的当事人包括侵权人和被侵权人，但是对于被侵权人的称呼，由于我国立法的改变，产生了一定程度的混用。例如《民法通则》第 117 条使用了“受害人”，《侵权责任法》第 3 条使用了“被侵权人”，《民法典》沿袭了这一称谓。由于在受害人过错制度领域，我国司法和学界习惯使用受害人指被侵权人，尽管学者对此褒贬不一，但本书沿袭惯例，在论述传统受害人过错制度相关规定时使用“受害人”的概念。本书在论述融入责任分担制度中的受害人过错问题时，统一使用“被侵权人”一词。受害人过错制度指由于受害人的过失或故意，侵权人免于或减少侵权责任承担的制度。有学者认为，该制度还包括产品误用、不合理的未能避免或减轻损害以及自甘风险等。[①] 从事情发展的时间上分析，受害人过错制度包括两个阶段，即损失产生阶段和损失扩大阶段。

我国民法学界对于受害人过错的界定，一般指由于其自身未尽合理注意义务或其他能够采取的预防措施，引发对人身、财产或者其他类似权益的损害，或者在损害发生后，由于上述原因损害扩大。普通法系和大陆法系视域下对待受害人过错的态度存在几个明显的阶段，笔者将其按照发展的逻辑顺

① 英国法上共同过失与自担风险有部分内容相同，具体介绍参见［奥］科赫、［德］考茨欧主编：《比较法视野下的人身伤害赔偿》，陈永强等译，中国法制出版社 2012 年版，第 106 页；王竹：《侵权责任分担论——侵权损害赔偿责任数人分担的一般理论》，中国人民大学出版社 2009 年版，第 299 页。

序进行归纳总结。事实证明，正是两大法系对受害人过错态度的转变，为受害人过错制度与侵权责任分担制度融合提供了契机。

（一）普通法比例规则的形成

普通法下，受害人过错制度的发展具有阶段性特点，可以用几个特定名词来概括，即由助成过失①、比较过失②、减少损失原则（mitigation of damages）发展至比较有责性③阶段的过程。

助成过失是普通法古老的原则，它代表侵权责任“全有或全无”的年

---

① 关于该原则的详细历史介绍参见 Ernest A. Turk, *Comparative Negligence*, CHI. - KENT L. REV. 189&304（1950）。中文版《联合国全程或者部分海上国际货物运输合同公约》中将 contribute 译为“促成”，例如第 17 条赔偿责任基础。笔者按照中国学者的使用习惯，将 contributory negligence 译为“助成过失”。参见程啸：《论侵权行为法上的过失相抵制度》，载《清华法学》2005 年第 2 期；田科等：《法的困境与出路》，中国法制出版社 2003 年版，第 357 页；张卫平主编：《外国民事证据制度研究》，清华大学出版社 2003 年版，第 212 页等。有国际投资法学者将东道国政府参与全球公共利益侵害行为的情况称为与有过错（contributory negligence），本书的探讨范围仅限于国际私法层面该主题的概念。公法介绍参见银红武：《略论国际投资法的全球公共利益保护》，载《湖南师范大学社会科学学报》2015 年第 3 期。

② 也有学者译为“过失相抵制度”，本书遵从多数中国学者的使用习惯，翻译为“比较过失”。参见张学军：《美国侵权法上比较过失制度的历史演变及其启示》，载《政治与法律》2010 年第 4 期；林其敏：《严格责任中的比较过失制度研究》，对外经济贸易大学 2005 年硕士学位论文；杨晓兵：《过失相抵制度探讨》，华东政法大学 2013 年硕士学位论文。英文中使用 comparative negligence 或者 comparative fault 表达比较过失。认为二者可以替换使用的观点，例如《美国统一比较过错法案》中通篇使用 comparative fault 来表示 comparative negligence。comparative negligence 或者 comparative fault 是用于替代 contributory negligence 的原则，参见 Donald G. Gifford & Christopher J. Robinette, *Apportioning Liability in Maryland Tort Cases: Time to End Contributory Negligence and Joint and Several Liability*, Maryland Law Review 708（2014）。有的文章作者全文都使用 comparative negligence，在最后总结时用 comparative fault 来表述，参见 John W. Wade, *Comparative Negligence—Its Development in the United States and Its Present Status in Louisiana*, 40 La. L. Rev.（1980）。有人认为二者可以替代使用，参见 Yehuda Adar, *Comparative Negligence and Mitigation of Damages: Two Sister - Doctrine in Search of Reunion*, Quinnipiac L. Rev. 783（2013）。认为两种表述有区别的观点：comparative negligence 是在侵权人和被侵权人之间分配责任（responsibility），comparative fault 是在多个侵权人之间分配赔偿被侵权人损失的责任，即侵权人之间的分摊问题。参见 Schneider National Inc. v. Holland Hitch Co., 843 P. 2d 561, 566, n. 4（Wyo. 1992）。转引自 Wyo. Stat. Ann. § 1 - 1 - 109（a） - （d）（1977）。

③ 目前国内学者研究 comparative responsibility 的成果并不多，笔者遵照目前国内翻译习惯将该词译为“比较有责性”，以区别于可责性（culpability/blameworthiness）、责任（liability）、法律责任（legal responsibility）等。参见王竹：《侵权责任分担论——侵权损害赔偿责任数人分担的一般理论》，中国人民大学出版社 2009 年版，第 28 页。

代。依据助成过失原则①，如果受害人自己的过失导致了本可以避免的损害，侵权人将不用承担任何侵权责任。这个原则可以追溯至英国的 Butterfield v. Forrester 案②，美国第一个适用助成过失的案件是 Smith v. Smith 案③。在意识到了助成过失原则的苛刻后，英国法院创设了适用该原则的例外：第一，该原则不适用于故意侵权或鲁莽行为的情形；④ 第二，尽管受害人存在过错，但是如果侵权人有最后的机会可以避免该损害的产生，那么此时受害人的过错不构成助成过失；⑤ 第三，在侵权人违反了法律规定，而该规定旨在保护有过错的受害人时，不适用助成过失规则；⑥ 第四，一些法院考虑到助成过失规则下完全否定受害人的索赔权利过于严苛，在一些案件中倾向于认为受害人的行为不足以构成助成过失中的过失。⑦ 助成过失原则的适用使受害人的损失要么由侵权人承担，要么由受害人自己承担，这实际上是侵权责任在

① 关于该原则的详细历史介绍参见 Ernest A. Turk，*Comparative Negligence*，Kent L. Rev. 189& 304（1950）。

② See Butterfield v. Forrester［1809］103 Eng. Rep. 926（K. B. ）.

③ See Smith v. Smith，19 Mass.（2 pick.）662（1824）.

④ 对于卡车司机撞伤马路上玩球的男孩，法院认为被告不能以助成过失为由逃避责任，因为司机放任（wanton）自己的行为，未考虑路上可能有玩耍的孩子。See Walldren Express & Van Co. v. Krug，126 N. E 97（Ⅲ. 1920）. 关于该原则的详细介绍参见 Victor E. Schwartz，*Comparative Negligence*（5th ed. ，2010），7，119 – 122，122 – 130，132 – 139。

⑤ See Restatement of Torts（Second），§ §479 – 480. 该原则也被称为最后机会原则或者最后避损机会原则（discovered peril）。关于这个原则的最早表述源于英国案件：Bridge v. The Grand Junction Railway 3 M. & W. 546，152 Eng. Rep. 588（Exch. 1842），Davies v. Mann，10 M. & W. 546，152 Eng. Rep. 588（Exch. 1842）。最后机会原则的逻辑及与比较过失制度的关系，参见 Victor E. Schwartz，Comparative Negligence，163 – 177；Dan B. Dobbs，Torts and Compensation 265 – 268（2nd ed. ，1993）；Salmond & Heuston on the Law of Torts 486 – 488（21st ed. ，Heuston & Buckley eds. ，1996）。适用最后机会原则的判例分析（作者认为 Davis v. Mann 和最后机会原则的真正意向不是因果关系，而是被侵权人的过错较侵权人过错程度轻），参见 Malcolm M. MacIntyre，*Rationale of the Last Clear Chance*，53 Harv. L. Rev. 1225（1940）。

⑥ See Restatement of Torts（second）§483. William L. Prosser，John W. Wade & Victor E. Schwartz，*Torts：Cases and Materials* 569 – 570（8th ed. ，1988）；William L. Prosser，*Contributory Negligence as Defense to Violation of Statute*，32 Minn. L. Rev. 105（1948）.

⑦ See Henry Woods & Beth Deere，*Comparative Fault* 10（3rd ed. ，1996）：大概在 19 世纪后期开始，一些法院倾向于允许陪审团在考量被侵权人是否存在助成过失中的过失时采取宽松标准。陪审团的角色缓和了助成过失的严苛，参见 Victor E. Schwartz，*Comparative Negligence*：8 – 9。

当事人之间分担的雏形。助成过失原则自产生之日起，就受到了来自学术界和实务界人士的批评。助成过失原则是作古的原则，已经被美国大多数的州拒绝适用。[①] 助成过失原则是个严苛、武断的规则。[②] 助成过失是不公正的，其将由双方过错共同造成的整个损失完全归于一方承担，受害人很可能仅具有轻微的过失，侵权人却可以因此而逃避所有责任，故很难说这是一个公平的原则。[③] 受害人自己的过错导致部分的损害，将剥夺其受偿的权利，这是不公正的。[④] 哈勒尔（Harrell）法官甚至认为，助成过失曾经可能是可行的，但它不再与当代的道德、公正概念相符。该原则会造成不公正，已经被其他各个法域丢弃了。[⑤]

随着普通法系对于“全有或全无”原则的不认同，20 世纪普通法系放弃了助成过失原则这个严苛的原则，通过立法或者判例形成了较为灵活的原则——比较过失。[⑥] 英国是最具有代表性的国家之一，通过 1911 年颁布的

---

① See Coleman v. Soccer Ass'n of Columbia, 432 Md. 679, 691, 69 A. 3d. 1149, 1156 (2013).

② See John W. Wade, *Comparative Negligence—its Development in the United States and its Present Status in Louisiana*, 40 La. L. Rev. 300 (1980).

③ See Prosser, *Comparative Negligence*, in Selected Topics of the Law of Torts 1, 1954: 7.

④ 有人呼吁废除 contributory negligence，适用 comparative negligence。See A. Chalmers Mole & Lyman P. Wilson, *A Study of Comparative Negligence*, 17 Cornell L. Q. 604, 633 (1932)。

⑤ See 432 Md. 709, 69 A. 3d at 1166 –67; 715, 69 A. 3d at 1170.

⑥ 在美国，这个原则一般表述为 comparative negligence 或者 comparative fault，但在其他普通法国家，尤其是英国，仍保留使用“contributory negligence”这个词。See W. V. Horton Rogers, *Contributory Negligence Under English Law*, in Unification of Tort Law: Contributory Negligence 57, 57, fn. 3 (U. Magnus & M. Martin – Casals eds., 2004). 美国第一个采用比较过失原则的联邦立法是《美国联邦雇主责任法》(Federal Employers Liability Act), 45 U. S. C. §51 et seq. (1908)。第一个采纳这个立法改革的州是密西西比州。See 1910. Miss. Code Ann. §11 –7 –15. 该原则的发展过程参见 Dan B. Dobbs, *Accountability and Comparative Fault*, 47 LA. L. Rev. 939, 943 (1987); Dan D. Dobbs, *The Law of Torts*, 503 – 504 (2000); O. C. Twyner, *A Survey and Analysis of Comparative Fault in Mississippi*, 52 Miss. L. J. 563 (1982)。但是大多数州采纳比较过失的进展较为缓慢，直到 20 世纪 70 年代才开始。See A. Chalmers Mole & Lyman P. Wilson, *A Study of Comparative Negligence*, 17 Cornell L. Q. 604, 633 (1932). 调研报告参见 John W. Wade, *A Uniform Comparative Fault Act—What Should It Provide?* 10 U. Mich. J. L. Reform 220, 220 – 222 (1977); John W. Wade, *Comparative Negligence—Its Development in the United States and Its Present Status in Louisiana*, 40 La. L. Rev. 299 (1979 – 1980)。采纳比较过失替代助成过失原则较为大胆的尝试的判例参见密歇根州最高法院在 Kirby V. Larson 案中的判决，256 N. W. 2d 400 (Mich. 1977)。

《英国海事公约法令》来实现由助成过失到比较过失的转变。该法令在第1条即确定了依据过错分担责任的方式，适用于海上碰撞的诉讼当事人之间，只有无法进行过错大小的比较时才进行平均分配，从而建立了海上侵权比较过失制度的雏形。① 受害人的过错不会导致侵权人免于承担任何责任，法官和陪审团将会基于受害人过错的存在将产生的可避免的损失在双方之间分配。② 这样的分配通过确定每一方对于相关损害的发生应该承担的责任份额（通常是比例）来确定。在受害人所遭受的损害部分由本人的过错造成，部分由被告的过错造成的情况下，损害赔偿金就会被减少到法院在考虑受害人的责任后认为公正和公平的某种程度。比较过失目前主要有两种形式，即纯粹的比较过失（pure comparative negligence）和修正的比较过失（modified comparative negligence）。纯粹的比较过失下，陪审团需要比较造成受害人损害的侵权人的过失和受害人自己的过失，并将这种比较量化成各方的过错比例，③ 受害人可以获得的赔偿额是损失总额乘以侵权人的过错比例。修正的比较过失下，如果受害人的过失多于侵权人（大多数修正的比较过失采纳）或者等于侵权人（少部分采用修正的比较过失的区域使用），受害人将不会得到任何赔偿。④ 无论是立法先采用比较过失还是法院先适用比较过失，通常适用的都是修正的比较过失。⑤ 尽管有人批评比较过失这个用词没有表达

① 参见王竹：《侵权责任分担论——侵权损害赔偿责任数人分担的一般理论》，中国人民大学出版社2009年版，第8页。

② 被侵权人的比较过失将会按比例地减少可赔偿的损害金额，但不阻却赔偿。See Restatement Third，§5. Cf. Uniform Comparative Fault Act，§1（a）（1977）. 任何人遭受了损失，部分是由于自身的过错，部分是由于其他人的过错，该损失的索赔权利不因为遭受损失的人存在过错而丧失，法官依据公平公正的原则，确定被侵权人对于损害赔偿金的承担额，以及被侵权人可以获得侵权人赔偿的损害赔偿金额。See English Law Reform（Contributory Negligence）Act，1945，§1（1）.

③ See Flower v. Harper. Fleming James，JR. & Oscar S. Gray，Harper，James and Gary on Torts §22.15（3rd ed.，2006）.

④ See Coleman v. Soccer Ass'n of Columbia，432 Md. 679，699 n.4，724，69 A.3d 1149，1161 n.4 1176（2013）.

⑤ See Victor E. Schwartz，*Comparative Negligence* 64，81（5th ed.，2010）.

出因果关系的内容，但是比较过失这一制度逐渐得到了普通法系的认可。[①]截至2015年，美国有4个州（亚拉巴马州、马里兰州、北卡罗来纳州和弗吉尼亚州）和华盛顿哥伦比亚特区还保留着助成过失，[②] 另外46个州已经采纳了某种形式的比较过失。[③] 在这46个州中，12个采纳了纯粹的比较过失，包括阿拉斯加州、加利福尼亚州、佛罗里达州、肯塔基州、路易斯安那州、密歇根州、密西西比州、密苏里州、新墨西哥州、纽约州、罗得岛州和华盛顿州；[④] 一些联邦法律也采用了纯粹的比较过失原则，如《美国联邦雇主责任法》。[⑤] 自1945年后，整个普通法区域，包括英国（包括苏格兰）、北爱尔兰、澳大利亚、新西兰和加拿大诸省都已经采用了纯粹的比较过失。[⑥] 美国33个州采纳了修正的比较过失，其中12个州是"百分之四十九"原则，即受害人的过错不超过49%时，就可以获得侵权人依据过失比例确定的赔偿，包括亚利桑那州、阿肯色州、科罗拉多州、乔治亚州、艾奥瓦州、堪萨斯州、缅因州、内布拉斯加州、北达科他州、田纳西州、犹他州和西弗吉尼亚州。"百分之五十"原则是较为流行的模式，即受害人的过失比例不超过50%时才可以获得赔偿。该原则最早于1969年出现在新罕布什尔州，后面陆续采用的州有康涅狄格州、特拉华州、夏威夷州、伊利诺伊州、印第安纳州、艾奥瓦州、马萨诸塞州、明尼苏达州、蒙大拿州、内华达州、新泽西州、俄亥俄州、俄克拉何马州、俄勒冈州、宾夕法尼亚州、南加州、得克萨斯州、佛蒙特州、怀俄明州和威斯康星州，共21个州采用该原则。南达科他州采纳的模

---

① See William L. Prosser, *Comparative Negligence*, 51 Mich. L. Rev. 1 (1953).

② See John R. Grier, *Rethinking the Treatment of Mitigation of Damages Under the Iowa Comparative Fault Act in Light of Tanberg v. Ackerman Inv. Co.*, 77 Iowa L. Rev. 1913, 1918 (1992).

③ See Coleman v. Soccer Ass'n of Columbia, 432 Md. 679, 712, 69 A. 3d 1149, 1169 (2013). Arthur Best, *Impediments to Reasonable Tort Reform: Lessons from the Adoption of Comparative Negligence*, 40 IND. L. REV. 1, 12 (2007).

④ See Victor E. Schwartz, *Comparative Negligence* 32, 62 - 64 (5th ed., 2010).

⑤ See 45 U. S. C. § 53.

⑥ See Yehuda Adar, *Comparative Negligence and Mitigation of Damages: Two Sister - Doctrine in Search of Reunion*, 2 Quinnipiac L. Rev. 783 (2013).

式较为特殊，只有在受害人的过失比侵权人轻微时才适用比较过失。[①]

助成过失和比较过失的本质区别体现在处理可避免损失的分配方式不同。后者是将受害人遭受的可避免损失在受害人和侵权人之间依据他们引起受害人伤害的相对程度进行责任分配。前者是利用全有或全无的方式将此种损失要么全部给侵权人要么全部给受害人。[②] 普通法下容易与助成过失、比较过失原则产生混淆的是减少损失原则。

减少损失原则主要包括三层含义：第一，如果受害人本能够避免损失，但未避免，则侵权人不用承担任何责任。[③] 第二，受害人有权向侵权人索赔为了减免损失产生的费用（无论成功与否）。[④] 第三，如果受害人成功避免了部分损失，那么获得的赔偿额也应该相应减免。[⑤] 第一层含义是减少损失原则的核心内容，[⑥] 也是与助成过失、比较过失等原则存在可比性的方面。减少损失原则最初来源于合同违约，但是很快被侵权法吸收了。[⑦]《美国侵权法

① See Yehuda Adar, *Comparative Negligence and Mitigation of Damages: Two Sister – Doctrine in Search of Reunion*, 7 Quinnipiac L. Rev. 783 (2013). Victor E. Schwartz, *Comparative Negligence*, 33 – 34 (5th ed., 2010).

② See Yehuda Adar, *Comparative Negligence and Mitigation of Damages: Two Sister – Doctrine in Search of Reunion*, 18 Quinnipiac L. Rev. 783 (2013).

③ See Restatement (Second) of Contracts § 350 (1) (St. Paul, 1979); Restatement (Second) of Contracts § 918 (1).

④ 这些费用法院认为是可以预见的（foreseeable）和可以获得赔偿的。See Dan B. Dobbs, *Law of Remedies: Damage – Equity – Restition* 383 (2nd ed., 1993, unabridged edition).

⑤ See Harvey Mgrergor, *Mcgreror on Damages* 235 – 236 (18th ed., 2009); Chitty on Contracts, 1478 – 1479 (Hugh G. Beale Gen. ed., 29th ed., 2004).

⑥ See Yehuda Adar, *Comparative Negligence and Mitigation of Damages: Two Sister – Doctrine in Search of Reunion*, 8 Quinnipiac L. Rev. 783 (2013). Charles J. Goetz & Robert E. Scott, *The Mitigation Principle: Toward a General Theory of Contractual Obligation*, 69 Va. L. Rev. 967, 2 (1983).

⑦ 关于该三层含义的详细介绍参见 Yehuda Adar, *Comparative Negligence and Mitigation of Damages: Two Sister – Doctrine in Search of Reunion*, 8 Quinnipiac L. Rev. 783 (2013)。介绍美国合同法目前该原则的资料参见 Dan B. Dobbs, *Law of Remedies: Damage – Equity – Restitution* 127 – 153 (2nd ed., 1993, unabridged edition); Allan E. Farnsworth, *Legal Remedies for Breach of Contract*, 70 Colum. L. Rev. 1145, 1183 – 1199 (1970); Allan E. Farnsworth, *Farnsworth on Contracts* 806 – 821 (3rd ed., 1999); Arthur Linton Corbin, *Corbin on Contracts*, 241 – 255 (1964); Arthur Linton Corbin, *Corbin on Contracts*, 311 – 322 (revised ed., Joseph M. Perillo ed., 2005)。英国法下该原则的介绍参见 Andrew Burrows, *Remedies for Torts and Breach of Contract* 122 – 128 (3rd ed., 2004); Harvey Mcgregor, *Mcgreror on Damages* 235 – 284 (18th ed., 2009)（包括合同和侵权）。

重述·第三次》建议废除减少损失原则，用比较过失原则吸收它。不过不像《美国侵权法重述·第二次》的其他内容，《美国侵权法重述·第三次》没有明确替代减少损失原则，它在法律效力上仍然是有效存在的，美国法院也经常使用这个原则，但是根据《美国侵权法重述·第三次》的内容分析，该原则实际上已经被推翻了。[①] 英格兰法律认为，没有减轻损害有别于共同过失（实质为比较过失），分担体制不适用于它。只要一项损失是由受害人没有采取适当措施减轻损害造成的，就根本是不可获赔的。[②] 1961 年《爱尔兰民事责任法》（Civil Liability Act 1961）较为复杂，在此类案件中也允许责任分担。减少损失原则和比较过失原则（助成过失的现代继承者[③]）在概念表述上存在以下区别：第一，基于史实，比较过失通常被认为是侵权法原则，而减少损失原则来自合同法并主要在合同法领域研究。第二，减少损失原则通常被认为是给受害人设置了减损的义务；而在比较过失语境下，没有明确设置受害人对侵权人的某种义务。第三，减少损失原则中不存在比较过失中的过失问题。第四，在减少损失原则下，原告的违约行为将会被认为是未尽行为义务，是不作为；而比较过失在某种意义上则需要受害人的积极行为。[④] 减少损失原则和比较过失原则的区别不仅仅在概念上，比较过失原则通常是在探讨侵权责任时使用的，而减少损失原则一般在分析可获得赔偿的损失金额时使用，这使很少有学者将两个原则放在一起对比研究。但是越来越多的学者也意识到了二者的共通性和相似性。道格拉斯·莱科克（Douglas Laycock）教授认为比较过失或助成过失原则与减少损失原则非常相关。[⑤] 威

---

① See Yehuda Adar, *Comparative Negligence and Mitigation of Damages*: *Two Sister – Doctrine in Search of Reunion*, 9 Quinnipiac L. Rev. 783（2013）.

② 参见［奥］科赫、［德］考茨欧主编：《比较法视野下的人身伤害赔偿》，陈永强等译，中国法制出版社 2012 年版，第 120 页。

③ See Yehuda Adar, *Comparative Negligence and Mitigation of Damages*: *Two Sister – Doctrine in Search of Reunion*, 10 Quinnipiac L. Rev. 783（2013）.

④ 两者概念上的区别参见 Yehuda Adar, *Comparative Negligence and Mitigation of Damages*: *Two Sister – Doctrine in Search of Reunion*, 10 Quinnipiac L. Rev. 783（2013）。

⑤ See Douglas Laycock, *Modern American Remedies*: *Cases And Materials*（4th ed.，2010）.

廉姆·普罗瑟教授认为比较过失原则或助成过失原则与减少损失原则具有明显的相似性，只是应用的时间段不同。① 哈伯（Harper）教授也是在助成过失一章讨论的减少损失原则，暗示这两个原则的紧密关系。② 斯佩瑟（Speiser）等认为两个原则关系紧密但又存在明显区别。③ 塞奇威克（Sedgwick）认为适用助成过失原则和减少损失原则产生的结果经常很相似，两个原则的主要区别为是否消灭诉由或者仅限制原告的索赔范围。④《美国侵权法重述·第二次》认为：比较过失或者消灭诉由或者对于可以索赔的损失诉讼完全无任何作用。减少损失原则只适用于减少赔偿额度的情形，与诉由的存在与否无关。⑤ 但也有学者认为，助成过失原则和减少损失原则本质上是相同的，两个原则下侵权人对于原告本来可以避免的损失都不用承担责任，只是由于适用的阶段不同，造成的结果可能有所区别（阻却诉由或减少赔偿额）。该作者进一步指出，在比较有责性的阶段二者是可以融合在一起的。⑥

比较有责性是《美国侵权法重述·第三次》提出的概念。有的学者认为比较有责性来源于比较过失，比较有责性较之比较过失更广泛，包括双方当事人的作为、不作为，以及可能不构成比较过失中的“过失”的情况。⑦ 也有观点认为，比较有责性是比较过失的变形。《美国侵权法重述·第三次》指出，比较有责性的早期版本叫比较过失，⑧ 这说明了二者的关系。正是由于上述发展历史，与比较有责性具有可比性的概念是“比较过失”、“比较可

---

① See Willaim L. Prosser, John W. Wade & Victor E. Schwartz, *Torts: Cases and Materials* 569 (8th ed., 1988): 563.

② See Flower v. Harper et al., *The Law of Torts*, 344-345 (1986).

③ See Stuart M. Speiser, Charles F. Krause & Alfred W. Gans, *The American Law of Torts*, 294-298 (2008).

④ See Theodore Sedgwick, *A Treatise on the Measure of Damages* 300 (8th ed., 1891).

⑤ See Restatement (Second) of Torts, § 918.

⑥ See Yehuda Adar, *Comparative Negligence and Mitigation of Damages: Two Sister-Doctrine in Search of Reunion*, 12 Quinnipiac L. Rev. 783 (2013).

⑦ See Jeff L. Lewin, *Article: Comparative Nuisance*, 50 U. Pitt. L. Rev. 1009, 1013.

⑧ See The American Law Institute, *Restatement of the Law (3d) of Torts—Apportionment of Liability*, American Law Institute, 2000: 89.

责性”和“比较因果关系”等。《美国侵权法重述·第三次》的措辞采用了比较有责性的原因是：首先，有责性是个广义、中性的词语，“比较过失”容易造成误导，因为侵权的诉由有的不是以过错或过失为基础的；[①]“比较因果关系”错误地表明在多个侵权人共同造成不可分割的损害时可以依据因果关系分割。使用“比较可责性”可能有歧义，因为这里的“可责性”应该是指“法律可责性”（legal culpability），包括严格责任。[②] 使用比较有责性将会较少引起困惑，因为它暗示事实发现者在考量了诸多相关因素后，确定责任份额而不是比较不相称的其他因素。[③] 其次，“比较有责性”这个词已经被法院和立法普遍使用，用于描述比例分配体系。[④]《美国侵权法重述·第三次》对于比较有责性的原则、考量因素、比较内容、适用方式、调整范围等方面进行了详细规定，也是此次重述较之《美国侵权法重述·第二次》的最大进步。每个年代有它应有的法律，[⑤] 侵权法的改变是不断调整当事人的权利和义务的过程。[⑥] 普通法系受害人过错制度由助成过失、比较过失发展至比较有责性的阶段，将该制度的使命愈加明晰地显现出来，即自 19 世纪末期的“全有或全无”原则发展至 21 世纪的比较有责性原则是为了更公平地实现侵权责任的分担。[⑦] 例如有学者认为比较有责性能够解决成本分配不公正的

---

① 《美国侵权法重述·第三次》的比较有责性原理适用于侵权法的各种侵权类型，包括故意侵权、以过错为构成要件的过错责任和不要求过错存在的严格责任等。See The American Law Institute, *Restatement of the Law (3d) of Torts—Apportionment of Liability*, American Law Institute, 2000: 6&9.

② See The American Law Institute, *Restatement of the Law (3d) of Torts—Apportionment of Liability*, American Law Institute, 2000: 86.

③ 评论者认为比较不同侵权类型中的行为是不可能的，比如故意行为、过失行为、严格责任中的行为等，因为这些类型的索赔理论是不同的，不相称的。See The American Law Institute, *Restatement of the Law (3d) of Torts—Apportionment of Liability*, American Law Institute, 2000: 87.

④ See The American Law Institute, *Restatement of the Law (3d) of Torts—Apportionment of Liability*, American Law Institute, 2000: 87.

⑤ See Mary J. Davis, *Individual and Institutional Responsibility: A Vision for Comparative Fault in Products Liability*, 39 Vill. L. Rev. 281, 350.

⑥ See Jeff L. Lewin, *Comparative Nuisance*, 50 U. Pitt. L. Rev. 1009, 1011.

⑦ See Mary J. Davis, *Individual and Institutional Responsibility: A Vision for Comparative Fault in Products Liability*, 39 Vill. L. Rev. 281, 345.

问题。[①] 借由受害人过错制度体现的分担规则实质是在被侵权人和侵权人之间更平衡地分配风险,[②] 而这恰恰是侵权责任分担制度的主要使命。共同的使命注定使受害人过错制度与侵权责任分担制度融合。

（二）大陆法系过失相抵规则及立法模式总结

全有或全无的理念也存在于大陆法系早期的法律制度中，过失相抵规则即是此理念的代表。与助成过失原理类似，该规则下如果在某个案件中受害人的过失被认定是造成损失的原因之一，那么受害人的索赔权利将被完全否定。以《法国民法典》为起始，大陆法系的受害人过错制度发生了转变，受害人过错不会导致其完全丧失要求赔偿的权利，只是在一定范围内减轻或免除侵权人的赔偿责任。从立法阶段分析，大陆法系受害人过错制度主要经历了两个立法阶段：以 20 世纪中叶为“分水岭”，在这之前大陆法系各国立法的特点是“总则式”立法，在这之后逐渐发展成“总则 + 单独列举”的方式。

采用第一种总则式立法的典型国家包括德国、奥地利和日本。德国法根据适用于合同责任和所有侵权责任通行的基本规则——《德国民法典》第 254 条，通常需要考虑受害人的共同过失。尤其是《德国民法典》第 254 条第 1 款[③]，明确规定受害人过错参与责任份额的确定环节，并且根据当事人过错产生的作用力确定赔偿份额。该条款最重要的贡献是否定了全有或全无的极端方式，承认受害人和加害人在损害承担问题上的平等地位，并统筹考量双方的具体情形确定赔偿份额。首先，以受害人的责任能力为前提。[④] 因此，不满 7 周岁的未成年人无须对自己的共同过失负责，但其法定代理人在

① See Jeff L. Lewin, *Comparative Nuisance*, 50 U. Pitt. L. Rev. 1009, 1067.

② See Mary J. Davis, *Individual and Institutional Responsibility: A Vision for Comparative Fault in Products Liability*, 39 Vill. L. Rev. 281, 334.

③ 《德国民法典》第 254 条第 1 款规定：损害发生时，受害人之过错共同起了作用，赔偿义务与须给予赔偿之范围取决于诸如损害在多大程度上主要由一方或他方引起等情况。

④ See BGHZ 9, 317; BGHZ 24, 327.

合同关系或准合同关系中需要对此负责。[①] 超过 7 周岁的未成年人在能意识到需避免造成损害时具备共同责任能力。[②] 其次，受害人必须共同造成自己的损害且未达到保护自己利益应尽的注意要求。即便是物或经营危险，比如机动车所有人责任，如果受害人共同造成损害，他也应就此负责。[③] 如果行人因径直穿越熙熙攘攘的马路，而非通过就近的过街天桥被撞到，就构成违反保护自己利益的要求。[④] 共同过失不仅与责任成立时的行为有关，还和已发生损害的降低有关。在这两个阶段中，受害人都有降低损害的不真正义务。[⑤] 如果受害人存在共同过失，则其损害赔偿请求权按比例减少，在一定情况下会完全消灭。在哪些情况下共同过失会影响损害赔偿请求权取决于案件的具体情况，在当中必须权衡各种因素（《德国民法典》第 254 条第 1 款）。一是要考虑因果关系，二是要考虑过错。共同过失的比例若低于 10%，则一般就会忽略不计。[⑥] 如果加害人是故意的，则通常无须再考虑受害人的共同过失。[⑦] 在双方仅仅是过失时，如果过错程度相近，则在损害方面各承担一半责任。除此之外，从判例中难以得出可用于权衡的一般规则。[⑧] 奥地利法律下，受害人的行为促成损害发生的，受害人自己要承担损害或损失的部分，责任份额要根据其自身过错与被告的过错之间的关系来确定（《奥地利普通民法典》第 1304 条）。[⑨] 无法确定这种关系的，则双方以相同的份额

---

① 这可从《德国民法典》第 254 条第 2 款第 2 句中推知，该规定指示参照《德国民法典》第 278 条。后者不仅规定了履行辅助人行为的归责，还规定了法定代理人行为的归责。See BGHZ 1, 249；BGHZ 73, 192；BGHZ 103, 342.

② See OLG Celle NJW 1968, 2146. 在机动车交通领域，儿童直到 10 周岁都是无共同过失能力的（§ 828 Abs. 2 BGB n. F.）。

③ 一直以来的判例，如 BGHZ 6, 320；BGHZ 12, 128。

④ See BGH［2000］NJW 3069.

⑤ 就损害成立参见《德国民法典》第 254 条第 1 款，就损害减少参见《德国民法典》第 254 条第 2 款第 1 句。

⑥ See Palandt/ Heinrichs, § 254 Rn. 52.

⑦ See Etwa BGHZ 98, 158.

⑧ 参见［奥］科赫、［德］考茨欧主编：《比较法视野下的人身伤害赔偿》，陈永强等译，中国法制出版社 2012 年版，第 211－212 页。

⑨ 在加害人的过错极为严重的场合，对受害人的极为轻微的过错不予考虑。

共同承担损害。受害人辅助人的过错也要由受害人自行承担，就此不区分是履行辅助人还是事务辅助人。《奥地利普通民法典》第1304条也相应地适用于危险责任，这包含两个方面的内容：不但受害人的过失也会使保有人的责任减轻，受害人领域内、能构成危险责任的危险，也要根据其与被告的过错或与应由被告承担责任的另一危险之间的关系来加以考量。[①] 此外，根据《奥地利普通民法典》第1304条，受害人还应承担减损义务，如在身体受伤害时就医的义务。[②] 日本侵权法将受害人过错制度称为“过失相杀”，并区分单方过失和双方过失，但适用同样的规则进行处理。《日本民法典》不法行为部分的第722条第2款规定：如果受害人存在过错，法官在确定损害赔偿份额时可以依据个案情形将其纳入考量因素。除此之外，《瑞士债务法》第44条“赔偿额的减免”等属于适用总则模式的代表。

第二种立法模式是“总则＋单独列举”，法国、比利时、埃塞俄比亚和荷兰是这一模式的代表。尽管《法国民法典》没有对受害人过错作出规定，但是法国法通过学说和判例承认了该制度的存在。例如1998年《法国民法典》增加了第1386－13条，该条特别列举了产品责任领域受害人过错的处理问题：如果损害是由于产品本身的缺陷以及受害人本人的过错或对受害人应负责任的人的过错共同引起，产品生产者的责任可以减轻或者免除。在过错责任的情况下，法官往往根据过错的严重性确定责任的分担。[③] 在客观责任上，法国最高法院在德斯马尔案判例中提出“全有或全无”原则，选定了一种颇为激进的解决方法：要么受害人的行为（无论是否有过错）表现出不可抗力的特征，从而导致被告完全免责；要么这些行为不具有此特征，则被告要负全责。[④] 该判例力求强调交通事故领域立法干预的紧急性。为了恢复过

① See R. Reischauer in Rummel，ABGB Ⅱ（1992）§1304 Rz. 8.

② 参见［奥］科赫、［德］考茨欧主编：《比较法视野下的人身伤害赔偿》，陈永强等译，中国法制出版社2012年版，第20页。

③ 但是法官保留了完全的自由。See civ. 2eme，24 nov. 1999，obs. F. Chabas［Fev. 2000］Dr. et part.，99.

④ See civ. 2eme，21 juillet 1982，D. 1982. 449 et 487，concl. Charbonnier et note Ch. Larroumet.，［1982］JCP Ⅱ. 19861 et 19875 et note F. Chabas，［1982］RTD civ. 606，obs. Durry.

去更为衡平的状态，3 年之后该判例被抛弃。受害人过错重新成为完全或部分免责的理由。[①] 至于受害人的非过错行为，则不在考虑的范围内。[②] 比利时侵权法使用共同过失的概念，[③] 不允许完全否定共同过失受害人的索赔权利，除非受害人过错是造成损害的唯一原因。但在这样的情况下，不会有第三方卷入，也就不存在侵权了。共同过失受害人获得的赔偿将按其过错在损害原因中所占比例减少。根据比利时法律，共同过失是“受害人任何必要的过错——如果没有这种过错，则侵权者的过错行为本来不会对受害人造成同等程度的损害”。按照此定义，受害人的行为构成共同过失的条件实际上跟过错责任的要求一致。[④]《埃塞俄比亚民法典》第 2066 条和第 2067 条分别对紧急避险和身体伤害的受害人过失免责问题进行了规定。《荷兰民法典》第六编“债法总则”的第一章是关于债的一般规定，在其中第十节“救济损害的法定义务”下，第 6：101 条是对受害人过错减轻或者免除侵权责任的总则性规定，同时其他章节特别列举了某些侵权类型。除此之外，《阿尔及利亚民法典》第 127 条、新《魁北克民法典》和《蒙古民法典》第 379 条等也对此进行了规定。[⑤] 大陆法系对待受害人过错的态度基本延续了从全有或全无到按比例减免的过程，这与普通法系的发展规律大体相同，但在具体路径上有差异。

四、过错异质性的转化

前文已述，过错在不同侵权归责类型案件中影响侵权责任分担的效果不

---

① See Civ. 2eme, 6 avr. 1987, [1987] JCP Ⅱ. 20828, note F. Chabas, [1987] RTD civ., 767 obs. Huet.

② See civ. 2eme, 18 oct. 1995, [mars 1996] Dr. et part., 91, obs. F. Chabas.

③ 受害者的共同过失不会导致对其索赔权的完全否定，但会导致赔偿额的减少，比利时法律并没有严格意义上的共同过失，比利时侵权法适用的实际是比较过失的概念。

④ 参见［奥］科赫、［德］考茨欧主编：《比较法视野下的人身伤害赔偿》，陈永强等译，中国法制出版社 2012 年版，第 82 页。

⑤ 大陆法系内容参见王竹：《侵权责任分担论——侵权损害赔偿责任数人分担的一般理论》，中国人民大学出版社 2009 年版，第 36 页。

同，或者说给予的考量程度不同。受害人过错制度在两大法系逐渐与侵权责任分担制度融合，那么下一个问题是，在同一个案件中，被侵权人的过错与侵权责任人的过错能否作为两个同等因素被加以考量，即被侵权人的过错和侵权责任人的过错是异质还是同质的问题。

我国民法学界对于被侵权人的过失进行了界定，一般指由于其自身未尽合理注意义务或其他能够采取的预防措施，引发对人身、财产或者其他类似权益的损害，或者在损害发生后，由于上述原因造成损害扩大。这种被侵权人的过失，显然与传统上侵权责任构成要件之一的“真正过失”不同，因此有学者将其称为“不真正过失”。[①] 部分德国学者也持相同观点，被侵权人助成过失的过失尽管也是未达到注意标准，但是该注意标准指未达到对自己利益而非他人利益的注意标准，这和加害人过失是有区别的。这两者存在显著差异，注意范围为他人利益的是真正过失，注意范围为自己利益的是不真正过失，即“不真正义务”。[②] 违反此种不真正义务的效果并非损害赔偿，而是减轻加害人责任，这种效果没有可请求履行性，亦无违法性。[③] 西班牙和德国学者用负担（burden）指代此种义务，以区别于真正的义务（duty），以色列学者也认为义务只能是对其他主体的义务而非对自己的义务。[④] 学说上，“真正过失”和“不真正过失”的判断标准也是有差异的，前者的判断标准通常为善良家父（bonus pater familias）标准，而后者的判断标准一般较低，即自己事物注意（diligentia quam in suis rebus）标准。自己事物注意标准以被侵权人有辨识能力（责任能力）为限，[⑤] 因此没有完全民事行为能力的民

---

① 参见王泽鉴：《债法原理》（第 1 册），中国政法大学出版社 2001 年版，第 28 页；王利明：《侵权行为法研究》（上卷），中国人民大学出版社 2004 年版，第 583 页。

② 参见［德］迪特尔·梅迪库斯：《德国债法总论》，杜景林、卢谌译，法律出版社 2004 年版，第 516 页。

③ 参见王利明：《侵权行为法研究》（上卷），中国人民大学出版社 2004 年版，第 588 页。

④ See Magnus M. Martin – Casals et al. , *Unification of Tort Law: Contributory Negligence*, Kluwer Law International, 2004, p. 268.

⑤ 参见孙森焱：《民法债编总论》（上册），法律出版社 2006 年版，第 375 页。此学说应是源于对日本民法学说的继受，参见［日］圆谷峻：《判例形成的日本新侵权行为法》，赵莉译，法律出版社 2008 年版，第 216 – 218 页。由此也可看出，责任能力制度并非仅与侵权责任构成相关，我国民法学说以承认该制度为宜。

事主体如未成年人，也可能由于具有侵权责任能力而被认定成“被侵权人过失”。英国法律规定，儿童等法律上无行为能力的人的错误决定不必然有过错。[①] 在被侵权人过失问题上，宜采用判断不真正过失的标准，即较之通常标准较低的对自己事物注意的标准。《美国侵权法重述·第三次》责任分担编采纳了同等判断标准[②]的方式，模糊了受害人过失中真正和不真正过失二者的差别。这可能是由于普通法上的过失均用“negligence”概念表示，该词并没有真正过失和不真正过失的差异。[③] 因此，这种同等判断标准的方式的合理性受到部分学者的质疑。《欧洲侵权法原则：文本与评注》采用的“镜中映像”规则，[④] 则考虑到了被侵权人过失与侵权人过失上的差别，相对折中，值得借鉴。如有时法律会规定被侵权人有对自己权益进行保护的较高注意义务，这种注意义务的提高，是对自由的限制，必须有法律的明文规定，如道路交通事故中的乘车人系安全带或者摩托车驾驶员戴安全帽的义务。

在侵权责任首次分配阶段，需要意识到被侵权人过错与侵权人过错的异质性，但在举证设置上，为了实践操作的方便，可以采取同质化处理。[⑤] 在比利时法律下，被侵权人的行为构成共同过失的条件实际上跟过错责任的要求一致，[⑥] 也是从这个层面说的。尽管侵权人和被侵权人双方的过错性质不

---

① 参见［奥］科赫、［德］考茨欧主编：《比较法视野下的人身伤害赔偿》，陈永强等译，中国法制出版社2012年版，第106页。

② 《美国侵权法重述·第三次》责任分担编第3条规定：原告的过失应依据适用于被告过失的标准来定义。这种特别适用于定义原告过失的各种严格学说均已被废止。这条规定实质将原告与被告过失视为具有同质性，适用同等判断标准。

③ 参见［德］克雷斯蒂安·冯·巴尔：《欧洲比较侵权行为法》（下卷），焦美华译，法律出版社2004年版，第620页。

④ 《欧洲侵权法原则：文本与评注》第8：101条第1款规定：如果假设受害人是侵权人，则其助成过失或者其他影响因素会免除或者减轻其责任，那么也在同样范围内减轻或者免除加害人的责任。学者称此种方式为“镜像映像”（mirror-image）规则，即根据受害人过错本质上不同于加害人过错并进行细节上的必要变更，准用加害人过错的相关规则。

⑤ 支持受害人过错和加害人过错统一标准的观点参见苗培：《论过失相抵制度中受害人过错》，载《现代商贸工业》2011年第13期。

⑥ 参见［奥］科赫、［德］考茨欧主编：《比较法视野下的人身伤害赔偿》，陈永强等译，中国法制出版社2012年版，第82页。

同，但这并不影响损害分担。侵权行为过失衡量标准主要是注意义务的内容和注意标准两个方面。如果对当事人双方适用不同的衡量标准，尽管可能会给被侵权人带来更多的获得赔偿的机会，但会形成衡量过错标准的不确定性，并给法官更多的自由裁量权。[①] 所以，尽管被告对原告被侵权人过错的证明与原告对侵权人过错的证明有所不同，但其差别主要在于无须证明其违法性，过错、损害和因果关系仍然需要证明。[②] 而且，比较过失比较的是可责性，被侵权人过错作为一种可责性是可以和加害人的可责性进行比较的。质言之，被侵权人过错参与侵权责任分担的可行性在于可责性间的可比性。[③] 需要指出的是，被侵权人过错可以参与侵权责任分担，但并不表明被侵权人过错与侵权人过错具有同质性，相反，应该予以其略有不同的对待。彼得·凯恩（Peter Cane）教授在研究责任分担问题时，以人格与责任的关系为视角，认为对被侵权人和侵权人苛以责任是不对称的。被侵权人的过错明确的规范性原则就是，一个人没有对其自身安全负合理的注意义务而不能将损害转移给他人。[④] 这种观点是在责任分担的框架内，即认为被侵权人过错与侵权人过错同质处理的前提下，肯定二者的差异，值得借鉴。

五、海上侵权赔偿份额划分原则及标准

侵权责任首次分配关注的是将法定事实要素转化成责任份额和不同承担形式，这些法定事实要素源于确定侵权责任构成时对证据的认可。对各方责任范围划定和承担方式具有影响的是当事人的过错和原因力。在适用融合了上述因素的考量标准确定了当事人之间的责任比例后，与此对应的即是当事人之间的责任份额。此时确定的责任份额不仅确定了当事人之间承担损害赔

① 参见王利明：《侵权行为法研究》（上卷），中国人民大学出版社2004年版，第621－622页。

② See Magnus/M. Martin－Casals et al., *Unification of Tort Law: Contributory Negligence*, Kluwer Law International, 2004, p. 264.

③ 参见王竹：《侵权责任分担论——侵权损害赔偿责任数人分担的一般理论》，中国人民大学出版社2009年版，第338页。

④ See Peter Cane, *Responsibility in Law and Morality*, Hart Publishing, 2002, p. 173.

偿责任的份额，也决定了各方当事人财务负担的大小。

对于责任份额的确定，比较法上有几种做法：

第一种是纯粹的平均分担，如美国部分直接采纳1939年《美国统一侵权责任分摊法案》的州均适用平均分担规则，现在这种做法随着比较过失制度的采纳而被逐渐废弃。

第二种是针对共同侵权行为（包括主客观共同侵权行为）适用纯粹的连带责任。例如，《德国民法典》第830条和第840条第1款。《德国民法典》第830条①设定了各人均负责任的情形，即共同实施侵权行为或者无法查明损害是由哪一行为人造成之时的情形。《德国民法典》第840条第1款②将这种共同承担责任的情形具体化，即指出其适用的侵权责任分担形态是连带责任，所有责任人是连带债务人。《意大利民法典》也采纳了相似的规定，例如，根据《意大利民法典》第2055条③的规定，多人共同承担损害赔偿责任时，在他们之间适用连带责任。《瑞士债务法》更将这种情形具体到了教唆行为以及在侵权案件中存在主要和辅助行为人的情况，即在他们共同引发损害之时，他们之间不区分角色均适用连带责任，这条规则规定于《瑞士债务法》的第50条第1款④。上述规定方式深深影响了后世立法，我国也包括在内。我国《民法典》第1168条⑤、第1170条⑥、第1171条⑦结合起来规定了

---

① 《德国民法典》第830条规定：数人因共同实施侵权行为造成损害的，各人对损害均负责任，不能查明数个关系人中谁的行为造成损害的，亦同。

② 《德国民法典》第840条第1款规定：数人对因侵权行为而发生的损害一同负有责任的，则作为连带债务人承担责任。

③ 《意大利民法典》第2055条规定：如果损害行为可归责于多个人，则所有的人要承担连带赔偿的责任。

④ 《瑞士债务法》第50条第1款规定：如果数人共同造成损害，不管是教唆者、主要侵权行为人还是辅助行为人，均应当承担连带责任。

⑤ 《民法典》第1168条规定："二人以上共同实施侵权行为，造成他人损害的，应当承担连带责任。"

⑥ 《民法典》第1170条规定："二人以上实施危及他人人身、财产安全的行为，其中一人或者数人的行为造成他人损害，能够确定具体侵权人的，由侵权人承担责任；不能确定具体侵权人的，行为人承担连带责任。"

⑦ 《民法典》第1171条规定："二人以上分别实施侵权行为造成同一损害，每个人的侵权行为都足以造成全部损害的，行为人承担连带责任。"

数人侵权如何承担责任的问题。概括起来是，共同侵权行为一般适用连带责任。早期普通法下在多个被告之间分担责任的机会较少，但是一旦认定多个被告之间是共同行为或负有共同的义务，多个被告之间即会适用连带责任。①由于普通法下要求原告证明每个被告分别造成的损害，这一要求大大降低了同一诉讼中多个侵权人共同承担责任的可能性，即大多数案件都将被认定为每个人是独立的责任。②《法国民法典》第1202条规定“连带责任必须明白约定，不得推定之”，也是这种做法的代表。

第三种方式是以按份责任为主，连带责任为辅。这主要是比较过失原则在两大法系下逐步得到认可的结果。例如，美国在20世纪70年代认可了比较过失后，各州侵权法出现了废除和限制适用连带责任的趋势。③ 加拿大在这方面进行了成文法尝试，例如，《魁北克民法典》从第1478条至第1481条规定了责任分担：第1478条将过错作为确定责任份额的唯一考量因素；第1480条确定在无法证成致损行为人时，适用连带责任的方案。④ 这两条共同确立的原则是在数人共同侵权的情况下，以按份责任为主，在无法证明责任份额时，才适用连带责任。

第四种是以按份责任为主，平均承担为辅。例如，我国《民法典》第1172条⑤，该条指出在能够证成每个行为人的责任份额时适用按份责任，只有在无法确定此类份额时，才适用平均承担责任的方式。平均承担只是作为按份

---

① See W. Page Keeton et al., *Prosser and Keeton on Torts*, 5th edition, West Group, 1984, p. 324 - 330.

② See NCCUSL., Uniform Apportionment of Tort Responsibility Act (2003), Preface, The Legislative Response and the Uniform Acts.

③ See ALI, *Restatement of the Law*, *Third*, *Torts*: *Apportionment of Liability*, 2000. §17 Joint and Several Liability for Independent Tortfeasors, Reporters Notes: Comment a. Alternative versions of joint and several or several liability.

④ 《魁北克民法典》第1478条规定：数人引起的损害，依他们各自过错的严重程度的比例分担责任。第1480条规定：数人共同参与了导致损害的过错行为或分别有可以导致损害的过错的，在这两种情形中，如不能确定损害实际上由他们中的何人引起，则他们就损害赔偿负连带责任。

⑤ 我国《民法典》第1172条规定：“二人以上分别实施侵权行为造成同一损害，能够确定责任大小的，各自承担相应的责任；难以确定责任大小的，平均承担责任。”

责任的补充选择，是一种妥协之举。该条尽管也是数人存在侵权行为或致害行为，但是结合方式与共同侵权行为不同，所以区别于《民法典》第 1168 条、第 1170 条、第 1171 条，也与新《魁北克民法典》第 1480 条规定的情形不同。

第五种是以连带责任为主，按份责任为辅。普通法下要求原告证明损害份额的责任大大增加了原告的负担，降低了原告索赔成功的概率。自 1848 年纽约州通过了《菲尔德程序法典》，美国其他州也相继制定了类似的法律。[①] 法院将证明损害份额的责任分配给被告承担，如果被告未能证明，则法院推定损害不可分，直接适用连带责任。在被告证明了各自份额后，法院才会在多个责任人之间适用按份责任。

在上述确定数人侵权赔偿份额划分原则的大类下，很多国家在处理连带责任和按份责任的细节问题上也存在差异。例如在确定连带责任后，大部分大陆法系国家民法典采用"除法律另有规定外使用平均分担"的规定方式，这一立法模式源于《德国民法典》第 426 条第 1 款的规定："连带债务人之间对于共同债务负相等的义务，除非法律另有规定。"但实际上只有当所有其他分摊标准都不存在时，才适用这一原则。[②]《欧洲法原则 · 侵权法》第 6：105 条第 2 款采纳了德国法的模式："连带债务人之间的责任份额是均等的，除非考虑案件的所有情况，尤其是过错或第三章规定的危险来源作用于损害的发生或扩大，连带债务人之间的责任份额均等更为适合。"在《共同参考框架草案》（Draft Common Frame of Reference，DCFR）颁布之后，该款条文被删除，直接适用 DCFR 第Ⅲ. –4:106 条第 2 款关于连带债务人之间的分担规则，该规则与上述条文实质相同。[③] 另外一种确定连带责任份额的

① See W. Page Keeton et al. , *Prosser and Keeton on Torts*, 5th edition, West Group, 1984, p. 325.

② 参见［德］马克西米利安 · 福克斯：《侵权行为法》，齐晓琨译，法律出版社 2006 年版，第 240 页。

③ See Study Group on a European Civil Code/ Research Group on EC Private Law (Acquis Group) ed. , *Principles*, *Definitions and Model Rules of European Private Law*, *Draft Common Frame of Reference* (*DCFR*), Outline Edition, sellier, European Law Publishers, 2009: 254.

做法是《意大利民法典》第2055条确立的“以比例分担为原则，平均分担为补充”的规则，该条第2款[①]规定了责任份额的确定方式，即依据过错和对损害的作用力确定每个责任人的分摊份额。该条第3款则直接规定了补充性的平均分摊规则：“在出现争议或不确定时，推定每个责任人的份额相同。”这种模式最早可以追随到1811年的《奥地利普通民法典》第896条，[②] 1966年《葡萄牙民法典》第497条也采纳了这种模式。[③] 较新的民法典也多采纳这种做法，如《俄罗斯联邦民法典》第1081条“对致害人的追偿权”第2款[④]确定了划分致害人分摊责任份额的标准是过错，在这种程度无法确定或比较时，推定各方的份额是均等的。《欧洲侵权法原则：文本与评注》第9：102条第2款采纳了这种模式：“在不违反本条（3）的条件下，分摊额应根据各责任人的过错程度和其他与确立或减轻其责任有关的情事公平决定各自的赔偿相对责任。求偿额可以是全额补偿。如果不能确定责任人的相对责任，就由他们平均承担责任。”另外，西班牙学说[⑤]和以色列判例也采这种做法。[⑥] 除上述做法外，《美国侵权法重述·第三次》确立了一种更为特殊的确定份额的方法。《美国侵权法重述·第三次》责任分担编第26条第a款规定：“案件调查者首先依据因果关系对损害进行分割直至其不可再分，然后根据本规则第1款至第4款的规定，将每一不可再分的损害赔偿责任分配给责任人。”这种分配方法将责任细化，处理多个侵权人结合形式较为复杂

① 《意大利民法典》第2055条第2款规定：赔偿了损害之人得按照其他责任人各自的过错和造成损害后果的严重程度确定的价值，向其他每一个责任者行使追偿权。

② See Paul L. Baeck, *The General Civil Code of Autria*, Oceana Publications, Inc., 1972, p. 171.

③ See W. V. H. Rogers, *Unification of Tort Law*: *Multiple Tortfeasors*, Kluwer Law International, 2004, p. 171.

④ 《俄罗斯联邦民法典》第1081条“对致害人的追偿权”第2款规定：对共同致害负担了赔偿责任的致害人，有权请求其他致害人依每人的过错程度给付其应向受害人给付的相应份额。当过错程度不能确定时，份额应均等。

⑤ See W. V. H. Rogers, *Unification of Tort Law*: *Multiple Tortfeasors*, Kluwer Law International, 2004, p. 205.

⑥ 参见王竹：《侵权责任分担论——侵权损害赔偿责任数人分担的一般理论》，中国人民大学出版社2009年版，第217－218页。

的案件时更加公平。

比较法下确定侵权责任份额划分原则存在诸多差异，但均是以各自国家的历史发展和具体国情为基础的。大陆法系下，无论是主观共同侵权行为还是客观共同侵权行为，大多适用连带责任。在其他类型的数人侵权案件中，两大法系都逐步采纳了比较过失或类似制度，采纳以按份责任为主，连带责任为辅的做法。笔者认为，在确定赔偿责任份额划分时，应以法律明文规定为主。例如，最高人民法院《关于审理船舶碰撞纠纷案件若干问题的规定》第 8 条第 1 款的规定[①]。无明文规定时，原则是“以按份责任为主，平均分担为辅”。责任份额中的份额比例依据当事人各方的过错程度和原因力大小等确定。依据法律明文规定的情形多数为连带责任的案件，这样就在一定程度上限缩了连带责任的适用范围，避免连带责任的广泛适用给当事人增加过重的负担和造成进一步的不公。需要说明的是，海上侵权案件中，由于责任份额受到责任限制、当事人实际支付能力、执行情况等的影响，责任份额比例并不一定等于最终各方当事人实际支付的赔偿金额比例。

有学者指出，侵权责任分担中分担比例的确定问题，首先要依据法律、法规的规定来确定，如果法律、法规有明文规定，则依据该规定处理。[②] 也有学者认为，“责任比例”难以“科学确定”。[③] 这部分学者将责任比例分配中考虑“法律原因”的原因力等同于考虑“物理原因”的大小，没有体现出侵权法上的责任比例确定考虑的不是物理上的原因力大小，而是对可责性的

① 最高人民法院《关于审理船舶碰撞纠纷案件若干问题的规定》第 8 条第 1 款规定：“碰撞船舶船载货物权利人或者第三人向碰撞船舶一方或者双方就货物或其他财产损失提出赔偿请求的，由碰撞船舶方提供证据证明过失程度的比例。无正当理由拒不提供证据的，由碰撞船舶一方承担全部赔偿责任或者由双方承担连带赔偿责任。”

② 参见王利明：《侵权行为法研究》（上卷），中国人民大学出版社 2004 年版，第 735 页；王竹：《侵权责任分担论——侵权损害赔偿责任数人分担的一般理论》，中国人民大学出版社 2009 年版，第 219 页。

③ See American Motorcycle Ass'n v. Superior Court, 20 Cal. 3d 578, 146 Cal. Rptr. 182, 206 - 207 (1978) (Clark, J., dissenting).

考虑与衡量。[①] 责任比例可以确定的前提是责任的财产属性，即损害赔偿责任的财产属性。依据赔偿规则确定责任比例，在责任比例难以确定时，适用平均分配，也是实现分配正义的一种形式。

原因力是对违法行为造成损害后果因果关系的强度和范围的考量，[②] 属于客观标准，而过错是对于责任人主观状态的衡量，二者结合作为考量赔偿责任划分的标准较为合理；只是在不同案件类型中，二者的侧重不同。对于过错与原因力的地位，学者之间存在争议。“过错为主说”主张起分担责任主要作用的因素是过错程度，代表人物是杨立新教授。理由是：第一，以过错为主能够更好地实现侵权法的预防功能。第二，从可操作性上讲，过错具有类型化的特点，这便于法官判断和比较。第三，在特殊案件中，如索要精神损害赔偿的情况，法官是无法直观地比较原因力的，只有过错标准可以客观衡量，过错程度决定赔偿范围较为简便。[③]“原因力为主说”的代表人物是张新宝教授，该说主张在确定赔偿份额时主要考量原因力，在个别情况下辅之以第三人与被告的过错类别和过错程度。理由是：第一，在过错推定和严格责任中，无法确定各行为人之间的过错程度。第二，存在无法比较过错的情形，包括过错程度判断标准的抽象性、过错比例确定者的差异性和证据的缺乏等因素。第三，在特定情况下，如主观故意但原因力很小的情况下，仅比较过错可能造成不公平的结果。[④] 还有一方学者属于折中派，认为过错和原因力都是确定侵权损害赔偿责任份额的重要因素，应该同时考量，代表人物是王利明教授。[⑤]

---

① See Victor E. Schwartz & Evelyn F. Rowe, *Comparative Negligence*, LexisNeixs Matthew Bender, 4th ed. 2002 with 2007 Cumulative Supplement: 357.

② 在判定侵权因果关系时，应根据违法行为对损害结果的发生所起的作用（学界称原因力）的不同，进一步区分主要原因与次要原因、直接原因与间接原因。参见吴亚红：《论我国侵权行为法上因果关系制度之构建》，载江苏法院网，http://www.jsfy.gov.cn/xwzx2014/llyj/xslw/2015/06/04101458863.html。

③ 参见杨立新：《侵权法论》（第3版），人民法院出版社2005年版，第193页。

④ 参见张新宝：《侵权责任构成要件研究》，法律出版社2007年版，第378－380页。

⑤ 参见王利明：《侵权行为法研究》（上卷），中国人民大学出版社2004年版，第735页。

笔者认为，在海上侵权案件确定责任份额时，对于原因力和过错的考量，可以依据以下规则判断：第一，考量侵害权益的属性。海上法律以保护生命优先为原则，在确定责任比例时，应该综合考量过错和原因力。在财产损害中，以过错为主，原因力为辅。第二，区分损害在事实层面的可分割性。对于不可分割损害，以过错为主，原因力为辅；对于可分割损害，以原因力为主，过错为辅。第三，区分侵权责任构成的归责原则。在严格责任案件中，主要考量原因力；在过错责任案件中，主要考量过错。在过错归责案件类型中，若不能依过错程度决定责任范围，或依过错程度决定责任范围有失公平，则应根据因果关系的程度即原因力决定责任范围。同时，在无过失责任和公平责任中，原因力是确定责任范围的直接依据。[①] 过错和原因力的量化结果是客观数值，但在一些案件中原因力和过错的比例难以量化，即致害人明确，但损害之程度或内容欠明之情形，[②] 这种情况广泛存在于数人造成的河流污染、水害、烟尘、噪声诉讼中。此种类型侵权区别于致害人不明的案件。致害人不明案件是造成损害的侵权行为人不明，每个侵权行为人的份额自然也无法确定；而此类案件是已经确定了造成损害后果的侵权行为人，但是由于存在多个致害的侵权行为人，其各自造成损害的份额不明。但损害份额不明并非损害不可分，[③] 需要通过合理的标准进行侵权责任分担而避免适用平均分配规则。《美国侵权法重述·第二次》第433A条第1款第b项规定了“合理基础”标准，值得借鉴。通常情况下，首先确定与造成损害程度大体相等的基本标准，例如，同等数量的污染物造成的损害范围大体相等，两头牛或者两条狗造成的损害可能大致相同。多个侵权主体共同造成的同种污染，可以按照排污量承担损害赔偿责任；多条狗咬伤羊群的情况，依据狗的数量承担损害赔偿责任；几头牛吃了庄稼，主人们依据牛的数量承担赔偿责任；多

① 参见吴亚红：《论我国侵权行为法上因果关系制度之构建》，载江苏法院网，http://www.jsfy.gov.cn/xwzx2014/llyj/xslw/2015/06/04101458863.html。

② 参见孙森焱：《民法债编总论》（上册），法律出版社2006年版，第234页。

③ See ALI, *Restatement of the Law, Third, Torts: Apportionment of Liability*, 2000. §26 Apportionment of Liability When Damages Can Be Divided by Causation, Comment f. Divisible damages.

人未尽防水义务，致使他人土地遭到破坏，依据防水量的多少承担损害赔偿责任等。[①] 除此之外，在单独每个侵权人都无须其他行为而引发全部损害时，[②] 属于竞合因果关系，应该由侵权人按照客观关联共同侵权行为承担连带责任，在责任份额上采用平均分担为宜。

第二节　海上侵权责任分担形态对应规则

侵权责任分担形态对应本规则处理侵权案件适用何种侵权责任分担形态的问题，即决定适用某种侵权责任分担形态的标准是什么。典型的侵权责任分担形态包括按份责任和连带责任等。一般情况下，按份责任和连带责任中当事人的责任都存在一定责任比例。不同的是，按份责任中的责任比例不仅是首次责任分配中各方应该支付的赔偿额，也是各方最终承担的责任份额；而连带责任中的责任比例，仅是理论上确定的各方最终承担的责任份额，并不一定等于首次责任分配阶段当事人支付的赔偿比例。被侵权人的损失额并不一定等于侵权人的赔偿额，被侵权人获得的索赔额也不一定等于侵权人的赔偿额，这是侵权人和被侵权人责任划分标准和方式决定的。举例说明，A的损失为100元，B和C承担连带责任。B的责任份额为70元，C的责任份额为30元。A起诉了B，要求支付100元赔偿额，这是连带责任允许的。B在向A支付了100元赔偿额后，向C要求分摊，C向B支付了30元。在这个案件中，A获得了100元的赔偿额，而B和C总计支付了130元才使案件进入终局状态，超过了A实际获得的赔偿额。这30元其实是风险责任，即A从C处可能无法获得30元的风险责任由B承担了。B承担了风险责任后，

① See ALI, *Restatement of the Law*, *Second*, *Tort*. § 433A Apportionment of Harm to Causes. Comment of Subsection（1）：d. Divisible harm & Illustrations 3 – 5.

② 参见［德］马克西米利安·福克斯：《侵权行为法》，齐晓琨译，法律出版社2006年版，第235页。

转而向 C 要求分摊。这实质上也是按份责任和连带责任在实体权利问题上最大的差异。

量的积累将会引起质的改变，在侵权责任首次分配阶段，这主要指责任份额比例将会影响责任人承担责任的形式。例如，侵权责任人的责任份额为 40%，抛开海上立法政策的特殊考量，此时侵权责任人宜适用比例责任，即将风险责任分配给被侵权人承担。又如，某个侵权案件中，两个责任人中 A 的责任份额为 80%，另一个责任人 B 的责任份额为 15%，单纯从责任份额的对比上考量，此时 A 和 B 适用按份责任，将受偿不能风险分配给原告，结果较为公平。如果 A 和 B 适用连带责任，B 将面临由于较少责任份额而需要承担巨大财务负担的危险，此时连带责任应该配合其他规则适用，如对于最高连带责任额的限制或者海事赔偿责任限制等，可在一定程度上缓解此种连带的负面效果。

一、海上侵权基本责任分担形态

海上侵权基本责任分担形态包括按份责任和非按份责任，非按份责任主要有连带责任、不真正连带责任和补充责任。英国法下，多个侵权人对同一原告承担责任的途径有三种：第一种，作为“共同侵权人”对同一损害承担责任，因为其进行了共同一致的行为，或是行为过程中他们之间有特定关系（如雇佣关系）。第二种，作为“多数同时侵权人”对同一损害负责，因为各自对损害有独立的可归因性。第三种，作为“多数非同时侵权人”，由于分别引起不同损失而对不同损失各自承担责任。①“连带责任”和“连带与独立责任”可以适用于“多数同时侵权人”对于同一损害承担责任的情况，而非仅仅用在共同侵权人的场合（但不能用于“多数非同时侵权人”，这些人从其定义可知，是对不同损害而非共同损害承担责任）。与多数侵权人情况不同，共同侵权人无论在因果关系上是否助成了同一损害，都须承担责任。但

① 更多信息参见 V. Harpwood K. Oliphant, *Joint and Several Liability in Tort*, in K. Olophant ed. , The Law of Tort, 2nd edition, 2007。

在没有共同一致的行为，也没有可形成共同侵权人责任的特殊关系的场合，追问各侵权人引致的损害是同一损害还是分别损害至关重要。[①]

根据我国海上侵权法实践，数人侵权案件中，侵权人之间的结合形式较多，对应的侵权责任分担形态亦应有所区别，笔者建议在确定侵权案件对应侵权责任分担形态的问题上遵循四个原则：第一，以按份责任为主，非按份责任为辅。侵权责任以个人责任的承担为典型，数人责任是随着后世侵权现象结合的复杂性而逐渐产生的；但是从维护当事人权益，更好地实现分配正义的角度出发，将数个责任人的责任在彼此之间按照一定原则进行划分，避免可责性较少的一方承担过重的风险责任，应该是现代侵权责任法的功能之一。对于适用非按份责任的侵权案件，应该是谨慎和严格的，仅在特定情况如有共同行为、造成同一不可分割的损害、侵权人之间存在特定人身关系等案件中考虑适用非按份责任，在其他大多数案件中坚持按份责任。第二，在适用非按份责任的案件中，区分侵权归责原则类型确定侵权责任分担形态。过错责任和过错推定责任中宜适用补充责任，在严格责任中适用不真正连带责任。过错责任和过错推定责任中当事人的过错是侵权责任成立的要件之一，这意味着当事人对于损害的发生存在过错，具有可责性，需要承担责任。但由于侵权行为人和侵权责任人之间常存在特定关系，对于损害发生的过错可分为直接过错和间接过错，在他们之间适用补充责任，一方面是对于被侵权人受损权益的维护，另一方面也是对仅具有间接过错的当事人权益的平衡。严格责任多存在于产品责任、油污损害等环境污染案件中，多个被告之间可能处于事故相连的不同环节，因损害的发生加入同一诉讼中，区别是有人是因为自身的过错行为而进入诉讼，有人仅仅是因为处于特定环节或立法的原因而进入诉讼中的。在这种情况下适用不真正连带责任，可以督促当事人尽力探求事故原因，追究真正对损害具有贡献的责任人，以避免对损害没有任何作用的当事人无辜受牵累。第三，法律仅针对特定需要适用非按份责任的

① 参见［奥］肯·奥利芬特主编：《损害的合并与分割》，周学峰、王玉花译，中国法制出版社2012年版，第134页。

侵权案件类型进行立法，如依据海上法律对人命优先保护的原则，在碰撞致人伤亡的案件中宜适用连带责任；而对于其他适用按份责任的数人侵权责任分担案件类型采取默认的态度。质言之，适用非按份责任形态以法律明文列举为限，在法律没有明文规定的情况下均适用按份责任形态。第四，法律明文规定适用非按份责任的规范可以区分为指引性规范和强制性规范，即仅针对必须适用非按份责任形态的案件进行强制性规定，对于其他依据具体案件情形可以而非必须适用非按份责任形态的案件仅作出指引性规定，赋予法官自由裁量权，以更高效科学公平地解决纠纷。每个案件中，法官在当事人之间确定适用何种侵权责任分担形态时，需要综合考量侵权案件类型、当事人各方的过错程度、原因力等，赋予法官依据具体案件判断的自由裁量权，使其尽最大可能地限缩非按份责任的适用范围。

二、海上侵权特殊责任分担形态

在海上侵权责任分担领域存在一种特殊侵权责任分担形态，即海上平均分担责任。衡平法法谚有云："平等即衡平"（equality is equity）。在侵权法的早期，存在按照侵权人的数量对损害赔偿的最终责任进行平均分担的做法，但现代侵权法一般不再适用平均分配，除非没有任何其他的分配方案。[①] 我国民法学说也认为，如果不能依据过错程度和原因力确定责任，则可以由共同侵权行为人平均分担责任。[②] 最高人民法院《关于审理人身损害赔偿案件适用法律若干问题的解释》第 2 条采纳了这种规则，即"责任范围难以确定的，推定各共同侵权人承担同等责任"。作为一种在没有任何合适的分配基础的情况下的最后选择，[③] 较之比例分担，平均分担的公平性欠佳。海上平均分担的做法可以追溯到 17 世纪的荷兰，当时荷兰法对于在本地或国外之水

---

① See W. V. H. Rogers, *Unification of Tort Law: Multiple Tortfeasors*, Kluwer Law International, 2004, p. 297.

② 参见王利明：《侵权行为法研究》（上卷），中国人民大学出版社 2004 年版，第 736 页。

③ See W. Page Keeton et al., *Prosser and Keeton on Torts*, 5th edition, West Group, 1984, p. 350.

域中，两艘船舶碰撞造成的搁浅或损坏，均将损失由双方平均承担，除非碰撞是由于一方的故意或疏忽引起的，此时由该方赔偿全部损失。[①] 英国法下平均分担的做法是可分割损害赔偿原则（rule of divided damages），也称为半数法则（rule of moiety）。此规则的具体内容来自斯托厄尔勋爵（Lord Stowell）关于 The Woodrop – Sims 案[②]的判决：如果事故损失是由均负有谨慎义务的当事人的过失引发的，那么处理此种情况的方法是将损害赔偿平均分配给当事人双方。[③] 美国最高法院在 The Schooner Catherine v. Dickinson 案[④]中采纳了该原则，该案中美国最高法院第一次判决在两船舶互有过失碰撞的情况下，适用平均分担的做法。英国及其他多数海运国家于 1911 年采纳了《统一船舶碰撞某些法律规定的国际公约》，该公约最重要的成果是重新确定了划分侵权人损害赔偿份额的方法，即过失比例决定赔偿份额，英国也自此实质废除了平均分担的做法。美国没有参加该公约，美国法院在 20 世纪后半叶继续采用半数法则，直到 1975 年的 United States v. Reliable Transfer Co. 案，美国确立了比较过失原则，该原则取代了半数法则的地位。[⑤] 当代法律体系中，平均分担的做法尽管失去了主流地位，但是仍然是按份责任的补充规则。按份责任中，需要依据原因力或过错程度确定责任份额，当上述因素不明时，责任分担就面临困境，平均分担正是在此种情况下得以保留继续存在的价值。例如，我国《海商法》第 169 条，能够确定过失程度的自然可以适用比例份额责任，但是在无法确定过失程度时，只能适用平均分担来平息纠纷。[⑥]

在适用平均分担责任时需要遵守以下原则：第一，平均分担规则是按份

① 参见［荷］胡果·格劳秀斯：《格老秀斯私法导论》，张凇纶译，法律出版社 2015 年版，第 352 页。

② See The Woodrop – Sims, 165 Eng. Rep. 1422 (1815).

③ See The Woodrop – Sims, 165 Eng. Rep. 1422 (1815).

④ See The Schooner Catherine v. Dickinson, 58 U. S. 170 (1855).

⑤ See United States v. Reliable Transfer Co., 421 U. S. 397 (1975).

⑥ 我国《海商法》第 169 条规定："船舶发生碰撞，碰撞的船舶互有过失的，各船按照过失程度的比例负赔偿责任；过失程度相当或者过失程度的比例无法判定的，平均负赔偿责任……"

责任的补充规则，是为解决实践问题的权宜之计，并不一定符合实然责任情况，因此应尽少适用。第二，只有在原因力比例和过错程度均无法查明时，才有适用平均分担的可能。在原因力比例可以确定而过错程度无法确定时，仅推定过错程度的均等性，在考量责任份额时应该主要依据原因力比例判断。在过错程度可查明而原因力比例无法确定时，应推定原因力比例相等，考量责任份额时应该主要依据过错程度。第三，平均分担不等同于按份责任中的责任相等。平均分担是在责任份额无法确定时适用的妥协之举，而按份责任中的责任相等是在查明原因力比例和过错程度等因素后得出的责任份额相等的结论。第四，适用平均分担的做法可能出现在致害人明确和致害人不明的情形中，但是适用机理不同。致害人明确案件中适用平均分担的前提是原因力比例和过错程度均无法查明；在致害人不明案件中，由于致害人无法查明，原因力比例和过错程度自然也无法准确确定，但不必然导致责任的平均分配。各国法律通过一系列拟制规则将责任分给一定范围内的人群中，平均分担只是这些拟制规则中的一种特殊情形。

三、海上侵权责任分担形态决定因素

前文论述的侵权责任形态理论和侵权责任分担理论中，确定侵权责任分担形态的决定因素都是侵权行为形态。前文已述，在海上侵权领域，侵权行为形态对应侵权责任分担形态的解决方式是不适用的，海上侵权责任分担领域决定适用何种侵权责任分担形态的因素是受损权益与造成损害的原因两项因素的结合。这两项因素作为侵权责任分担公式的变量，决定侵权责任分担形态的适用。

前文已经分析过在造成损失的原因相同，但是受损权益不同时，将有可能适用不同侵权责任分担形态的问题。此处笔者着重解释受损权益相同，但由于产生损失的原因不同，适用的索赔规则和侵权责任分担形态有所区别的问题。海上侵权案件中最常见的财产损害是货物灭失损坏，尽管受损权益相同，但是该货损发生在不同事故领域，即造成损失的原因不同，如船舶碰撞领域和海上拖航领域，其索赔规则的差异是非常大的，适用的侵权责任分担形态也可能存在区别。

通常情况下，在海上货物运输领域，如果货物的灭失损坏发生在承运人责任期间，货方希望找到责任人承担其损失，而船方希望证明自己对货损没有责任或者存在免责事项等。货物灭失损坏后，如果货方选择以侵权为诉由诉讼，双方当事人的举证责任与一般侵权法中的不尽相同。一般侵权法下，通常是被侵权人需要证明有侵权行为、损害、因果关系和过错的存在。① 在海上货物运输领域，由于推定、免责和责任限制的存在，证明责任规则较为特殊，承运人免责的几个不同规定也会导致各方的证明责任不同。在海上货物运输领域，货损索赔主要处理的是运输货物船舶承运人和索赔权利人之间的问题。如果货损发生在船舶碰撞领域，货损赔偿规则区别于单纯的海上货物运输中货物损害灭失的规则。因为单纯海上货物运输中货物灭失损害的规则主要适用于载货船舶和所载货物的权利主体之间；而碰撞中的货损规则还包括非载货船舶和货物权利人之间的关系。我国《海商法》对于碰撞造成的货损适用按份责任，依据各方过错程度确定责任份额。但在拖航领域，我国《海商法》对于拖航过程中造成的货损适用连带责任，区别于海上货物运输领域和船舶碰撞领域造成货损的赔偿规则。因此，在受损权益相同的情况下，造成损失的原因不同，海上侵权责任分担规则亦有所不同。

需要指出的是，在同一海上侵权案件中，损害可能是多个原因造成的，如碰撞油污案件，油污损害的被侵权人索赔即面临这种问题。该类案件中损害产生的原因是船舶碰撞和船舶漏油，处理此类案件的原则应该是以法律明文规定为原则。在法律没有明文规定的情况下，应该允许当事人对于损害赔偿请求权进行选择，当事人需要提供证据证明侵权人构成此赔偿项目下的侵权，即因果关系的证明，法官在裁判案件时，应当考虑引发权益受损的近因，

① 有的需要证明四要件：违法行为、过错、损害事实和因果关系。

作为确定侵权损害赔偿责任承担的决定因素。[①] 例如，2013 年修正的《海洋环境保护法》第 90 条第 1 款[②]规定了污染责任人赔偿以及如何处理污染损害是由第三人引起的问题。2016 年 11 月 7 日第十二届全国人大常委会通过了《关于修改〈中华人民共和国海洋环境保护法〉的决定》，2017 年 11 月 4 日全国人大常委会《关于修改〈中华人民共和国会计法〉等十一部法律的决定》第三次修正《海洋环境保护法》，修改的条文仅是增加了污染损害的处罚力度并且调整了一些行政审批事项，而对于海洋污染案件责任的承担、基本原则和原理等未进行实质修改。2023 年 10 月 24 日第十四届全国人民代表大会常务委员会第六次会议第二次修订了《海洋环境保护法》，删掉了第三人引发环境污染损害情形的责任承担问题。依据现行有效的法律规定，如果是船舶碰撞漏油案件，认定谁是责任人是个有争议的问题。碰撞和漏油是一种侵权法律关系还是两种法律关系将导致侵权责任人认定的不同，[③] 笔者认为，碰撞和漏油尽管从事实层面可能具有因果关系，但是侵权赔偿法律关注的应是距离损害结果最近的原因，并对其加以苛责，而非沿着事实原因链再往前进行。就碰撞致油污案件来说，造成环境污染的是漏油本身，那么应该秉持"谁漏油，谁负责"的规则。对于漏油这种行为进行法律的否定性评价，区分碰撞和漏油两个侵权法律关系，在漏油致污赔偿问题解决后，可能存在漏油赔偿责任人将此种损害赔偿损失作为碰撞造成的损失之一，依据碰撞责任比例关系向对方追偿的法律关系，这种方式也符合 1992 CLC 确定的油污损害赔偿原理。根据《CMI 油污损害指南》第 5 条、第 6 条规定，损失必须是油污染本身所引起的，仅证明在

---

① 关于船舶油污案件赔偿请求权的架构分析参见曲涛：《船舶碰撞致油污损害赔偿请求权的选择及分析》，载《人民司法》2013 年第 15 期。

② 2023 年修正的《海洋环境保护法》第 90 条第 1 款规定："造成海洋环境污染损害的责任者，应当排除危害，并赔偿损失；完全由于第三者的故意或者过失，造成海洋环境污染损害的，由第三者排除危害，并承担赔偿责任。"

③ 参见司玉琢：《海商法专论》（第 3 版），中国人民大学出版社 2015 年版，第 366－367 页。

损失与引起油类从船舶溢出或排放的事故之间存在因果关系是不够的。这种规定也是旨在区分碰撞与油污两种法律因果关系。我国《侵权责任法》第 65 条①使用了“污染者”一词，也表明立法者对此种思路的认可。② 由于油污受害方对油污损害承担的举证责任较轻，其通常会选择油污法律关系行使请求权。③

海上侵权基本责任分担形态包括按份责任和非按份责任，但现有国内海上相关立法仅规定了连带责任、不真正连带责任和按份责任（比例责任），没有规定补充责任。除此之外，海上侵权领域还包括一种特殊的侵权责任分担形态，即平均分担。海上侵权案件中决定适用何种侵权责任分担形态的因素是受损权益和造成损失的原因，而非侵权行为形态，这是与现有侵权责任分担理论研究成果的显著区别之一。

第三节　海上侵权赔偿总额限定规则

侵权损害完全赔偿是各国侵权责任法的常态，“弥补受害人所受损害，恢复损害发生前之原状”是侵权损害赔偿的基本出发点。但是在海上侵权案件中，这种常态时常被打破，取而代之的是不完全损害赔偿。这种赔偿方式实质上是对侵权损害赔偿总额进行了限定。不完全损害赔偿理念体现为广泛存在于海上各种侵权案件中的责任限制制度，如单位赔偿责任限制制度、海事赔偿责任限制制度，以及《海商法》之外的法律规定的油污、核污染责任限制制度等。在这之中，海事赔偿责任限制制度是最为广泛的类型，笔者主要以此为论述对象。

---

① 《侵权责任法》第 65 条规定：“因污染环境造成损害的，污染者应当承担侵权责任。”

② 《民法典》第 1229 条规定：“因污染环境、破坏生态造成他人损害的，侵权人应当承担侵权责任。”该条适用了“侵权人”的表述。

③ 参见司玉琢：《海商法专论》（第 3 版），中国人民大学出版社 2015 年版，第 369 页。

由于海上风险的存在，船舶所有人需要一种制度来确保自己投资的最大亏损率。尽管船舶所有人对于船舶拥有所有权，但是船舶往往由船长、船员或其他人实际占有和操作，这种所有权和占有的分离将船舶所有人置于极为不利的法律状态。为了给船舶所有人一定的保障，海事赔偿责任限制制度应运而生。海事赔偿责任限制制度[①]指海商领域为特定债务人在某类或某些债务的赔偿总额上设定了上限的法律制度。在海事赔偿责任限制存在的情况下，无论实际损失多少，责任人将在法律规定的限额内承担责任。海商法的公平也在责任限制制度发挥作用的过程中体现出来，通过限制责任的最高额实现航运主体风险可控的效果。责任限制的立法目标从最初的限定责任人赔偿总额的使命发展至今，在提高经济效率、促进航运贸易发展和构建风险分摊体系等方面扮演越来越重要的角色。[②] 无论是英国、美国和新加坡等普通法系国家，还是法国等大陆法系国家，抑或国际公约，海事赔偿责任限制的总体理念是相同的，即从整体上将可能无限大责任的风险，利用法律变成有限、可预见的商业风险。

一、海上不完全赔偿惯例的形成

人们普遍认为，从事海上运输的船舶所有人比陆地承运人面临更大的经济风险和事故责任，因为船舶所有人必须将船舶交给他的雇员，无论在挑选雇员时多么谨慎，雇员仍有可能因一时疏忽引发事故。[③] 因此，海事赔偿责任限制通过限制投资者的责任来促进人们对航运事业的投资，[④] 表现在侵权损害赔偿领域即不完全赔偿。海事赔偿责任限制制度有着悠久的历史，该制

---

① 关于该制度在欧洲大陆、英美国家的早期立法和国际公约的情况参见邬先江：《海事赔偿责任限制制度研究》，大连海事大学 2010 年博士学位论文，第 8 – 14 页。海事赔偿责任限制制度的具体内容参见司玉琢：《海商法专论》，中国人民大学出版社 2007 年版，第 521 – 522 页。

② 参见陈小曼：《海事赔偿责任限制制度研究》，西南政法大学 2012 年博士学位论文，第 1 页。

③ See Poor, *A Shipowner's Right to Limit in Cases of Personal Contracts*, 31 Yale L. J. 505 (1922).

④ See Norwich & N. Y. Transp. Co. v. Wright, 80 U. S. (13 Wall.) 104, 121 (1871) (Bradley, J.).

度以鼓励航运业的国家海事政策为宗旨，体现了公平原则，是罗马法中特有产制度和损害投偿制度的继承和发展。纵观海事赔偿责任限制法律制度的发展过程，其经历了明显的三个阶段：商人之间按照业务习惯进行责任限制的习惯法阶段；由国家立法机构承认成为成文法阶段；逐渐完善并得到更广泛的国际认可的现代法阶段，这一阶段国际公约的签订为协调和统一各国立法作出了重要贡献。

目前学界对于船舶所有人责任限制概念的出现没有定论，[①] 霍姆斯大法官将所有人责任限制的理念追溯至早期罗马法律原则“损害投偿”（noxae deditio），[②] 在那一时期，如果氏族或家族内的成员对他人作出损害行为产生了损害后果，家父便把加害人交与对方，并作出赔偿，以求得到受害人及其氏族的原谅，避免同态复仇的出现。《十二铜表法》规定，如果动物造成损害，要么交出动物要么赔偿损失。[③] 英国爱德华三世时期一位法官曾说：“如果我的狗杀死了你的羊……我把狗交给你，你就没有向我要求赔偿的权利了。”这句话被霍姆斯大法官引用，他认为与船舶所有人的责任限制理念是一样的，即“如果你将造成损害的船舶交付出来，你就解脱责任了”[④]。但是这个观点并没有得到广泛的认可。有学者认为，商法中有限责任的理念可以

---

① See The Main v. Williams, 152 U. S. 122, 126 (1894); Purdy, *The Recent Amendment to the Maritime Limitation of Liability Statutes*, 5 Brooklyn L. Rev. 42 (1935); Putnam, *The Limited Liability of Shipowners for Master's Faults*, 17 Am. L. Rev. 1 (1883) . J. Hannen & W. Pritchard, Pritchards' *Digest of Admiralty and Maritime Law* 302 – 03 (3rd ed. 1877); Poor, *A Shipowner's Right to Limit in Cases of Personal Contracts*, 31 Yale L. J. 505 (1922); Sprague, *Limitation of Ship Owners' Liability*, 12 N. Y. U. L. Q. Rev. 568 (1935).

② 也有学者称为委付诉。根据533年查士丁尼《法学阶梯》(The Institutes of Justinian) 的记载，家子、奴隶或牲畜对他人人身或财产造成损害的责任是准私犯。在受害人的要求下，由其家长或所有人投交受害人，并以此作为赔偿而免除责任。See Bork K. et al, *The Legal Regulation of Floats and Gliders—In Quest of a New Regime*, 3 Ocean Development & International Law 298 (2008). 转引自吴煦、韩立新：《内河航运赔偿责任限制的产生、发展和构建》，载《中国海商法研究》2012年第1期。关于所有人责任限制理念的论述参见 O. Holmes, *The Common Law* 27 (M. Howe ed. 1963)。

③ See O. Holmes, *The Common Law* 27 (M. Howe ed. 1963): 10.

④ Liverpool, Brazil & River Plate Steam Navig. Co. v. Brooklyn E. Dist. Terminal, 251 U. S. 48, 53 (1919).

追溯至 12 世纪以前的“康孟达契约”（contrat de commande）。[①] 海上贸易是最早使用康孟达契约的领域，欧洲航海业务较为发达的国家在与世界范围内的国家进行贸易之时将此种理念带到了各地区、各行业，并逐渐发展和完善起来。[②] 船舶所有人的有限责任最早发展于意大利，后来扩展到西班牙和法国。[③]

最早的关于船舶所有人有限责任的现存证据是《阿玛斐表》。[④] 16、17 世纪几乎大部分海事国家都采纳了船舶所有人有限责任的理念。[⑤] 格劳秀斯在 1625 年就讨论了这个原则，当时该原则已经被纳入荷兰法有一段时间了，他认为该原则不仅对促进海事贸易有利，而且也符合自然正义的追求。[⑥] 1614 年和 1644 年德国的《汉撒敕令》（The Hanseatic Ordinance）规定船舶所有人的责任以船舶价值为限，船舶的拍卖价款是所有索赔额的上限。1603 年《汉堡律令》（Statutes of Hamburg）和 1667 年《瑞典查尔斯二世海事法典》（Maritime Codes of Charles Ⅱ of Sweden）规定，除非船舶所有人另有约定，船舶所有人将船舶交付债权人，即使债权未得以全部清偿，船舶所有人的其他个人财产也无须再对此承担责任。一份荷兰 1698 年的官方文献中规

---

① 根据“康孟达契约”，一方合伙人（出资人，通常被称为 Stans）将商品、金钱等财产交给另一方合伙人（显名合伙人，通常被称为 Tractor）经营，双方合伙人在契约中约定利润的分配方式与比例。在“康孟达契约”中，出资的一方合伙人以其出资为限承担风险责任，从事航行并负责经营的显名合伙人一方则对外承担经营的无限责任。参见［美］詹姆斯·W. 汤普逊：《中世纪晚期欧洲经济社会史》，徐家玲等译，商务印书馆 1992 年版，第 602 页。James J. Donovan, *Admiralty Law Institute*: *Symposium on Limitation of Liability*: *The Origins and Development of Limitation of Shipowners' Liability*, 53 Tul. L. Rev. 999（1979）. *Limitation of the Liability of Shipowners*, 35 Colum. L. Rev. 246, 247 n. 1（1935）.

② 参见雷金牛：《论公司中隐名投资的法律规制》，对外经济贸易大学 2014 年博士学位论文，第 40 页。

③ See The Rebecca, 20 F. Cas. 373, 378（D. Me. 1831）（No. 11, 619）. 转引自 James J. Donovan, *Admiralty Law Institute*: *Symposium on Limitation of Liability*: *The Origins and Development of Limitation of Shipowners' Liability*, 53 Tul. L. Rev. 999（1979）。

④ See Sprague, *Limitation of Ship Owners' Liability*, 12 N. Y. U. L. Q. Rev. 568（1935）.

⑤ See The Main v. Williams, 152 U. S. 122, 126（1894）.

⑥ See 4 R. Marsden, *The Law of Collisions at Sea* 129（11th ed., 1961）. Norwich & N. Y. Transp. Co. v. Wright, 80 U. S.（13 Wall.）104, 116（1871）.

定，碰撞中的船舶所有人交付船舶将卸除所有责任。[1] 1721 年鹿特丹颁布的一份法令规定："船舶所有人不为船长没有命令从事的行为负责，船舶所有人的责任以船舶所有人在船舶上的利益为限。"[2] 1681 年《法国路易十四海事条例》（The Marine Ordinance of Louis XIV）中规定，船舶所有人需要对船长的行为负责，但是以船舶和货物的价值为限。1681 年该条例迅速成为各海事国家的通用法律规则，体现之一就是该条例几乎被完整地收入 1807 年《法国商法典》。[3] 该海事规则迅速成为许多欧洲国家和拉美国家遵循的法律规则。虽然英国和美国都没有采纳这个条例，但是该条例的规则和理念成为英国、美国一般海商法（General Maritime Law）原则的出发点。后世发展过程中，德国法律体系建立在船舶所有人对于船长和船员的行为没有个人责任的基础上，因此，只要船舶所有人将船舶和运费交给索赔方，船舶所有人就解除了责任。在法国和英国法律体系下，船舶所有人是有个人责任的，但是依据法国法，一旦船舶所有人将船舶和运费交付受托人，船舶所有人的责任就解除了；而英国法下，船舶所有人可以将船舶同等价值和运费交给法院，不用交付船舶本身。[4]

二、海上责任限制法律体系的发展

现代责任限制法律体系的发展受到英美法的影响较多。英国海商法的源头是《奥列隆海法》（Rôles of Oléron），[5]《奥列隆海法》没有规定船舶所有人责任限制的问题。在《法国路易十四海事条例》颁布后的 50 多年，英国海上贸易投资者由于还一直延续普通法原则公共承运人的保险人责任和雇主责任而承担较重的负担。1733 年，一批金条在葡萄牙装船后，被船长偷走，

---

① See Putnam, *The Limited Liability of Shipowners for Master's Faults*, 17 Am. L. Rev. 1 (1883).

② D. Maclachlan, *A Treatise on the Law of Merchant Shipping* 91 (7th ed. G. Pilcher & O. Bateson 1932): 26.

③ See G. Gilmore & C. Black, *The Law of Admiralty* 3 - 5 (2nd ed. 1975): 8.

④ See Sprague, *Limitation of Ship Owners' Liability*, 12 N. Y. U. L. Rev. 576 (1935).

⑤ See The Main v. Williams, 152 U. S. 122, 126 (1894).

英国船舶所有人被认定需要对货主的全部损失承担个人责任。[①] 船舶所有人向英国国会要求，免除其由于船长盗用金条而自己需要承担的责任。船舶所有人同时指出，除非法律有所改变，否则船舶所有人将面临灾难性的风险责任，航运业将会受到影响。英国国会因此通过了 1734 年《英国船东责任法》,[②] 在没有船舶所有人私谋或明知的情形下，船长或船员的行为造成货物灭失或损害，船舶所有人的责任以船舶、设备价值和本航次的运费为限。[③] 英国国会之所以通过这样的法律，其考虑的因素之一是其他大陆法系国家为了鼓励航运业的发展已经有了相似的规定，还有一个考虑的因素是为了增加航运业的投资，扩大船队规模。尽管该法律的颁布解除了一部分船舶所有人的责任，但是英国法下的船舶所有人并不像欧洲大陆的船舶所有人一样幸运。因为英国法下，船舶价值是以事故前的即时价值计算，而不是像欧洲大陆一样是事故后的残值计算。正如某评述说的："根据当时的英国法律，船舶所有人最大化利益的方式是将破旧的船送去大海，而不是通过维修增加船舶的价值。"[④] 1784 年，英国船舶所有人被起诉，其被要求承担船舶在泰晤士河时被抢劫的铸币的价值。尽管船舶所有人有责任限制，但是曼斯菲尔德法官关于抢劫是否属于责任限制法律里规定的盗窃存有疑问，这致使相关利益方再次请求英国国会扩大责任限制法律的保护范围。[⑤] 1786 年，该责任限制法律里增加了船舶所有人在被"抢劫"时的责任限制规定。同时，该法律还规定船舶所有人对于船上火灾引发的货物灭失损坏不负责任。[⑥] 该法律同时免除了运输"金、银、钻石、手表、珠宝或宝石"灭失损坏的责任，除非提单中明确写明了该特定货物的"属性、质量和价值"。[⑦] 1813 年，

---

① See Boucher v. Lawson, (1734) Cas. temp. Hardw. 85.

② See 7 Geo. 2, c. 15 (1734).

③ See The Main v. Williams, 152 U. S. 122, 127 (1894).

④ Putnam, *The Limited Liability of Shipowners for Master's Faults*, 17 Am. L. Rev. 1 (1883).

⑤ See D. Maclachlan, *A Treatise on the Law of Merchant Shipping* 91 (7th ed. G. Pilcher& O. Bateson 1932).

⑥ See 26 Geo. 3, c. 86, § 2 (1786).

⑦ See 26 Geo. 3, c. 86, § 3 (1786).

英国另外一个关于船舶所有人责任的法案通过。[①] 该法案规定了由于过失造成损害的船舶所有人的责任限制，特别规定了碰撞情形中船舶所有人的责任限制。

在英国1813年法律通过不久后，船舶所有人责任限制的法律规定出现在了美国，1819年的马萨诸塞州[②]和1821年的缅因州法律都是典型代表。[③] 奇怪的是，马萨诸塞州法律效仿了1734年《英国船东责任法》而不是英国1813年的法律。马萨诸塞州法律规定，责任限制中船舶的价值以"装运时船舶价值"为准，[④] 也就是事故前价值。如英国法一样，只有"没有船舶所有人的私谋和明知"造成的损害或损失才受到责任限制。缅因州法律和马萨诸塞州法律类似。1835年马萨诸塞州法律修订，删掉了"装运时"的规定，试图学习欧洲大陆法律，使船舶所有人在放弃了船舶后，卸除其他一切责任。1840年缅因州法律也作出了类似修订。为了促进美国海上商业运输的发展，美国于1851年颁布了《美国责任限制法》。[⑤] 该法案是追随英国的脚步，旨在为美国船舶所有人提供和其他国家运输业从事者同样有利的环境，[⑥] 同时融合了欧洲大陆国家的法律理念。1851年《美国责任限制法》经过了多次修订，包括1871年、1874年、1875年和1877年的修订，但是上述修订并没有扩大或缩小船舶所有人的责任范围。[⑦] 1884年修订禁止责任限制适用于船舶

① See 53 Geo. 3, c. 159 (1813).

② See 1818 Mass. Acts ch. 122 (1819).

③ See 1821 Me. Acts ch. 14, § § 7 – 10 [最新的版本在 Me. Rev. Stat. Ann. tit. 38, § 161 (1964)].

④ See Pope v. Nickerson, 3 Story 465, 468.

⑤ See Limitation of Liability Act, 46 U. S. C. A. § § 181 – 89. [2006年10月6日修订后为《美国联邦责任限制法案》(The Federal Limitation Act)] 46 U. S. C. S. § 30501 – 30512. 关于该法案的历史和背景介绍参见 3 J. Benedict, Admiralty § § 4 – 7 (7th ed. 1975); Sprague, *Limitation of Shipowners' Liability*, 12 N. Y. U. L. Rev. 568 (1935); *Limitation of Shipowners' Liability—The Brussels Convention of* 1957, 68 Yale L. J. 1676 (1959)。

⑥ See Norwich Co. v. Wright, 80 U. S. 104, 117 – 120 (1871).

⑦ See Act of Feb. 28, 1871, ch. 100, § 69, 16 Stat. 440, 458; Act of Feb. 18, 1875, ch. 80, 18 Stat. 320; Act of Feb. 27, 1877, ch. 69, 19 Stat. 251.

所有人的雇员向船舶所有人提起的对过去工资的索赔。[①] 美国最高法院在1911 年将这条修订认为是要求船舶所有人对于由于其自己的过失、疏忽或者个人合同产生的索赔诉讼，需要完全赔偿的规定。[②] 1935 年和 1936 年美国国会修订《美国责任限制法》,[③] 借鉴了《英国商船运输法案 1862 年修正案》的规定。[④] 美国国会在《美国责任限制法》中要求船舶所有人为人身伤害和死亡诉讼建立最低 60 美元/吨的责任限制基金。[⑤] 该要求只适用于海船，不适用于游艇、运河船和其他类型的船。

尽管船舶所有人可以享受责任限制的这种特权可以追溯至中世纪海法，但是现代海事赔偿责任限制体系的开端始于 1734 年《英国船东责任法》和 1851 年的《美国责任限制法》。[⑥] 为了统一海事赔偿责任限制法律体系的规定，减少择地行诉的差异，国际社会自 19 世纪开始着手制定相关国际公约。例如,《1924 年关于统一海上船舶所有人责任限制若干规则的国际公约》（以下简称《1924 年公约》)、《1957 年船舶所有人责任限制的国际公约》（以下简称《1957 年公约》）和联合国国际海事组织通过的《1976 年海事赔偿责任限制公约》（以下简称《1976 年公约》）等。《1924 年公约》在船舶所有人责任限制方式上并用船价制和金额制,《1957 年公约》采用事故制和金额制。《1976 年公约》较之《1957 年公约》扩大了享受海事赔偿责任限制的主体范围，我国《海商法》第十一章的规定主要参照了该公约的内容。2015 年 6 月 8 日《〈1976 年海事赔偿责任限制公约〉1996 年议定书》2012 年修正案正式

---

① See Act of June 26, 1884, ch. 121, § 18, 23 Stat. 57（1976 年汇编形成 Limitation of Liability Act, 46 U. S. C. § 181 – 89, 2006 年 10 月 6 日修订和重新编号后形成 Limitation of Liability Act, 46 U. S. C. § § 30501 – 30512).

② See Richardson v. Harmon, 222 U. S. 96, 106 (1911).

③ See Act of June 5, 1936, ch. 521, 49 Stat. 1479 [完整文本见于 46 U. S. C. § 183 (1976)].

④ See Merchant Shipping Act Amendment Act, 25 & 26 Vict., c. 63, § 54 (1862). The Main v. Williams, 152 U. S. 122, 127 – 28 (1894).

⑤ See 46 U. S. C. § 183 (b), (c) (1976).

⑥ See The Maritime Law Association of the United States. Report on the History and Present Status of the Domestic and Foreign Laws Concerning Limitation of Shipowners' Liability, Doc. No. 196, at 2015 – 16 (Jan. 30, 1935).

生效，该修正案提高了部分船舶的责任限额。至此，世界范围内形成了以国际公约为主，各国海事赔偿责任限制法律制度并存的法律体系，海上责任限制法律体系也随着海事赔偿责任限制制度的完善而发展。

三、海上侵权赔偿总额限定规则的提出

海事赔偿责任限制能够在责任总额上进行限定，这有利于吸引潜在投资人进入航运业，各国政策也较为支持此种做法。美国最高法院法官在 Main v. Williams 案中认为，有效限制船舶所有人的航运风险是责任限制理念的本质目标。尽管对于海事赔偿责任限制在当今技术如此发达的社会背景下是否仍有必要存在有争论，但是海事赔偿责任限制将在未来一定时间内依然存在于海上侵权法律中是不可争的事实。海事赔偿责任限制是海上与陆地法律制度最大的区别之一。这种区别将会从实体和程序上影响当事人的权利和义务，尤其是侵权损害赔偿问题。第一，概括而言，由于海事赔偿责任限制普遍存在于海上侵权案件的当事人中，责任存在上限和不足额赔偿将是海上侵权损害赔偿案件责任的常态。第二，我国最高人民法院［2002］民四他字第 38 号复函①将海事赔偿责任限制认定为抗辩权，抗辩权的存在需要以相关请求权的存在为前提，不能独立出现。这种抗辩权依据当事人在不同阶段的主张将有可能影响案件管辖权的确立，区别于一般侵权案件的管辖。第三，与海事赔偿责任限制相连的是海事赔偿责任限制基金，二者并不必然同时存在于一个案件中。海事赔偿责任限制基金作为债权的担保，能够保证债权人获得赔偿，也使债务人的其他财产免于被扣押的风险。海事赔偿责任限制基金建立的程序和分配规则，将会从根本上影响债权人之间的利益，甚至改变其在判决中的相对地位。

海事赔偿责任限制的主要作用是从整体上限缩责任人的责任，这其中也包括侵权损害赔偿责任。海事赔偿责任限制将会在侵权损害赔偿责任分担的

① 该复函中规定：“海事赔偿责任限制属于当事人的抗辩权，申请限制海事赔偿责任，应当以海事请求人在诉讼中向责任人提出的海事请求为前提，不能构成独立的诉讼请求。”

两个阶段产生作用。在首次责任分配阶段，通过总额限定，将责任人的侵权责任额限定在一定范围内。同时，海事赔偿责任限制的适用可能在实际赔偿中打破首次责任分配规则确立的责任份额，体现的是总额可预计。在最终承担阶段，海事赔偿责任限制有可能二次发挥作用，主要是责任限制优先适用规则。也就是在侵权责任分担形态确定后，责任人之间进行责任的转移和承担的过程中，如果海事赔偿责任限制发挥作用，责任人之间的责任份额不一定等于首次责任分配确立的责任份额比例。承担了先付责任的责任人有可能将会承担海事赔偿责任限制作用下增加的风险责任。

需要说明的是，并非所有侵权债权都适用总额限定原理，这是由现有海事赔偿责任限制的规则决定的。依据现行国际公约和各国海商法，并非所有侵权债权都是限制性债权。这取决于适用的法律、被诉当事人的身份和具体案件事实（如船舶所有人是否有私谋等）。以适用我国《海商法》为例，我国《海商法》第207条确定了限制债权的范围，明确侵权之债属于限制性债权的一种，但是根据《海商法》第208条的规定，一部分油污、核能损害等不在《海商法》第207条的限制性债权范围内。尽管上述两条结合将部分油污、核能损害等排除在《海商法》的海事赔偿责任限制之外，但是根据现有国际公约和我国国内法的规定，未在《海商法》海事赔偿责任限制债权内的油污损害的责任人依然享有某种形式的责任限制。[①] 从这个角度说，侵权损害赔偿之债权中只有一部分是限制性债权，而限制性债权中也仅有一部分为侵权损害赔偿之债，对二者更为贴切的表达应是交集关系。尽管现有法律规定二者为交集关系，但是笔者认为未来立法二者将会在更大程度上产生重合。将海上侵权损害赔偿之债权限定在一定范围内，符合海上法律的立法精神和国际国内政策选择。本规则的调整对象就是目前的这部分交集内容，即所有属于侵权损害赔偿债权又属于限制性债权的情形。该部分集合中的元素占据了侵权损害赔偿债权类型的大部分，因此可以说，能够主张海事赔偿责任限

① 如《1969年国际油污损害民事责任公约》第5条、《2001燃油公约》第6条、《船舶油污损害司法解释》第2条等。

制是海上侵权损害赔偿案件的常态。适用了海事赔偿责任限制的案件，将侵权责任总额进行了限定。[①]

在海上侵权案件中，并非所有侵权责任人都可以主张海事赔偿责任限制，这是由于海事赔偿责任限制主体的限制。例如，《海商法》主要通过 3 条法律条文限定了适用主体的范围，即依据《海商法》第 204 条至第 206 条，可以主张海事赔偿责任限制的主体包括船舶所有人、救助人、船舶承租人、船舶经营人，对其行为、过失负责的人员（主要指雇员、代理人等），以及责任保险人。当侵权责任人为上述主体时，其才有可能有权利主张总额限定。侵权案件中，适用了总额限定的侵权责任总额以海事赔偿责任限额为限。海事赔偿责任限额的确定包括吨位制、船价制等。[②] 我国《海商法》采用的是吨位制，主要体现在《海商法》第 210 条和第 211 条。这意味着在我国，如果侵权责任人与涉事船舶没有所有、管理、占有和救助等特定关系，将很难适用海事赔偿责任限制的规定。

---

① 如果侵权责任人为多个享受海事赔偿责任限制的主体，哪一个或哪些责任主体的海事赔偿限制将会起作用，取决于原告的诉讼情况。但是海事赔偿责任限制从责任人的角度限制原告和其他人对其索赔的总额。

② 对于海事赔偿责任限制的确定方式的详细介绍参见邬先江：《海事赔偿责任限制制度研究》，大连海事大学 2010 年博士学位论文，第 125 – 129 页。

第四章 海上侵权责任最终承担法律规则

侵权责任最终承担法律规则是经过首次责任分配，在被侵权人与侵权人之间确定了侵权损害赔偿的范围和侵权人承担责任的方式后，解决侵权人之间责任归属和转移的法律规范集合体。从体系角度解释，侵权责任最终承担法律规则是侵权责任分担法律规则的最后一个阶段，由一般规则及特殊规则组成。一般规则即内部转移形式对应规则，该规则具有普适性，适用于所有承担非按份责任的侵权案件类型，将经过首次责任分配阶段确立的侵权责任分担形态与侵权人内部之间的责任转嫁关系联系起来。[①] 特殊规则包括海上侵权风险责任再分配规则和责任限制优先适用规则等。特殊规则仅存在于特定类型的案件中，如海上侵权风险责任再分配规则仅存在于承担非按份责任的案件中，且仅当分摊不能的情形发生时才会适用。责任限制优先适用规则存在于同时适用侵权责任分担形态与海事赔偿责任限制的案件中，以连带责任与海事赔偿责任限制共同存在的案件居多。需要说明的是，海上侵权致害人不明案件相对于致害人明确的案件属于特殊案件类型，由于其归责类型和首次责任分担规则区别于一般案件，在首次责任分配阶段放在特殊规则框架下进行讨论，但在最终承担阶段，其侵权责任分担形态与内部转移形式对应规律与一般案件无异，因此在最终承担阶段笔者不再将其纳入补充规则进行讨论。上述概念如表 7 所示。

---

① 参见王竹：《侵权责任分担论——侵权损害赔偿责任数人分担的一般理论》，中国人民大学出版社 2009 年版，第 200 - 228 页。

表 7　海上侵权责任最终承担规则

分类	内容
一般规则	内部转移形式对应规则
特殊规则	海上侵权风险责任再分配规则 责任限制优先适用规则

在首次责任分配阶段，侵权责任分担形态包括按份责任和非按份责任。非按份责任主要指连带责任、不真正连带责任和补充责任。在一些特定海事案件中，还存在平均承担这种特殊责任的分担形态。侵权责任平均分担这种侵权责任承担形式经过首次分配阶段确定责任数额和承担方式后即为责任的终局状态，因此最终承担规则主要针对的是按份责任、连带责任、不真正连带责任和补充责任。

第一节　内部转移形式对应规则

在首次分配阶段确定了责任份额比例和责任人承担责任的形式后，最终承担阶段需要解决多个责任人之间责任转移和实现的问题。承担这一功能的手段是分摊和追偿请求权。传统大陆法系立法和学说均未明确区分二者，仅笼统称为追偿权。① 普通法系下，分摊（contribution）和追偿（indemnity）是两个不同的概念，但是二者常用于解决数个责任人内部责任份额或者最终责任承担问题。近年来我国学者意识到了二者的区别，并对此做了一定研究，将分摊和追偿两种请求权分别与连带责任和补充责任等责任分担形态进行了对应，在区别两种请求权的同时，也从内部责任承担方式的角度厘清了真正连带责任与其他几种责任分担形态的差异。② 上述观点充分揭示了分摊和追

① 参见王竹：《论连带责任分摊请求权——兼论不具有分摊能力连带责任人份额的再分配方案》，载《法律科学》2010 年第 3 期。

② 王竹认为，分摊请求权是与真正连带责任相对应的制度，指在连带责任人内部，承担超过自己最终责任份额而使其他连带责任人部分或者全部免责的责任人，向其他连带责任人请求分摊相应份额责任的民事请求权。追偿请求权则是与不真正连带或者补充责任相对应的制度，是根据法律规定承担了侵权责任的非最终责任人，向最终责任人请求支付全部损害赔偿金额的权利。参见王竹：《论连带责任分摊请求权——兼论不具有分摊能力连带责任人份额的再分配方案》，载《法律科学》2010 年第 3 期。

偿在侵权责任分担形态对应上的区分，但是界定得过于狭窄。尽管分摊和追偿通常出现在连带责任和补充责任案件中，但这并不意味着上述两项请求权是此两种责任分担形态的专属，分摊和追偿两个理念也适用于其他具有共同责任基础的案件类型中。

在 18 世纪以前，普通法系连带责任人之间没有分摊的权利，除非被侵权人的行为是故意的。这个原则是通过 1799 年英国 Merryweather v. Nixon 案① 确定的。该案中，Merryweather 获得了针对两个共同侵权人的胜诉判决：其中一名侵权人主张要求另外的侵权人进行分摊。Kenyon 勋爵认为除非被侵权人是故意造成损害的，侵权案件中没有适用分摊的先例。后来，该案成为拒绝适用分摊的典型判例。② 直到 1894 年英国认可分摊可以适用于替代责任案件、过失案件、事故，以及其他非故意违反法律的行为。③ 在美国，法院早期在侵权人是故意的案件中禁止分摊，④ 在过失侵权案件中也拒绝适用分摊。⑤ 但是在连带责任人的理念在美国扎根后，法院就不再坚决地禁止适用分摊了，这主要是法官们的理念发生了变化，他们认为在仅凭原告个人选择或者原告与其他责任人串通只要求某一特定责任人来承担所有经济赔偿时，禁止被选定的人要求分摊是不公平的。⑥ 后来，美国各州法律在立法中开始规定分摊的权利，但是一些州的立法将分摊限制在连带责任案件的被告之间。⑦ 其他一些州规定得比较宽泛，赋予了法官自由裁量权。⑧

普通法系对连带责任形式认可后才逐渐接纳了分摊理念，这并非巧合。连带责任形式作为共同责任形式的一种，外部规范调整侵权人和被侵权人之间的关系，内部规范调整侵权人之间的权利义务关系。分摊作为衡平原则，

---

① See Merryweather v. Nixon，101 Eng. Rep. 1337（1799）.

② See Adamson v. Jarvis，130 Eng. Rep. 693（1827）.

③ See Salmond，*Law of Torts* 86（8th ed. 1934）.

④ See Miller v. Fenton，11 Paige（N. Y.）18（1844）.

⑤ See 12 Harv. L. Rev. 176（1899）.

⑥ See Pennsylvania Co. v. West Penn Railways，144 N. E. 51（Ohio 1924）.

⑦ See Buckner v. Foster，105 F. Supp. 279（Mich. 1952）.

⑧ See Callihan Interest，Inc. v. Duffield，385 S. W. 2d 586（Tex. Civ. App. 1965）.

其原理和规则能够更加公平地解决责任人内部的责任关系，并且缓和连带责任“深口袋”的缺陷，尽量减少可责性较小的侵权人承担全部责任的可能。依据分摊原理，连带责任人之间需要依据特定比例承担被侵权人的损失，如果某一责任人由于特定原因向被侵权人承担的责任额超过了自己的比例，可以要求其他责任人分摊；同时，被诉的责任人也有权利要求法庭批准其他连带责任人加入诉讼，共同承担损害赔偿责任。依据追偿原理，在法庭认为只有某一特定当事人才是损失承担的可责主体时，其他支付了赔偿的责任人可以要求该真正的责任人补偿其损失，即责任的完全转嫁。在海上领域，由于存在大量合同追偿形式，单纯地说分摊和追偿适用于连带侵权人之间是不准确的。除此之外，海上追偿理论还是重要的责任转移手段，被转移的责任很可能是侵权人承担的损害赔偿责任。[①] 分摊理论和追偿理论具有各自的产生背景，但是在按过错比例承担损害理念成为普通法系海上侵权法解决责任分担问题的主流方式的背景下，分摊和追偿出现了再度融合的趋势，大多数普通法法院倾向于使用比较过失原则来解决传统上由分摊理论和追偿理论解决的问题。[②]

最终承担阶段的一般规则是内部转移形式对应规则，也即在首次分配阶段确定适用了不同侵权责任分担形态后，该如何与分摊和追偿等内部转移责任请求权对应的过程。《民法典》确定了我国侵权责任分担形态的种类范围，包括按份责任、连带责任和补充责任。目前我国涉海法律中，除了补充责任外，其余几种侵权责任分担形态都存在。如果对于某个案件类型，涉海法律没有针对性规定，依据法理，将会适用《民法典》或其他相关法律的规定。除此之外，我国政府针对涉海领域的事项已经承认和批准了诸多国际公约，

① 参见李莹莹：《连带责任形态对应内部责任分担请求权研究》，载《西部法学评论》2016 年第 2 期。

② 美国普通法下最初适用助成过失（contributory negligence）理论解决原告对损害形成具有可责性的问题，后来发展至比较过失、比较有责性理论。但是海事领域一直拒绝适用助成过失，原告的过错并不阻止索赔，只是将原告可获得的索赔额降低。See Pope & Talbot v. Hawn，346 U. S. 406，409 (1953).

因此，将有可能适用国际公约处理一些案件。

按份责任下，每个侵权责任人以自己的份额（或海事赔偿责任限额）为限向被侵权人承担责任，不涉及责任人之间的责任转移问题。因此，内部转移形式对应规则主要针对的是连带责任（包括不真正连带责任）和补充责任。在这两种责任分担形态下，实现责任转移的手段是分摊和追偿请求权的适用。我国现有立法未区分分摊和追偿请求权，导致司法实践中的混用。尽管最初产生追偿和分摊请求权分化的普通法现在出现了两种请求权融合的趋势，但是这并不意味着追偿和分摊理念可以混用。未来我国立法应该明确区别分摊和追偿两种理念，以对应不同侵权责任分担形态，同时在权利属性的认定、适用范围和限制等方面进行补充和完善。

一、海上侵权分摊和追偿请求权的分离

海上侵权分摊请求权源于英国海事法下可分割损害赔偿原则，也称为半数法则。① 英国及其他多数海运国家于1911年采纳了《统一船舶碰撞某些法律规定的国际公约》，该公约最重要的成果是重新确定了划分侵权人损害赔偿份额的方法，即过失比例决定赔偿份额，英国也自此实质废除了平均分担的做法。美国没有参加该公约，20世纪后半叶美国法院继续采用半数法则。这主要是由美国当时的法律环境造成的，依据当时美国的普通法，被侵权人可以避开连带责任分摊原理的适用，直接要求某个责任人承担全部的赔偿责任。② 与此相比，在海事案件中适用可分割损害赔偿原则更为公平，也是分配正义最好的实现方式。③ 也有观点指出，可分割损害赔偿规则能够长时间存在的原因，可能是法官对于依靠自己能力确定个案中依据每个侵权人的过失正确分配责任的信心不足。

① See Black's Law Dictionary, 906 (5th ed. 1979).

② See The Max Morris v. Curry, 137 U. S. 1 (1890); The Alabama & The Gamecock, 92 U. S. 695, 697 (1876).

③ See The Max Morris v. Curry, 137 U. S. 1, 14 (1890).

经过司法判例的不断验证，船舶碰撞案件成为通常由各方平均承担责任的典型事故。[①] 触碰案件、人身伤害和船舶之外财产损害等案件也适用半数法则。[②] The Atlas 案[③]和 The Hudson 案[④]确立了分摊请求权的基本内容：连带责任下，被侵权人具有选择权，选择任一侵权人承担全部损害赔偿责任；承担了超过自己份额责任的侵权人有权要求其他共同侵权人分摊损害赔偿责任。最终，分摊理论通过美国最高法院对 Cooper Stevedoring Co. v. Fritz Kopke, Inc. 案[⑤]的判决适用于全部海上案件类型。

英美法下，如果法院基于某种原因否定了连带责任人的分摊请求权，此时承担了首次赔付责任的当事人可能并非真正的责任人，但其只能自己面对这种严苛结果。这种情况是法院和当事人都不愿意面对的结果，因此法院在分摊请求权的基础上创设了追偿请求权。法院考虑到可能存在不公平的情形，试图寻找一种方式将责任从具有较少可责性的当事人转移到具有更多可责性的被告身上，追偿请求权就此诞生。[⑥] 因此，追偿请求权就是“极端的分摊形式”，分摊理念最初实质包含了追偿理念，在实践需要的情况下二者从融合的状态分离开来。[⑦] 尽管海商法下并不禁止连带责任人之间适用分摊理论，但是在比较过失得到全面认可之前，经常适用半数法则解决责任人之间的责任份额问题。在一方当事人只具有轻微的过失时，适用半数规则会产生不公平的结果。为了避免适用半数法则进行分摊可能存在的不公平，追偿请求权

---

① 海上分摊请求权的形成背景参见李莹莹：《连带责任形态对应内部责任分担请求权研究》，载《西部法学评论》2016 年第 2 期；United States v. Reliable Transfer Co., 421 U. S. 397, 401 n. 3 (1975)。

② See Atlee v. The Northwestern Union Packet Co., 88 U. S. (21 Eall.) 389, 395 (1975)（触碰案件）；The Max Morris v. Curry, 137 U. S. 1 (1890)（人身伤害赔偿）；The Atlas, 93 U. S. 302 (1876)（货损索赔）；The Alabama & The Gamecock, 92 U. S. 695 (1876). Staring, *Meting Out Misfortune: How the Courts Are Allotting the Costs of Maritime Injury in the Eighties*, 45 La. L. Rev. 907 (1985).

③ See The Atlas, 93 U. S. 302, 309 (1876).

④ See 15 F. 162 (S. D. N. Y. 1883).

⑤ See 417 U. S. 106 (1974).

⑥ See Coats v. Penrod Drilling Corp., 61 F. 3d 1113, 1124 - 1139, 1996 AMC 1 (5th Cir. 1995).

⑦ See Slattery v. Marra Bros., 186 F. 2d 134, 138 (2nd Cir.), 340 U. S. 865 (1951).

应运而生。

追偿的表现形式包括两种：合同追偿和法定追偿。合同追偿既可以是明示的，也可以是默示的。一种合同追偿的类型是存在保证的情形，笔者遵从惯例称为瑞恩合同追偿（Ryan indemnity），它的出现和发展其实是船舶所有人寻求保护自己利益的结果。Halcyon Lines v. Haenn Ship Ceiling & Refitting Corp. 案①（以下简称 Halcyon 案）中船舶所有人首次尝试将港口工人的损失赔偿责任转嫁给雇主。美国最高法院在该案的判决中没有支持船舶所有人向码头工人（雇主）提出的分摊请求，即非碰撞案件不适用分摊规则。船舶所有人没有放弃继续寻求保护的努力，Ryan Stevedoring Co. v. Pan – Atlantic Steamship Corp. 案②（以下简称 Ryan 案）即实现了此目的。美国最高法院在 Ryan 案里虽然依据《美国码头和港口工人赔偿法案》（Longshore and Harbor Worker's Compensation Act，LHWCA）否定了船舶所有人以侵权为由要求码头工人分摊的权利，但是却允许船舶所有人以码头工人违反向船舶提供服务合同的默示熟练技巧的保证（warranty of workmanlike performance）为由向其追偿，自此案追偿规则诞生。美国最高法院认为，Seas Shipping Co. v. Sieracki 案③赋予了港口工人以不适航为由向船舶所有人要求赔偿的权利。但是如果雇佣工人的过错是引发船舶不适航状态的原因，此种过错实质是违反了熟练技巧保证。据此，尽管船舶所有人由于 Halcyon 案的存在，失去了分摊请求权，但是其可以以违反保证为由向雇佣工人追偿。瑞恩合同追偿经过判例发展，可以适用于多种类型案件中，如服务合同当事人为非码头工人和船舶所有人的情况、其他服务人员（非码头工人）的熟练技巧的保证、码头工人没有过错等，同时也适用于船舶维修合同、发动机维修合同、货物

---

① See Halcyon Lines v. Haenn Ship Ceiling & Refitting Corp.，342 U. S. 282（1952）.

② See Ryan Stevedoring Co. v. Pan – Atlantic Steamship Corp.，350 U. S. 124（1956）.

③ See 328 U. S. 85（1946）. 该案中，法官将不适航的原则扩展适用于任何在船上工作的人，只要其工作传统上是由船员完成的。该案赋予了提供货物操作服务的港口工人以船员的身份，允许原告针对船舶提起不适航之诉，Sieracki 船员（Sieracki seaman）原则自此诞生。

灭失损坏、拖航服务合同、船舶涂装合同、船舶清洗、引航服务等情形。①

另一种合同追偿是合同当事人预先协商在特定情形下哪一方承担损失的风险的方式，是转移风险的手段，笔者称为协议合同追偿（contractual indemnity）。② 瑞恩合同追偿仅适用于船舶所有人和为船舶提供服务的相关主体间，且法律或判例要求只有服务人员对于船舶所有人有默示的保证时，才有可能适用此类合同追偿形式。但协议合同追偿的适用范围较广，没有特定主体的要求，当事人可依据意思自治的方式自行约定，只要当事人间的约定满足一定条件，就有可能被认定为有效的追偿协议。美国最高法院通过American Stevedores，Inc. v. Porello 案③承认了协议合同追偿的效力和可执行性，同时提出了具有效力和可执行性的协议合同的两个前提：第一，合同双方当事人具有选择缔约内容的权利自由；第二，遵守每个人需要为自身的过错行为负责的基本原则。从逻辑上分析，协议合同追偿效力的认可一定违反上述第二个原则，因为一般追偿合同约定的都是追偿人可以将其承担的因自己过失造成的责任向被追偿人索赔。但是协议合同追偿的效力却被司法实践认可了，除了拖航服务合同。在 Bisso v. Inland Waterways Corp. 案④（以下简称 Bisso 案）中，美国最高法院明确否定了支持拖船所有人的追偿条款的效力，同时认为具有过错的侵权人应该自己承担责任。这种否定拖船服务合同中追偿条款效力的做法也是为了保护急需拖船服务但是处于劣势谈判地位的主体。需要说明的是，如果追偿条款支持的是被拖船船舶所有人，则该条

① 上述判例参见 Weyerhaeuser Steamship v. Nacirema Operating Co.，355 U. S. 563（1958）；Italia Societa per Azioni di Navigazione v. Oregon Stevedoring Co.，376 U. S. 315（1964）；Crumady v. The Joachim Hendrikfisser，358 U. S. 423（1959）；Oglebay Norton Co. v. CSX Corp.，788 F. 2d 361，1987 AMC 71（6th Cir.），479 U. S. 849（1986）；Lusich v. Bloomfield S. S. Co.，355 F. 2d 770（5th Cir. 1966）；Parfait v. Jahncke Serv.，Inc.，484 F. 2d 296（5th Cir. 1973），415 U. S. 957（1974）；Gorman，*Ryan Indemnity in Maritime Property Damages Cases：What of Proportionate Fault*?，8 Dalt. L. Rev. 42，47（1978）。

② 关于追偿条款具体如何转移风险，参见 Daniel B. Shilliday，Walter R. Mayer，John J. Michael，Andrew P. Slania，*Contractual Risk – Shifting in Offshore Energy Operations*，81 Tul. L. Rev. 1579。

③ See American Stevedores，Inc. v. Porello，330 U. S. 446（1947）.

④ See 349 U. S. at 91 –92，1955 AMC at 905.

款是否有效 Bisso 案件没有给出明确答案。

除了上述两种合同追偿外，还存在法定追偿。当法官没有支持连带侵权人要求分摊的请求时，考虑到公平因素，全部损失赔偿应该由此侵权人转嫁给彼侵权人，法官创设了法定追偿的权利来实现此种效果。法定追偿请求权主要有四种情形：最后机会原则（last clear chance rule）、主动被动过错法则（active – passive negligence rule）、极端危险规则（in extremis rule）和主要次要过失法则（major – minor fault rule）。上述四种情形都是处理在某种特定情形下，侵权责任如何在当事人之间分担和转移的规则。除了上述情形外，在当事人之间存在特定关系时，法院也允许适用追偿请求权，船长—雇员之间的替代责任（vicarious liability）即是此种情形。

二、海上侵权分摊和追偿请求权的融合

瑞恩合同追偿理论随着判例发展应用于越来越多的合同类型中，这引起了码头工人的不满。码头工人通过多种形式将因追偿承担的负担转移给其他合作当事人。为了解决此困境，促进海事服务行业的有序发展，美国国会利用 1972 年 LHWCA 修正案否定了瑞恩合同追偿。但是也有部分法院的判例认为，1972 年 LHWCA 修正案并没有明确否定瑞恩合同追偿的有效性。这方面的重要判例包括 Agrico Chemical Co. v. M/V Ben W. Martin①、Bosner，S. A. de C. V. v. Tug L. A. Barrios② 和 Cormier v. Oceanic Contractors，Inc. 案③等。

从本质上说，追偿是基于适用半数法则进行分摊可能产生的不公而产生的，在分摊规则由半数法则过渡到比较过失阶段，追偿已无继续存在的必要，其和分摊出现了再度融合的趋势。在 United States v. Reliable Transfer Co. 案④中，美国最高法院没有适用半数法则，而适用了比较过失原则。这意味着，

① See Agrico Chemical Co. v. M/V Ben W. Martin，664 F. 2d 85（5th Cir. Dec. 1981）.

② See Bosner，S. A. de C. V. v. Tug L. A. Barrios，796 F. 2d 776（5th Cir. 1986）.

③ See Cormier v. Oceanic Contractors，Inc.，696 F. 2d 1112（5th Cir.）.

④ See United States v. Reliable Transfer Co.，421 U. S. 397（1975）.

追偿存在的基础即以半数法则为途径的分摊已经不存在了。主要次要过失原则、主动被动过错原则等追偿规则在司法实践中渐渐失去了法官的青睐。①适用比较过失进行分摊成为海商法下长时间存在的分配风险的原则，此种分摊方式适用于所有海事案件。在分摊请求权适用半数法则时，追偿请求权从分摊理念中被分离出来，形成了诸多追偿形式和规则。在分摊请求权适用比较过失后，追偿也逐渐退出历史舞台。但无论合理的或不合理的，根据事物发展规律，实践的变化是缓慢的过程，即追偿和分摊请求权和规则仍将在一定时间内同时存在。需要明确的是分摊和追偿本来的面目。适用分摊时，每个侵权人都承担一定的份额责任，而适用追偿时，只有真正的侵权人承担最终责任，其他侵权人承担的全部是风险责任。这是二者在适用上的本质区别。

三、内部转移形式请求权的选择方案

侵权责任最终承担阶段，主要处理责任人内部之间的关系。在确定了侵权责任分担形态的适用后，需要解决侵权责任分担形态如何对应内部转移形式请求权的问题，这需要借助具有丰富经验的美国司法实践举例说明。早在20世纪90年代，美国已经有42个州和华盛顿哥伦比亚特区允许在某些类型的案件中适用分摊。② 同时，至少有21个州采纳了《美国统一侵权责任分摊法案》。③ 尽管司法实践中已经普遍认可分摊和追偿请求权，但是学者对于分摊和追偿请求权的属性存在争议。由于普通法下分摊和追偿请求权的主要规则源于判例，判例代表了各州法院对分摊和追偿属性的不同理解，存在明

① 例如美国第九巡回上诉法院认为主要次要过失原则在比较过失机制中不适用。See Western Pacific Fisheries, Inc. v. SS President Grant, 730 F. 2d 1280 (9th Cir. 1984). 美国第三巡回上诉法院尽管承认主要次要过失原则，但还是适用了比较过失原则解决分摊损害赔偿问题。See M & O Marine, Inc. v. Marquette Co., 730 F. 2d 133 (3rd Cir. 1984). 美国第五巡回上诉法院的罗宾（Rubin）法官认为主动被动过错原则在侵权人之间分配损害赔偿的问题上没有位置，该案的观点成为被广泛引用的拒绝侵权追偿的先例。See Loose v. Offshore Navigation, Inc., 670 F. 2d 493 (5th Cir. 1982).

② See 33 Okla. L. Rev. 203, 269－271 (1980).

③ See 12 U. L. A. 63－107 (1975).

显差异和争议也是不可避免的。进入 21 世纪后，分摊和追偿请求权判例的积累和广泛使用，使各法域的差异性弱化，对二者属性的认定渐渐趋同。对于分摊和追偿请求权属性的分析和认定有助于我国未来立法和司法实践的具体操作，当然由于追偿源于分摊，追偿和分摊的权利属性是相同的，仅在具体适用的程序规则上可能存在差异。

首先，分摊和追偿请求权是独立的实体权利，能够基于独立的诉讼事由被提起。这个观点在产生分摊和追偿理念的普通法系也获得了认可，代表性的观点源于两个重要的判例 Safeway Stores v. City of Raytown 案①和 Sattelberger v. Telep 案②。在 Safeway Stores v. City of Raytown 案中，E 踩在梯子上维修路边的街灯，S 的卡车撞上了梯子，导致 E 死亡。E 的遗孀向 S 索赔成功，S 要求市政府和另外两个当事人分摊赔偿。初审法院驳回了 S 的诉讼请求，认为 S 不能向三名被告单独提起分摊之诉，因为三名被告并不是原来诉讼的当事人。密苏里州高级法院推翻了初审判决，认为 S 可以单独起诉三名被告要求分摊，并不需要提前获得针对三名被告的有责判决。法庭也认为，主动被动侵权理论没有逻辑基础，损害赔偿应该基于过错比例分配。该法庭同时没有理会《密苏里州分摊法案》（Missouri Contribution Statute）③ 的分摊是在“判决的被告”之间的规定，创设了分摊是可以提起独立诉讼的实体权利的规定。1954 年，在 Sattelberger v. Telep 案④中，新泽西州法院也支持分摊是项独立权利的观点，该案中法官认为：分摊权利不以被告已被判决有责任为前提。他们是否有责是本诉讼应该解决的问题。分摊诉讼的原告需要证明自己和被告之间有共同义务的基础，他自己已经支付了超过正常义务范围的赔偿。每个被告也可以针对原告个人提出抗辩。

其次，理论上来说，分摊和追偿的权利属于每个被要求赔偿的侵权人，

① See Safeway Stores v. City of Raytown, 633 S. W. 2d 727 (Mo. 1982).
② See Sattelberger v. Telep, 102 A. 2d 577 (N. J. 1954).
③ See Mo. Rev. Stat. Section 537. 060 (1978), repealed (1983).
④ See 102 A. 2d 577 (N. J. 1954).

而且该项权利的存在不应该基于原告的选择，因为原告任意选择诉讼当事人的原则可能会剥夺某个侵权人分摊的权利。分摊的权利应该存在于原告以某种诉由诉讼的被告和原告因为同样的事实诉讼的另外一个被告之间。当然，作为独立的实体权利，分摊和追偿的诉讼时效开始于上个诉讼判决作出或达成和解后，责任人支付了超过自己份额的赔偿时。因此，分摊和追偿诉讼可能在基础案件的诉讼过去多年后才开始。① 分摊和追偿义务源于对被侵权人的赔偿负担，从理论上分析，分摊和追偿具有权利和义务两个方面的属性。作为请求权，对已支付赔偿的责任人来说，是要求将某种基础的责任在所有责任人之间进行分配或转移的权利，这种请求权的基础源于衡平原则。同时对于其他责任人来说，分摊和追偿也是项义务，各责任人有义务承担自己的责任份额。其他责任人此种分摊的义务源于对被侵权人赔偿损害的负担，而不是侵权人对其他侵权人的义务。② 也就是说，分摊和追偿的基础是义务主体共同向被侵权人负责，价值追求源于衡平法则。

未来我国在制定海上侵权责任分担内部转移规则时也应该考虑到分摊和追偿的权利属性，并明确各自的适用范围。前文已述，分摊理论最初只适用于碰撞案件的船舶损害之间，发展到后来不仅适用于碰撞案件，也适用于海商法的其他领域。这个观点来自 Cooper Stevedoring Co. v. Fritz Kopke，Inc. 案③，并得到了美国最高法院的认可，值得我国借鉴。下文主要论述追偿请求权的适用范围。

追偿是极端的分摊形式，因此分摊的主要理念和规则也指导追偿的应用。但是，追偿毕竟不同于分摊，其有自己专属的适用范围和案件类型。追偿主要是全有或全无思想的体现，④ 它要求一个被告全额补偿支付了赔偿的另外一个被告，也就是将全部最终责任转移给一个法定责任人。追偿像分摊一样，

---

① See Simon v. Kansas City Rug Co.，460 S. W. 2d 596（Mo. 1970）.

② See Fischbach & Moore Intl. Corp. v. Carne Barge R – 14，632 F. 2d 1123（4th Cir. 1980）.

③ See Cooper Stevedoring Co. v. Fritz Kopke，Inc.，417 U. S. 106（1974）.

④ See 12 St. Mary's L. J. 323，326（1980）.

具体规则一般不直接源于法律，主要来自判例。分析普通法的相关案例，追偿主要存在于以下三种情形中：第一，对被侵权人负有不同程度的义务。当侵权人对被侵权人负有不同程度的义务时，负有高度义务的侵权人有权向普通注意义务的侵权人追偿。如在 Wheel v. Glazer 案[①]中，公交车的司机作为公共承运人对乘客负有较高程度的照管义务，该案中公交车与另外一辆私家车相撞，该私家车作为侵权人仅有普通的合理注意义务。审理法院认为，公共承运人对受伤乘客的责任建立在更高的注意义务上，私家车的司机不仅违反了对受伤乘客的注意义务，也违反了对公共承运人的注意义务，因此，公共承运人有权向他追偿。第二，侵权人是由于法定的替代责任而承担的责任。在当事人由于法律规定的替代责任而承担侵权责任时，承担了责任的主体可以向真正造成损害的当事人追偿。替代责任最典型的例子是雇主和雇员的情形，如船舶所有人和船员。大多数国家法律规定，如果雇员过失侵权，不仅为自身带来了侵权责任，也为他的雇主带来了侵权责任，即雇员过失行为造成的责任由雇主买单。但在这种情况下，雇主在承担完赔偿责任后，有权向侵权的雇员追偿，只要该情形不在雇员赔偿法律的调整范围内。第三，侵权人违反的义务不仅是对被侵权人的，也是对其他共同侵权人的。在多个侵权人共同侵权的情况下，如果侵权行为人违反的不仅是对被侵权人承担的义务，也是对其他共同侵权人应该承担的义务，此时，承担了赔偿责任的侵权人可以向违反了义务的侵权人追偿。这个原则是普通法下美国很多州判断是否存在追偿权利的标准。[②] 例如，在 Knutson v. Morton Foods，Inc. 案[③]中，卡车司机倒车，致使原告受伤，但是直接造成伤害的原因是没有给卡车司机倒车的指示信号，故承担了赔偿责任的卡车司机可以向未尽提供指示信号义务的责任人追偿。

除了权利属性和案件适用范围，在内部转移形式规则的选择上还需要考

---

① See Wheel v. Glazer，153 S. W. 2d 449（Tex. 1941）.

② See 12 St. Mary's L. J. 323（1980）.

③ See 603 S. W. 2d 805（Tex. 1980）.

虑适用两项请求权的前提和要素。一般来说，分摊的适用具有多项规则，主要包括：第一，共同的责任基础。分摊适用的前提是存在共同的责任基础，表现在诉讼中，即为基于同一案件事实提起的诉讼，但具体诉由可能有所差别。例如在 W. D. Rubright Co. v. International Harvester Co. 案[①]中，卡车车主与被侵权人的人身伤害索赔和解了，卡车车主转而向卡车制造商要求分摊。美国联邦法院认为车主的过失和卡车的缺陷共同造成了被侵权人的损伤，卡车车主和制造商对被侵权人都负有一定程度的责任，因此支持了车主的分摊请求。在该案中，被侵权人的诉由是人身损害赔偿，卡车车主向制造商的诉讼诉由是要求分摊，但是两个诉讼都是基于同一个案件事实，且两个责任人基于共同的责任基础需要对被侵权人负责。因此，法院支持了分摊的请求。需要指出的是，具体案件中责任人之间的相互关系可能导致案件结果的差异。如在 Aalco Manufacturing Co. v. City of Espanola 案[②]中，未成年的被侵权人在玩网球时受伤，法庭判决政府承担一半赔偿责任，网球的制造商和零售商承担一半的赔偿责任，但同时要求制造商补偿零售商承担的责任。第二，对主动被动过错原则的修正。美国司法实践中一直存在主动被动过错原则，[③] 该原则允许具有被动过错的侵权人向具有主动过错的侵权人追偿。[④] 反过来说，具有主动过错的侵权人不能够向具有被动过错的侵权人要求追偿或者分摊。但是这一原则被判例在一定程度上改变了。如在 Missouri Pacific Railroad Co. v. Whitehead & Kales Co. 案[⑤]中，密苏里州高级法院认为损害赔偿应该基于各方的过错程度进行分摊，拒绝了主动侵权人不能要求分摊的抗辩。第三，对损害扩大部分的处理。分摊建立在共同的责任基础之上，并且针对的是同一个损害；对于损害扩大的部分如果是不同责任人造成的，那么应该分别处理，不能要求最初的责任人承担后再进行分摊。关于这一原则最著名的判例

---

① See W. D. Rubright Co. v. International Harvester Co. , 358 F. Supp. 1388 (W. D. Penn. 1973).

② See Aalco Manufacturing Co. v. City of Espanola, 618 P. 2d 1230 (N. M. , 1980).

③ See Losse v. Offshore Navigation, Inc. , 670 F. 2d 493, 501 (5th Cir. 1982).

④ See Cotten v. Two “R” Drilling Co. , 508 F. 2d 669, 671 (5th Cir. 1975).

⑤ See Missouri Pacific Railroad Co. v. Whitehead & Kales Co. , 566 S. W. 2d 466 (Mo. 1966).

是 Salonia v. Samsol Homes，Inc. 案[①]，原告受分包商雇佣，在被告 S 所有的建筑工地工作，左腿受伤。原告在米勒（Miller）医生处接受了治疗，并造成了进一步损害。在原告诉讼被告 S 时，被告 S 也向原告的雇主和米勒医生提起了两个第三人诉讼。原告和被告 S 的诉讼和第一个第三人诉讼各方达成了和解。第二个第三人诉讼中的被告米勒医生主张，基于《纽约州通用债务法》（New York General Obligations Law）的规定，由于原告和被告 S 在基础案件中达成了和解，这样的结果将使被告 S 失去要求分摊的权利。法院认为，原案的被告 S 和第二个第三人诉讼的被告米勒医生，不是共同侵权人，是独立、连续的侵权人。但是米勒医生的不当行为和被告的过错是造成最终损害结果的竞合原因。那么，两个独立的侵权人在关系上就类似于连带侵权人。对于损害扩大部分的追偿相当于要求分摊。迫使原来被告 S 承担所有责任是“不当行为人对其侵权行为造成的合理的可预见后果负责，包括其他人的过失行为”这一原则的产物。纽约州法院驳回了第二个第三人诉讼，原来的被告 S 不再被要求对其他人的过错，即损害扩大部分承担赔偿责任，仅对因自己未尽合理注意义务造成的损害负责。将扩大部分的损害从原来的被告 S 处转移至有过失的医生，不是传统意义的追偿形式，只是认为原来的侵权人的责任是次要的。因此，被告 S 在原来的诉讼中和解将终止一切 S 在此案件中的权利和义务，和解后不会再产生其他追偿或分摊的问题。第四，过错比例是分摊的必要条件。分摊建立在存在多个责任人的前提下，如果仅有一个责任人也就不存在分摊问题了。当然，更重要的是，分摊的基础是可分割损害，以责任人之间的过错比例为依据，过错并不一定等于责任份额，可能还需要考虑原因力等因素，但是过错比例是确定责任份额的必要要素。确定这一原则的重要判例是纽约上诉法院 1972 年作出的判决，Dole v. Dow Chemical Co. 案。[②] 该案中，原告的丈夫由于被告生产的有毒化学品意外死亡，原告认为被告未尽警告注意义务。被告向死者的雇主提起反诉，认为雇主没有警告死

---

① See Salonia v. Samsol Homes，Inc.，119 A. D. 2d 394，507 N. Y. S. 2d 186.

② See Dole v. Dow Chemical Co.，308 N. Y. 143，288 N. E. 2d 288（1972）.

者清洗接触过化学品的盒子的危险性。这些警告注意的内容被告已经提供给过雇主。法庭支持了被告的反诉，重新审视了追偿允许有过失的当事人向另外一个对引起损害起到关键作用的人要求补偿这种措施的不可确定性和不可预见性的正当性基础。得出的结论是如果最初的被告造成损害的过错一部分来自第三人，那么该部分过错造成的损失可以从第三人处要求补偿。为了实现这个目标，必须在这些当事人之间基于过错比例分配责任。现在在纽约州，任何连带责任的侵权人都有可能要求陪审团在各个责任人间分配过错，尽管原告只要获得了胜诉判决，就可以从任一被告处获得全部赔偿。但是对于连带责任人的意义却不一样，只有在确定了过错比例后，支付超出自己责任份额的责任人才可以向其他责任人要求分摊，过错比例是要求分摊的必要条件。

追偿请求权可以缓和可分割损害赔偿分摊的严苛性，法定追偿请求权的适用主要有四种具体规则。第一种方式是适用主要次要过失原则，这个原则仅适用于碰撞案件。The City of New York 案①第一次适用了该规则。此案中，两条船舶发生碰撞，经调查，事故是双方共同的原因造成的，但是一方船舶的过失是主要的，一方是次要的，且双方过失均不是违反特定法律的情况。②依据船舶碰撞相关法律，碰撞双方对于第三人的索赔承担连带责任，但是此案属于法定追偿的情形，即次要过失的责任人可以向主要过失的责任人追偿。③ 第二种方式是主动被动过错原则的适用，该原则是建立在主动过错的责任人较被动过错的责任人具有更强可责性的法理上的，此种情形下，具有被动过错的责任人有权向具有主动过错的责任人追偿。④ 由于实践中尚未有

---

① See The City of New York，147 U. S. 72（1893）.

② 这主要是与宾夕法尼亚州的规则相对的，该规则下如果一方具有次要过失，但是违反了法律规则，那么该方有责任证明其过失没有也不会造成事故的发生。See 86 U. S. （19 Wall. ）125（1873）.

③ See Sir William Reardon Smith & Sons，Ltd. v. The Tug San Pedro，226 F. Supp. 879，883 – 84（S. D. Tex. 1962）.

④ See Losse v. Offshore Navigation，Inc. ，670 F. 2d 493，501 （5th Cir. 1982）；Cotten v. Two "R" Drilling Co. ，508 F. 2d 669，671 （5th Cir. 1975）.

合理且简便区分主动和被动过错类型的方法，法官很少适用该原则。第三种情形是最后机会原则，如果损害发生的危险是原告造成的，通常情况下法院会认定原告存在助成过失，将完全否定其索赔的权利，但是如果被告早已意识到此种危险性，根据通常标准其能够采取行动避免损失的发生却未行动从而导致了损失，被告需要承担原告的损失，原告之前存在的助成过失性质也将发生变化。[①] 从损失承担的机理上分析，最后机会原则使本该由原告承担的损失转移至被告身上，也属于法定追偿的一种情形，其在一定程度上缓和了可分割损害赔偿适用的严苛结果，但由于其需要满足特定情形才能适用，所以实践中法官不会轻易适用该原则。[②] 第四种方式是适用极端危险规则，如果具有航行过失的船舶是由于其他船舶将其置于紧急情况之下而形成的，[③] 则该原则认为“在这种极端危险的情况下不能期待该方船舶操作人员存在正常情况下良好的心态、准确的判断和迅捷的反应”[④]。当船舶即将碰撞时，即使当事人采取了明显错误的操作也可以免除其责任。[⑤] 该规则的适用具有较为严苛的条件，即极端危险境遇产生的唯一原因是一方船舶的过失，而主张适用该规则的一方在极端危险产生前没有其他过失。

四、内部转移形式请求权的适用限制

尽管分摊和追偿是处理责任分担的重要手段，但是两项请求权并不能适用于全部具有共同责任基础的案件中，未来我国在立法时除了从正面界定两项请求权的适用范围，也需要从反面限定两项请求权的适用。普通法系的司法实践在这方面也形成了一定规则，值得借鉴。第一，故意或重大过失的侵权行为人不适用分摊和追偿。威廉姆·普罗瑟教授曾指出，在侵权行为人是

① See Whitney S. S. Co. v. United States, 747 F. 2d 69, 74 (2nd Cir. 1984).

② See Petition of Kinsman Transit Co., 338 F. 2d 708, 719 (2nd Cir. 1964), 380 U. S. 944 (1965).

③ See The Propeller Genesee Chief v. Fitzhugh, 53 U. S. (12 How.) 443, 461 – 62 (1851).

④ London Steamboat Co. v. Bywell Castle (The Bywell Castle), 4 P. D. 219 (App. 1878).

⑤ See Rederi A/B Soya. v. S/S Grand Grace, 369 F. 2d 159 (9th Cir. 1966); United States v. Panama Transp. Co., 253 F. 2d 758 (2nd Cir. 1958).

故意或者存在重大过失引起损害发生的案件中，侵权行为人没有权利向其他侵权人要求分摊和追偿。[1] 被要求分摊的当事人必须是对被侵权人的损害或损失需要负责的人，当然，如果某个侵权人对于被侵权人的索赔有抗辩的权利，该种抗辩也能针对被要求分摊或追偿的请求提出。第二，家庭成员豁免权。如果侵权人之间或者侵权人和被侵权人之间存在某种特殊的关系，分摊和追偿很有可能不适用。最重要的特殊关系是“家庭成员豁免权”（intra - family immunity）。例如，在 Yellow Cab Company v. Dreslin 案[2]中，妻子乘坐丈夫驾驶的私家车，与 Yellow Cab 公司雇员驾驶的出租车相撞，妻子受伤，起诉了 Yellow Cab 公司。Yellow Cab 公司主张丈夫也存在过失，需要承担责任。陪审团最终认定出租车驾驶员和丈夫都存在过失，但是法院只判决了 Yellow Cab 公司承担赔偿责任。Yellow Cab 公司要求丈夫参与分摊。美国联邦上诉法院拒绝了 Yellow Cab 公司的分摊请求，认为由于“家庭成员豁免权”抗辩的存在，丈夫对妻子无须承担侵权责任，因此丈夫并不能作为本案的侵权人。Yellow Cab 公司需要承担连带责任的全部支付义务，无法从丈夫处获得分摊。[3] 当然，法院对于此类抗辩的态度也是在一直变动的，例如在 Di Benedictis v. United States 案[4]中，联邦政府要求丈夫参与分摊的请求就被支持了。该案中，妻子和丈夫依据《美国联邦侵权赔偿法》（Federal Tort Claims Act）诉联邦政府，妻子在与联邦邮政卡车相撞的事故中受伤，丈夫诉讼要求医疗费用和精神损失。联邦政府反诉丈夫，要求赔偿其对卡车造成的损害。宾夕法尼亚州法院认为丈夫作为驾驶人和邮政卡车司机都存在过错，并判决给妻子 4000 美元的人身损害赔偿。依据《宾夕法尼亚州分摊法案》（Pennsylvania Contribution Statute），法院支持了联邦政府要求丈夫分摊 2000 美元的请求。在这个案子中，法院没有适用“家庭成员豁免权”抗辩，并认定联邦政府和

---

① See Posser On Torts 308（3rd ed. 1971）.

② See Yellow Cab Company v. Dreslin，181 F. 2d 626（D. C. Cir. 1950）.

③ 参见李莹莹：《连带责任形态对应内部责任分担请求权研究》，载《西部法学评论》2016 年第 2 期。

④ See Di Benedictis v. United States，103 F. Supp. 462（W. D. Penn. 1952）.

丈夫是共同侵权人，承担连带责任，因此联邦政府有要求分摊的权利。第三，雇员对雇主的诉讼。分摊和追偿应用的另外一个限制是雇员诉讼雇主的情况。但这并不是指在所有雇员诉讼雇主的案件中都不适用分摊和追偿，而是指在赔偿法律明确禁止雇员以侵权诉讼雇主时，雇员对雇主提起侵权诉讼的情况。这一限制的理念是分摊和追偿必须基于责任人对受伤的原告负责建立在“共同的法律责任”的基础上，针对每个侵权人的索赔权利都能够独立存在。例如，在 Newport Air Park，Inc. v. United States 案件①中，两架飞机碰撞失事，Newport 与人身伤害索赔的当事人和解了。联邦政府被要求分摊 50% 的责任，但不包括对其中一个是联邦政府雇员的人的赔偿。因为该雇员与联邦政府的赔偿关系是受到《美国联邦雇员责任法》（Federal Employees’ Liability Act）②调整的。联邦政府支付了该雇员家属 8600 美元的赔偿，Newport 后来又赔偿给了该雇员家属 50000 美元，该雇员家属将 8600 美元退回给了联邦政府。Newport 现在要求联邦政府对这 8600 美元进行分摊。法庭认为：依据法律，联邦政府对该雇员没有侵权责任，因此 Newport 没有要求分摊的基础。

我国立法目前对于分摊和追偿请求权处于混用状态，例如，《民法典》第 1168 条是连带责任的基本规定，二人以上共同侵权造成他人损害的，应当承担连带责任。《民法典》第 178 条第 1 款和第 2 款分别规定连带责任的首次责任分配状态和内部责任承担规则。第 178 条第 1 款③赋予被侵权人针对连带责任人的诉权，给予被侵权人诉讼方式选择权。第 178 条第 2 款第 1 句④确立判定连带责任人内部责任份额的规则，即责任大小决定赔偿数额多少，若无法查明，各方平均承担。第 178 条第 2 款第 2 句⑤是对连带责任人最终责任内

① See Newport Air Park，Inc. v. United States，419 F. 2d 342（1st Cir. 1969）.

② See 5 U. S. C. Section 8116（c）.

③ 《民法典》第 178 条第 1 款规定：“二人以上依法承担连带责任的，权利人有权请求部分或者全部连带责任人承担责任。”

④ 《民法典》第 178 条第 2 款第 1 句规定：“连带责任人的责任份额根据各自责任大小确定；难以确定责任大小的，平均承担责任。”

⑤ 《民法典》第 178 条第 2 款第 2 句规定：“实际承担责任超过自己责任份额的连带责任人，有权向其他连带责任人追偿。”

部转嫁的规定，赋予连带责任人追偿权。依据分摊和追偿理念分析，此种情况下法律赋予连带责任人的权利应该是分摊权或追偿权，即存在真正连带责任和不真正连带责任两种可能。在真正连带责任即每个责任人都需对损失承担一定责任份额的情况下，支付超过自己责任份额的当事人获得的应是分摊请求权而非追偿请求权。在不真正连带责任的情况下，即支付了赔偿金的人承担的完全是风险责任，其可以向真正责任人要求全部责任的转移，其获得的是追偿请求权。在海上侵权案件中普遍存在连带责任的情形。例如，船舶融资租赁情况下，由于货损发生的纠纷，收货人经常将船舶所有人与承租人一同作为被告，以货损为由提出诉讼。此时一旦侵权责任成立，船舶所有人与承租人将会共同承担连带责任。如果船舶所有人对外承担连带责任后，船舶所有人一般对承租人享有追偿权，因为侵权事故往往是承租人的经营行为导致的，船舶所有人仅仅是因为所有权而被动地牵入诉讼中。①

分摊和追偿是可以单独诉讼的实体权利，分摊的义务源于责任人对最初的权利主体负有的义务，常见于连带责任侵权案件中。追偿的来源更加广泛，既有可能存在于协议约定和保证的情况下，也有可能源于侵权案件中。追偿一般存在于负有特殊权利义务关系的当事人之间。因此，我国法律在制定分摊和追偿规则时，需要考虑二者在适用范围、适用规则上的差异性。分摊需要建立在共同的责任基础之上，并且适用于可分割损害，过错比例的确定是分摊权利实现的前提。我国立法和司法实践中尽管没有主动被动过错侵权原则，但未来即使引用该原则，该原则存在的案件也不影响分摊的适用。同时对于损失扩大的部分一般不应适用分摊规则。追偿主要适用于对被侵权人负有不同程度的义务、侵权人违反了对被侵权人和其他侵权人共有的义务以及替代责任的领域，追偿可能存在瑞恩合同追偿、协议约定的追偿和法定的追偿等多种情形。在侵权行为人是故意或重大过失，以及雇员与雇主的诉讼等情形时，一般不应允许分摊和追偿。尽管我国不存在“家庭成员豁免权”，

① 参见李莹莹：《船舶融资租赁自物权与优先权抵牾问题探析》，载《河北法学》2016 年第 7 期。

但是分摊和追偿不适用某些案件类型的理念可以借鉴。

由于目前我国海上侵权法立法的薄弱，海上侵权案件的诉讼时常直接适用《民法典》。现有法律对于内部责任转移形式的混用，致使司法实践对于分摊和追偿理念的忽略，造成当事人权利分配正义的实现不能。在未来立法中，需要区分分摊和追偿理念，针对不同侵权责任分担形态制定对应内部责任转移形式。简言之，分摊和追偿都是处理内部责任份额转移的手段。但是分摊对应的是真正连带责任，适用的结果是每个责任人都需要承担一定的责任份额，最初承担责任的人承担了自己责任份额和一部分风险责任份额。追偿对应的是不真正连带责任、补充责任和其他特定合同责任。追偿请求权适用的结果是由某一个责任人承担全部的责任，最初承担责任的人承担的全部是风险责任。例如在环境污染损害案件中，就经常适用追偿或者分摊请求权。实践中污染事故的行为人和形式上承担责任的人往往不是同一主体。[①] 污染事故经常是由与责任人存在特定关系的人造成的，如发包关系或雇佣关系。但是这种合同关系并不具有必然的公示效果，被侵权人从实际主张权利的难易程度出发，往往选择直接诉讼最直观的责任人。此时，该责任人即使不是侵权行为人，亦需要对被侵权人的损失承担赔偿责任，然后再依据内部关系，向真正的责任人进行追偿。在多个责任人共同承担连带责任时，将可能存在要求其他责任人分摊的情形。

第二节　海上侵权风险责任再分配规则

海上侵权风险责任再分配规则主要处理承担了风险责任的侵权责任人通

① 参见张某凯等与中国石油天然气股份有限公司大港油田分公司海上石油污染损害赔偿纠纷上诉案天津市高级人民法院（2009）津高民四终字第383－549号民事判决书。该案中被侵权人与侵权责任人之间适用油污责任法律关系进行侵权赔偿，由于侵权责任人与侵权行为人之间存在特殊关系，侵权责任人代他人受过，应由侵权行为人承担全部赔偿责任，因此侵权责任人在赔偿完被侵权人之后向侵权行为人追偿。

过内部责任转移过程仍无法受偿的问题。在按份责任中，每个当事人承担的是自己的责任份额，受偿不能风险责任由被侵权人一方承担，不涉及侵权责任人内部责任转移过程和风险责任再分配规则。该特殊规则针对的是非按份责任的真正连带责任的情况，即分摊不能风险责任的处理。不真正连带责任和补充责任对应的是追偿，追偿仅存在完全承担风险责任的责任人和承担全部最终责任的责任人。在他们二者之间只有追偿能否实现的过程，即使无法实现也不存在通过其他责任人转移的问题。真正连带责任下，尤其是连带债务人存在三人或三人以上的时候，承担了首次支付赔偿责任的责任人与其他债务人之间才存在这样的问题和解决方案的可能性。因此，本规则仅存在于真正连带责任且债务人为三人或三人以上的时候（两人的时候类似于追偿的情形，三人中除了首次支付赔偿责任的责任人之外，至少存在一个具有支付能力的人）。在处理风险责任再分配问题上，以美国法和大陆法系为代表存在两种方案，笔者用“复合请求权分摊规则”和“分摊不能再分配规则”来分别指代这两种方式。

一、复合请求权分摊规则

“复合请求权分摊规则”是指2000年《美国侵权法重述·第三次》责任分担编制定的规则，其第23条第b款①赋予支付超过自己份额的当事人要求分摊的权利，并且在分摊数额上进行了限制，即不超过其支付给原告的数额与自己责任份额之间的差额。根据该条官方评论第g条及范例12的观点，在三个或三个以上连带责任人的情形，向原告先支付了赔偿金的责任人可以要求其他连带责任人分摊，在分摊数额的确定上较为特殊。被要求分摊的人不仅需要分摊自己的责任份额，还需要分摊按照其责任份额比例被分配的其他尚未支付的赔偿责任人的部分。② 笔者将美国侵权法重述确立的此种风险责

---

① 2000年《美国侵权法重述·第三次》责任分担编第23条第b款规定，有权要求责任分摊的人可以获得不多于该人支付给原告的数额中超过该人比较有责性份额的部分。

② See ALI，*Restatement of the Law*，*Third*，*Torts*：*Apportionment of Liability*，2000. §23 Contribution. Reporters Notes：Comment g.

任再分配规则称为“复合请求权分摊规则”，即寻求分摊的责任人向被寻求分摊的责任人要求分摊的诉讼中，对于份额有两项请求：依据分担规则分配给己方的责任份额和依据确定的分担比例分配给自己的其他尚未被要求分摊的连带责任人的责任份额。举例说明，甲起诉乙、丙和丁三人，乙、丙和丁承担连带责任，甲的全部损失是100万元，四方的责任份额分别是5%、50%、10%和35%，乙向甲承担了全部的赔偿责任95万元后，获得向丙和丁要求分摊的权利。按照“复合请求权分摊规则”，乙可以向丙请求分摊的数额包括丙的责任份额10万元，也包括丙承担的按其赔偿份额比例分配的丁的责任比例5.7万元，即乙和丙按照5∶1承担丁的35万元赔偿不能风险金额（1/6×35≈5.8）。故乙可以请求丙分摊的总金额是10万元+5.8万元=15.8万元。

“复合请求权分摊规则”相当于为分摊请求权人设定了可请求的上限，该上限扩张了分摊请求权人可要求分摊的赔偿责任数额，同时该规则为被请求分摊的人设定了赔偿上限，该赔偿上限高于依据分担规则确定的责任比例数额，承担了一定的风险责任，即分摊数额=自己责任份额+他人赔偿不能风险责任分摊份额。“复合请求权分摊规则”与海事赔偿责任限制有所不同，海事赔偿责任限制是在一次事故中对所有债权人负担债务的最高数额，即一次事故中的赔偿总额，而“复合请求权分摊规则”适用下确立的需要分摊的数额由于他人赔偿不能风险责任分摊份额的变化，会依据请求分摊人的不同而动态变化。“复合请求权分摊规则”将受偿不能风险责任依据责任比例在债务人之间进行分配，较为公平。但是，在连带债务人为两人或者所有债务人中只有一人具有清偿能力的情况下没有适用的必要，适用与否结果都是一样的。同时，适用“复合请求权分摊规则”有可能导致责任份额较少的人负担更多风险责任。上文例子中，如果乙首先向丁要求分摊，丁需要分摊35万元（自己责任份额）+4万元（风险责任额）=39万元（乙和丁按照责任份额比例50∶35承担风险责任）。本案中，丁的责任份额（35%）远远高于丙（10%），但是丙承担的风险责任（5.8万元）却高于丁的风险责任（4万元)。责任份额是依据分担规则下的过错、原因力等综合因素考量确定的份额，责任份额越多证明其越具有法律可责性，“复合请求权分摊规则”使具有较少法律可责性的当事人承担更多风险责任，这显然是不合理的。“复合请求权分摊规则”限制了首次承担连带责任的当事人的风险责任，扩大了其能要求分摊的数额，但仅在被要求分摊的人有偿还能力且存在三个或三个以上连带责任人时才有意义。而且承担最初连带责任赔偿的人承担的超出自己责任份额的部分要大于第一个被要求分摊的人的责任份额，否则将会出现分摊请求权人的债权与被侵权人对该被要求分摊人的债权的冲突。比如上文的例子中，如果甲首先起诉丁，丁支付了 60 万元，超过了自己责任份额，丁要求其他连带责任人分摊。假设丁向乙要求分摊，根据连带责任规则其最多能向乙要求分摊 25 万元，25 万元少于乙需要向甲承担的责任份额 50 万元，那么乙就有两份债务需要偿还，即对丁需要偿还 25 万元，对甲还需要承担其余的部分（35 万元）。在乙由于某种原因无法全部偿还上述两部分债务的时候，就会发生两项债权的冲突。孰者为先，将使原本简单的问题更加复杂化。上述关系如图 2 所示。

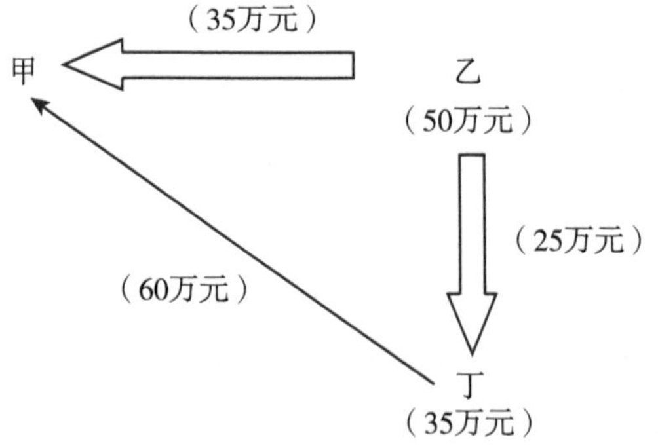

图 2　责任分配

二、分摊不能再分配规则

“分摊不能再分配规则”主要是大陆法系采用的方式。《法国民法典》第

1214 条[1]规定了在确定分摊不能后再重新分配份额的规则，再分配的份额是被要求偿还份额的当事人不能偿还的部分，再分配启动的事件是无力偿还，参与再分配的主体是其他有偿还能力的债务人及清偿了原债权人债务的当事人，再分配的方式是按比例分担。《德国民法典》第 426 条[2]仅对连带债务人之间的关系以及如何对债权人履行债务进行了规定。在有些债务人无力偿还时，其他债务人需要分担其债务。该条第 2 款规定了清偿债务的当事人获得原债权人的债权，但没有涉及分摊不能再分配问题。《瑞士债务法》[3] 第 148 条确定了连带债务人之间平均分担对债权人之债务的原则，除非另有约定。启动再分配的原因是被要求分摊的债务人支付不能，参与再分配的人是其他债务人，少了已为清偿的债务人，较《法国民法典》多了其他没有偿还能力的债务人，再分配的规则是按比例分配。《日本民法典》第 424 条和第 444 条也规定了当事人分摊不能要求再分配的权利。《日本民法典》第 424 条[4]明确了先清偿的当事人可以要求分摊款项的内容，不仅是超过自己份额的部分，也包括相应的利息。这条规定是《法国民法典》没有提及的。《日本民法典》第 444 条[5]是再分配的具体规则，启动再分配的原因是无资力偿还，再分配的内容是无法偿还部分，参与再分配的主体是求偿人和其他有资力者，这一

---

① 《法国民法典》第 1214 条规定：连带债务人中的一人清偿连带债务的全部时，只得向其他债务人请求偿还各自的分担额或部分。在其他债务人中的一人不能偿还其分担额或部分时，因其不能偿还所生的损害由其他有偿还能力的债务人及已为清偿的债务人按照比例分担之。

② 《德国民法典》第 426 条规定：(1) 除另有其他规定外，连带债务人在相互关系中负相等的义务，连带债务人中一人不能偿还其所分担的款项时，其不能偿还部分由其他负有分担义务的债务人负担。(2) 如果连带债务人中一人对债权人清偿，并且可以从其他债务人处要求分担时，债权人对其他债务人的债权即移转于该债务人。上述转让不利于债权人的，不得主张。

③ 《瑞士债务法》第 148 条规定：除非连带债务人另有约定，债务人应当平均承担对债权人的债务。一个连带债务人履行的债务超过其应当履行的份额的，就超过部分有权向其他连带债务人追偿，一个连带债务人不能承担的份额，应当由其他债务人按比例承担。

④ 《日本民法典》第 424 条增加了相关费用的确认规则：(1) 连带债务人之一人清偿了债务，或以其他形式的个人出捐，使连带债务人共同免责时，该债务人对其他债务人，就其各自负担部分，有求偿权。(2) 欠款的求偿，包含清偿或其他免责日以后的法定利息，不可免的费用其他损害赔偿。

⑤ 《日本民法典》第 444 条规定：连带债务人中，有无偿还资力者时，其不能偿还部分，由求偿人及其他有资力者，按其各自负担部分分割。但是，求偿人有过失时，不得请求其他债务人分担。

点和《法国民法典》相同，不是其他所有债务人都参与再分配，只是有资力偿还的人才参与分配，从理论上来说有向“深口袋”拿钱的嫌疑，较为保护求偿人的利益。该条规定再分配的规则是按各自负担部分的比例分配。该条还特别规定了求偿人失去要求分摊权利的事项，即求偿人有过失时。《日本民法典》的规定有其独创性，较《法国民法典》和《瑞士民法典》都更为详细。

上述法域确定的“分摊不能再分配规则”主要的理念是共通的，即在确定分摊不能时，该受偿不能份额或某人的清偿不能份额按比例或其他方式重新分配给一定范围内的人。但在具体细节上，存在差异。为方便比较，笔者设定了三个变量：A 代表二次分摊的名目，即分摊请求人的受偿不能份额、某人的分摊不能份额、清偿不能份额或其他情形。二次分摊名目的不同，代表立法对于能够进入二次分摊数额范围的态度不同。B 代表分配规则，即按比例、平均分配或其他方式。C 代表参与二次分摊的当事人。上述关系如表 8 所示。

表 8　各法域分类规定

法域	A	B	C	备注
法国	不能偿还份额	按比例	其他有偿还能力的人和已为清偿的债务人	C 中不包括无偿还能力的连带债务人
瑞士	不能承担的份额	按比例（对外平均分配，允许连带债务人另有约定）	其他债务人	C 中排除了已为清偿的债务人，包括其他没有偿还能力的债务人
日本	无偿还能力者的不能偿还部分	按比例（按各自负担部分份额）	求偿人和其他有资力者	与《法国民法典》相同

对比上述法域的规定，可以发现，在二次分担名目上，大多数国家的立法选择是无偿还能力人的无法偿还部分，而非请求分摊人所有未得到分摊的

数额。在分配规则上，各法域立法倾向于按照各自责任份额的比例进行二次分担，而非平均分配。在参与二次分担的当事人问题上，各法域立法的表述差异较大，分别包括已为清偿的债务人（分摊请求权人）、其他有偿还能力的债务人和其他债务人。由于各法域立法普遍将无法清偿或无资力清偿作为启动二次分担程序的前提，故普遍排除了该被要求分摊并无资力清偿的人参与二次分担的可能。这样的做法更有利于分摊请求权人，将风险责任在有资力赔偿的人之间进行分配，能够保证分摊请求权人最大限度地得到分摊。

三、海上侵权风险责任再分配方案的选择

无论是“复合请求权分摊规则”还是“分摊不能再分配规则”，在连带债务人是两人时均不发挥作用，在三人或三人以上时才有意义（确切地说，是具有清偿能力的人是三人或三人以上）。在部分清偿时，情形将会变得复杂，连带债务人的分摊请求权与被侵权人的债权何者优先或平等受偿是需要解决的问题。“复合请求权分摊规则”属于事前预防，该规则赋予分摊请求权人选择权，可以向被要求分摊的当事人直接请求“其责任份额＋其应负担的风险责任份额”，也可以仅要求其偿还责任份额，在确定他人不能偿还时再分摊受偿不能的风险责任份额。从这个角度说，“复合请求权分摊规则”包含了“分摊不能再分配规则”。尽管“复合请求权分摊规则”有上述特点，但其缺陷之处也是显而易见的。适用“复合请求权分摊规则”的分摊请求权人，如果要求第一个被请求分摊的当事人承担责任份额加风险责任额，该第一个被请求分摊的当事人如果想将承担的风险责任额转移，则需要再次提起诉讼。“复合请求权分摊规则”将会增加当事人的诉累，造成循环诉讼，同时责任份额小的当事人更可能承担更多的风险责任，这是明显不合理的地方。“分摊不能再分配规则”属于事后处理规则，即在确定分摊不能时再针对此问题予以解决。适用该规则分担某人不能偿还部分就是诉讼的终局状态，不会再引起其他诉讼纠纷。在此规则下，一个当事人可能会两次被诉。例如上述案例中，乙第一次向丙要求分摊自己的责任份额，假设丁没有偿还能力，

乙需要丙分担丁的责任份额，乙将第二次起诉丙，要求其承担丁的责任份额，丙两次被诉是这个案件的终局状态。不过尽管当事人面临两次被诉的可能，“分摊不能再分配规则”较之“复合请求权分摊规则”还是减轻了当事人可能的诉讼负担。

综合“复合请求权分摊规则”和“分摊不能再分配规则”的特点考量，以及我国侵权责任法律体系的历史特点，笔者建议在海上侵权责任领域适用“分摊不能再分配规则”，以减少当事人的诉讼，将受偿不能风险责任均衡地分配给所有连带债务人，而不是被侵权人，亦不是某个特定连带债务人。这不仅是连带责任分担形态的本来之意，也是分配正义的必然要求。由于海上侵权案件的特殊性，在二次分担名目的确定上应该是分摊请求人无法得到分摊的部分，这广于无资力者不能偿还部分，同时明确启动二次分担的事项不仅包括某个当事人无资力清偿、破产等，也包括免责、责任限制等其他因素导致分摊请求权人无法实现分摊数额的情形。在分配规则上，责任份额主要反映了当事人对事故损失的法律可责性，具有较多可责性的当事人承担更多风险责任较为符合法理和伦理道德，因此在分配规则上宜选择按责任份额比例进行分配。在参与二次分担的当事人问题上，笔者建议是分摊请求权人和其他有资力者。这类似于法国和日本的做法，其他有资力者既可能包括造成分摊请求权人分摊不能的当事人（引起该分摊不能结果的原因可能是海事赔偿责任限制的适用），也可能包括其他已经支付了分摊份额的当事人，判断标准是其是否还有资产参与分担。这样的当事人范围有利于保护分摊请求权人，避免受害人与其他连带债务人恶意串通诉讼的可能，也避免为无资力偿还的当事人增加精神负担。

四、责任限制与风险责任再分配的关系

需要特别说明的是，海上侵权案件中，经常存在连带责任人要求分摊时，由于其他连带债务人存在海事赔偿责任限制而分摊不能的问题。在海上适用风险责任再分配规则后，因为海事赔偿责任限制而分摊不能的份额可以参与

二次分担（此事件也是触发适用二次分配的情况之一），在包括受海事赔偿责任限制的当事人（因为该当事人并非无清偿能力，只是因为责任限制而拒绝赔偿分摊请求人的份额，将其纳入二次分担当事人中较为合理）和其他具有清偿能力的债务人之间按比例分配。

第三节　责任限制优先适用规则

一、侵权责任分担形态与责任限制的冲突

责任限制优先适用规则主要处理在侵权责任分担形态的原理与海事赔偿责任限制原理冲突时，何者优先适用的规则。之所以称为责任限制优先适用规则，是因为存在海事赔偿责任限制的案件中，责任分担形态与海事赔偿责任限制原理冲突是常态，并非仅仅是连带责任与海事赔偿责任限制冲突，从侵权责任分担领域分析，按份责任也会与海事赔偿责任限制发生冲突，只是二者体现的方式不同。按份责任与海事赔偿责任限制同时适用时，实践中自觉遵循了海事赔偿责任限制制度优先适用的原则，理论界对此也没有过多的讨论；而连带责任和海事赔偿责任限制同时适用却引起了实务界和理论界的各种不同声音和讨论，举例如下。

例子一：乙船和丙船碰撞，造成第三人甲财产损失 300 元，乙船和丙船各负 50% 的责任，乙船和丙船的海事赔偿责任限额分别为 100 元和 500 元。当甲向乙索赔时，乙应该承担的侵权损害赔偿责任为 150 元，超过其责任限额。此时，如果海事赔偿责任限制优先适用，那么甲只能从乙处获得 100 元，如果严格按照按份责任确定的份额承担，将会打破乙的责任限制。该问题属于侵权责任分担领域，可以适用侵权责任分担形态与责任限制优先适用规则解决。

例子二：假设船舶 A 和船舶 B 碰撞，致使 C 受伤，如果 C 的损害总额是

100元，B和A的过错比例各为50%，A船的责任限制总额为500元，B的责任限制总额为30元。本案中将会存在以下冲突情形：

1. C单独诉A，要求100元的赔偿，C的意图很明显，是为了规避B的责任限额，此时法院应该支持C单独的诉讼请求还是依职权追加被告？承担了连带责任的A在向B要求分摊时，B的责任限制是否可以对抗A的分摊请求？

2. 如果C选择将A和B一起诉讼，此时C能获得的赔偿是80元还是100元？换言之，A能否以B存在海事赔偿责任限制为由，将赔偿总额限缩为80元，只承担自己的责任份额50元，由C自行承担B海事赔偿责任限制带来的受偿不能风险？

3. 如果C选择单独诉B，B的海事赔偿责任限制理由能够缩减赔偿总额，但是可以对抗连带责任的要求吗？

上述两个例子分别是按份责任与海事赔偿责任限制、连带责任与海事赔偿责任限制冲突的表现，这些问题都可以放在侵权责任分担形态与责任限制优先适用规则中解决。

二、冲突的实质分析

海事赔偿责任限制是将海事事故造成的损害合理分配的机制。概括来说，按份责任和连带责任两种侵权责任分担形态在首次责任分配规则和海事赔偿责任限制同时适用时产生的问题从大体上说是一致的：如果严格按照按份责任或者连带责任，将有可能打破责任人的责任限制；如果让海事赔偿责任限制优先适用，将会致使各方责任人承担的责任不再符合按份责任的比例或者连带责任的连带。这是两种情形的共通点。两种情形的不同点是按份责任和海事赔偿责任限制同时适用时，冲突仅发生在首次责任分配阶段，涉及被侵权人和某个侵权人之间，不涉及侵权人内部关系。连带责任和海事赔偿责任限制同时适用时，由于连带责任在首次分配阶段体现的是对外关系，在最终承担阶段处理对内关系，而海事赔偿责任限制制度不仅针对被侵权人，也针对包括侵权人在内的任何人，所以在首次分配阶段和最终承担阶段，连带责任制度和海事赔偿责任限制制度都存在冲突的可能性；而且此种冲突不仅涉及被侵权人和侵权人的关系、赔偿额度等，也涉及侵权人和侵权人之间的追偿关系、分摊额度等。因此，连带责任和海事赔偿责任限制同时适用较之按份责任和海事赔偿责任限制同时适用问题更为复杂。按份责任和海事赔偿责任限制同时适用需要解决的是在首次责任分配阶段何者优先适用的问题；而连带责任和海事赔偿责任限制同时适用需要解决的问题非常多，在首次责任分配阶段：（1）连带责任制度赋予被侵权人选择诉讼主体的权利是否受到优先保护。（2）连带责任人的海事赔偿责任限制的抗辩是否优先于连带责任制度赋予的赔偿总额制度的规定（是直接连带责任人的赔偿总额还是连带经过海事赔偿责任限额限缩过的总额）。也就是在首次责任分配阶段，在解决侵权人和被侵权人之间的关系上，海事赔偿责任限制和连带责任制度的定位和应该发挥的效用。在最终承担阶段，解决连带责任人内部关系时，海事赔偿责任限制的作用如何？（当承担了连带责任的责任人向其他责任人要求分摊时，其他责任人能否用海事赔偿责任限制来进行抗辩，如果适用海事赔偿责任限制进行抗辩？承担了超过自己份额责任的连带责任人是否单独承担此部分风险？）

按份责任之所以称为按份的责任，是因为法律将被告的责任按份划分，各方根据某种原则和标准承担自己应有的份额。但是，海事赔偿责任限制适用于案件中时，其起到责任总额限缩的结果。如果严格遵守海事赔偿责任限制的规则，那么原告最终获得的赔偿责任总额可能就不符合责任份额，如果严格遵照责任比例来判决各方的责任额，就很可能打破各方的责任限额。因此，从这个角度说，按份责任和海事赔偿责任限制的同时适用会产生问题。尽管二者存在冲突，但是实践中大家都默默遵守了海事赔偿责任限制优先适用的规则，即通过责任比例确定各方的责任额度后，如果超过了该方的海事赔偿责任限额，那么该方仅在海事赔偿责任限制额度内承担责任，即使该责任限额的适用将使各方最终的责任不再符合按份责任确定的比例。尽管笔者同意上述做法，但是这么做的法理依据实质来源于侵权责任分担理论。按份责任，在首次责任分配阶段，不仅将侵权损害赔偿责任按份分配，形成一个固定的比例，而且将赔偿不能带来的受偿不能风险分配给了原告，被告只需要按照比例承担自己的责任即可。后者是按份责任与连带责任最本质的区别，因为连带责任的当事人之间往往也存在责任份额，只是在最终承担阶段才会显现出来。海事赔偿责任限制适用于按份责任案件时，将不足额受偿的风险完全分配给了原告。也就是说，同时适用按份责任和海事赔偿责任限制的案件中，原告同时承担两种受偿不能风险：一是由于首次责任分配带来的赔偿不能受偿风险，这主要指责任人无清偿能力等执行层面的问题；二是由于海事赔偿责任限制带来的总额限缩的不足额受偿风险，责任人在此种情况下，仅将自己的特定财产用于此项债务承担。在此类案件中，两种受偿不能风险都由原告来承担，并不存在实质冲突，尽管在最终承担结果上，被告和原告之间的责任份额可能与首次责任分配阶段确定的比例不符，但是从整体上来看，无论原告选择何种诉讼模式，海事赔偿责任限制并没有致使比例责任下受偿不能风险转嫁给被告，也没有使海事赔偿责任限制的不足额风险转移。这也就是为什么学术界和实践中对此争议不多的原因。

连带责任和海事赔偿责任限制同时适用的情况与此不同。首次责任分配阶段，连带责任将赔偿不能风险责任分配给连带责任人，保护的是原告，而海事赔偿责任限制将不足额受偿的风险同时给了包括共同连带责任人和原告在一起的所有其他人。理论上来说，依据连带责任理论，原告不用承担分摊不能的风险，依据海事赔偿责任限制原告需要承担不足额受偿的责任风险，在最终结果的体现上应该是受偿不足。对于共同连带责任人而言，无论是连带责任还是海事赔偿责任限制，都将受偿不能的风险责任分给了连带责任人，这是两个制度统一的地方；而且连带责任是将分摊不能风险给了承担超过自己责任份额的连带责任人，海事赔偿责任限制也将不足额受偿风险给了承担超过自己责任份额的连带责任人。由于连带责任的案件中，一些学者和实践人士认为法律赋予了原告诉讼当事人的选择权，故这两个制度同时适用时就会产生问题。原告可以通过选择责任限额较高的一方责任人起诉，规避首次责任分配阶段本应由原告承担的海事赔偿责任限制带来的不足额受偿的风险，而将此完全转嫁给被起诉的连带责任人。此时承担了超过自己责任份额的连带责任人在行使追偿或者分摊权利时，就面临连带责任本身的赔偿不能风险和二次海事赔偿责任限制的风险。① 笔者之所以称为二次海事赔偿责任限制风险，是因为连带责任人在支付完赔偿额进行追偿或分摊时，该追偿额或分摊额本来就因为共同连带责任人享有海事赔偿责任限制会有受偿总额上的限缩，并且需要参与海事赔偿责任基金的分配而承担一次不足额受偿的风险，此时由于原告将本来可以被共同连带责任人海事赔偿责任限制限缩的数额转嫁给了该连带责任人，该连带责任人面临此部分数额根本无法从共同连带责任人处获得分摊的风险。归根结底，连带责任和海事赔偿责任限制同时适用时的冲突是由于原告的诉讼对象选择权产生的。用本小节开篇连带责任部分的案例说明，如果 C 具有选择诉讼对象的权利，那么理智的 C 会选择诉讼 A 而非 B，因为 A 的海事赔偿责任限额为 500 元，B 的海事赔偿责任限额仅为 30 元，单独诉讼 A，C 可以提出 100 元的赔偿，并且由于该 100 元没有超过 A 的责任限额，C 就规避了 B 的责任限额，使自己的损失得到足额赔偿。承担了 100 元损失的 A 在要求 B 分摊其责任份额 50 元时，由于 B 的责任限额为 30 元，那么 A 很可能只能获得 30 元的分摊。其余 20 元本应该由 C 承担的责任限额带来的不足额受偿风险就转嫁给了 A。如果将执行等程序问题考虑进来，A 同时面临 B 财产不足带来的风险和海事赔偿责任基金按比例分配的不足额分摊风险。

三、冲突解决方案的提出

连带责任和海事赔偿责任限制同时适用时，由于原告的诉讼权利，将本

---

① 《瑞典海商法》明确规定责任限制可以在连带责任人之间的内部关系发生对抗作用。该法第八章船舶碰撞的损害第 1 条第 4 款也明确规定：如果乙方的赔偿超出了自己应负责的部分，有权向另一方就超出部分进行追偿。另一方可以援引本法或适用的外国法以及相应的规定中有关对抗受损方的免责或责任限制事由来进行抗辩。

应该原告承担的海事赔偿责任限制带来的不足额受偿风险转嫁给了被告；原告获得全部赔偿的同时，承担了超过自己责任份额的被告却因此面临多重风险。这是连带责任和海事赔偿责任限制同时适用产生的核心问题。从理论上解决这个问题的思路应该如下：恢复连带责任制度和海事赔偿责任限制制度原有的制度面貌和机理，即该是谁承担的责任风险就是谁的，不允许某方利用诉讼权利不当地转嫁风险。无论是单一适用连带责任和海事赔偿责任限制的情形，还是二者同时适用的案件，二者的效果均不应该有所折扣，尤其是在立法没有明确规定两个制度同时适用的规则时，二者的效果不应该有所改变。[①] 同时适用连带责任和海事赔偿责任限制时，原告需要承担由于海事赔偿责任限制带来的不足额受偿的风险，而这种风险不能由于连带责任制度赋予原告的诉讼选择权利而被转嫁（连带责任制度最初的目的是避免原告承担侵权人支付能力不足的受偿不能风险，而不是不足额受偿不能的风险，否则就构成了权利滥用），连带责任人需要承担连带责任制度下的分摊不能风险和海事赔偿责任限制制度下不足额追偿的风险。也就是说，无论原告选择单独起诉某个连带责任人还是将所有连带责任人都起诉，原告可以获得赔偿的总额都受到连带责任人的海事赔偿责任限额的限制。承担了超过自己责任份额的连带责任人在向其他人要求分摊或追偿时，由于面临两种类型不同的风险责任，较为苛刻，笔者建议将其中海事赔偿责任限制等导致的分摊不能风险责任进行二次分担，即适用海上侵权风险责任再分配规则。

概括来说，侵权责任分担形态与责任限制优先适用规则如下：首次责任分配阶段，责任限制原理优先适用，不足部分按照责任分担形态规则处理（按份责任下，不足部分无法从其他责任人处再获得赔偿，只能由原告自己承担受偿不能风险；连带责任下，不足部分依据连带责任原理向其他责任人

① 美国法下，无论是货物、其他财产还是人身损害，碰撞各方都承担连带责任。但是内部有责任份额的，适用比较过失原则，双方之间冲抵后再限制，典型案例如 North Star 案［106 U. S. 17 (1882)］。

索赔)。在索赔总额上，无论原告是否获得了完全赔偿，都是原告自身依据侵权责任分担形态和责任限制规则应该承担的受偿不能风险。在最终承担阶段（按份责任不涉及，仅连带责任存在此问题)，承担超过自己责任份额的责任人，首先可以依据内部责任分担对应规则进行责任转移，在分摊不能时(包括因为责任限制的适用造成的分摊不能风险)，可以依据海上侵权风险责任再分配规则进行责任转移。

适用侵权责任分担与责任限制优先适用规则，本小节上述两例中的问题将会迎刃而解。例子一中，由于甲对于乙和丙的索赔适用按份责任，甲和乙、丙的责任分担问题仅涉及首次分配阶段的规则。责任限制规则优先适用，即甲针对乙的诉讼仅能获得 100 元，而非 150 元。既便乙和丙最终承担的责任额（100 元和 150 元）违反了责任分担规则确定的责任比例 1∶1，也违反了责任分担形态的规则。例子二中的问题解决如下：第一，连带责任案件中，原告的索赔额是以两个被告的海事赔偿限制总额之和的范围内为限还是某一单独被诉的责任人的责任限额为限？承担了超过自己责任份额的连带责任人，在向其他连带责任人要求分摊时，该方可否以超过自己责任限额为由，拒绝分摊？这就是例子二的前两种情形涉及的问题。笔者认为连带责任的总额应该以被告当事人的海事赔偿限制为限，原告从该当事人处可获得赔偿的损失总额以此为限。例子二中 C 能获得的赔偿总额是 100 元，最多可以从 B 处获得 30 元。① 承担了超过自己责任份额的当事人在要求分摊时，被要求分摊的一方需要在自己的海事赔偿责任限额内承担分摊额，因为分摊额属于自己的责任，是限制性债权产生的责任，可以用海事赔偿责任限制对抗。② 例子二中，A 在向 C 承担了 100 元的数额后，向 B 要求分摊 50 元，50 元已经超过

---

① 罗伯特·弗斯（Robert Force）教授认为 C 获得的赔偿额取决于如何诉讼。单独诉 A 能获得的是 100 元，因为没有超过 A 的责任限额，单独诉 B 只能够获得 30 元。同时诉了 A 和 B，能够从 A 处获得 70 元，B 处获得 30 元，过失比例不打败连带责任。如果 C 单独诉 A，A 请求 B 分摊，C 能够从 A 处获得 100 元，A 可以向 B 追偿 30 元。

② 美国海商法下海事赔偿责任限制基金的分配参见 Oliver J. Olsen & Co. v. American Steamship Marine Leopard, 356 F. 2d 728, 1966 AMC 1064 (9th Cir. 1966)。

B 的海事赔偿责任限制总额，B 只能给 A 30 元。A 由于 B 的海事赔偿责任限制存在受偿不能的 20 元，可以依据海上侵权风险责任再分配规则在 A 和 B 之间依据责任比例（1∶1）重新分配，即 A 可以再向 B 主张 10 元的赔偿，而这 10 元的赔偿 B 应该以个人财产进行承担，不加入海事赔偿责任限制基金的分配。第二，被单独起诉的当事人能否以超过自己责任限额为由，拒绝承担连带责任？这就是例子二的第 3 种情形。① 笔者认为被单独起诉的当事人可以用自己的海事赔偿责任限制总额限制自己那部分责任份额，C 如果单独诉 B，B 可以以超过自己责任限额为由，拒绝承担连带责任。

侵权责任最终承担阶段包括内部转移形式对应规则、海上侵权风险责任再分配规则以及责任限制优先适用规则等。适用责任限制的案件依据现有法律时常与侵权责任分担形态规则发生冲突，表现最明显的即是海事赔偿责任限制规则与连带责任的冲突。对于此类冲突，在侵权责任构成领域是无法得到解决和阐明的，但是在侵权责任分担领域，尤其是最终承担阶段，完全可以得到处理。最直接的办法就是通过立法，制定侵权责任最终承担优先适用规则，即在侵权责任分担形态与责任限制规则发生冲突时，何者优先适用的规则。笔者认为，鉴于责任限制的性质，一定范围内保护责任人是立法的初衷，这应该是针对所有其他人的权利。连带责任的本质即蕴含风险责任的受偿不能，承担了超过自己责任份额的责任人理应承担此种风险责任，当然应该包括由于责任限制的存在而带来的受偿不能风险。因此，笔者建议，在连带责任与责任限制规则发生冲突时，责任限制规则优先适用。为了平衡优先适用规则给连带责任人带来的权利失衡，可以配合使用优先适用规则与海上

---

① 事实上，最高人民法院《关于审理人身损害赔偿案件适用法律若干问题的解释》第 2 条已经作出了规定，这是必要的共同诉讼。在《海商法》《海事诉讼特别程序法》等没有作出特别规定的情况下，理应依据该解释操作。因此，C 实际上没有选择诉讼相对人的权利，无论单独起诉 A 还是 B，法院都应依职权追加被告。该司法解释的第 2 条规定赔偿权利人起诉部分共同侵权人的，人民法院应当追加其他共同侵权人作为共同被告。但其没有规定诉由，根据整体解释原则，该条规定在关于人身损害赔偿的司法解释中，此规定应该限于以人身损害赔偿为诉由，存在共同侵权人的情形。在其他诸如财产损坏、环境污染诉讼中，应该如何处理，法律没有明确规定，此时就利用责任限制优先适用规则解决。

侵权风险责任再分配规则，即将海事赔偿责任限制引发的分摊不能，作为引发二次分担规则的事件之一，将连带责任人分摊不能的部分在其他有清偿能力的当事人之间进行分摊。

海上侵权责任分担的最终承担阶段规则包括内部转移形式对应规则、海上侵权风险责任再分配规则和责任限制优先适用规则等。分摊请求权是连带责任人之间转移风险责任的手段，产生追偿和分摊区别的普通法最初适用平均承担规则解决分摊问题，导致在拒绝分摊适用的案件中产生极端不公现象，追偿在此种情况下应运而生。追偿概念产生自分摊的理念，是极端的分摊形式，将责任从承担了首次支付责任的当事人转移到真正的责任人处。在分摊规则从平均承担过渡到比较过失时，分摊不会再造成极度的不公现象，追偿也失去了存在的土壤，因此追偿和分摊再次融合，实践中适用追偿的案件也呈下降趋势。笔者建议我国在建立侵权责任分担规则时，从根本上区分连带责任、不真正连带责任和补充责任的内部责任转移手段。可以借鉴普通法利用分摊和追偿两个概念区分上述责任分担形态的方式，建立内部责任转移方式对应规则。

需要说明的是，海上侵权致害人不明案件中，由于无法确定真正的责任人，一般的最终承担责任规则无法适用于此类案件。承担了侵权责任的各个责任人也无法依据分摊和追偿原理，将责任在彼此之间转嫁。但是通过首次责任分配阶段的法律拟制手段，可以确定这些责任人的责任份额和责任分担形态；在最终承担阶段，致害人不明案件和致害人明确案件殊途同归，适用相同的内部转移形式对应规则。对于这些责任人而言，首次分配规则确立的责任份额并不一定等于他们的责任承担额，其责任承担额还取决于首次分配确立的侵权责任分担形态。如果责任人之间适用按份责任，即各自承担自己的责任份额，当向被侵权人支付了自己部分的责任后，被侵权人对该侵权人的索赔权利将消灭。如果责任人之间适用连带责任，承担了超过自己份额的责任人可以依据确定的份额向其他责任人（已经通过诉讼确定了责任人的范围）要求分摊。在最终承担阶段，致害人不明情形下每个责任人均为拟制承担责任的人，只是各国在确认份额上态度不同，因此责任人之间只可能存在分摊，而没有追偿。

由于海事赔偿责任限制、免责、清偿能力和执行问题的存在，连带责任人经常面临分摊不能的情形，鉴于权利平衡的需要，比较法上采用“复合请求权分摊规则”和“分摊不能再分配规则”处理。根据我国立法体系的特点，笔者建议在我国采用类似于分摊不能再分配的原理制定海上侵权风险责任再分配规则，以二次分配连带责任人分摊不能的部分。海事赔偿责任限制存在的案件，时常与按份责任和非按份责任分担形态存在冲突，根据责任分担形态风险责任负担原理和海事赔偿责任限制法理，笔者建议适用责任限制优先适用规则。恢复海事赔偿责任限制和责任分担形态的原有面貌，优先适用海事赔偿责任限制规则，在首次责任分配阶段按照责任分担形态规则处理受偿不能，在最终承担阶段，按照海上侵权风险责任再分配规则处理分摊不能份额。

第五章　海上侵权致害人不明责任分担补充规则

第一节　海上侵权致害人不明责任分担的特殊性

致害人不明是指实际造成损害后果的侵权行为人不明。鉴于侵权责任法的局限性，侵权法领域研究的侵权行为人不明承担责任规则仅指侵权行为人范围确定，只是致害行为人不确定的情况。[①] 如果侵权行为人范围也不确定，那么就需要适用举证不能的后果或者适用侵权责任法以外的救济手段，如社会保障法、保险法等。有研究人员认为，侵权行为人范围不确定属于广义的加害人不明确，这种情况主要是人群流动性大和频率高造成的，即加害人在某些区域实施了侵害行为，但是由于地理位置短时间内的高频率变动而难以确定具体侵权行为人的范围。致害人不明主要包括两类：第一，造成特定损害的具体侵权行为人不确定，即侵权行为人和致害人均不明确，如抛掷物损害、海上倾倒废物、污染海域等都有可能出现致害人不明的情形。第二，侵权行为人明确，但致害行为人不确定，如共同危险行为。第一种情形下可能存在一个或多个侵权行为，一个或多个侵权行为人。第二种情形只能是多个侵权行为，且分别由数人实施，可能存在一个或多个致害行为的情形。致害

① 有一定比例的学者持有类似观点，比如毛红英认为：狭义的加害人不明的侵权情形，是指加害人在一定范围内是可以确定的，只是不知具体为何人，即数人中的一人或部分人实施了加害行为，造成他人的人身、财产损害，但不能判定具体加害人的侵权行为。参见毛红英：《加害人不明的侵权责任研究》，华中师范大学2007年硕士学位论文，第1页。

人确定，但是具体每个致害人造成损害的范围不确定属于致害人明确情形下的共同侵权案件，适用致害人明确规则。如碰撞船舶漏油，无法确定各自造成损害的份额时，适用法律明确规定的规则等。

侵权法领域研究的致害人不明分担责任规则仅指侵权行为人范围确定，只是致害行为人不确定的情况。凯特林·穆荷兰（Caitlin Mulholland）教授指出，这是针对损害由已知群体范围内的未知侵权行为人造成的情形。[①] 在这种情况下，很难将某个侵权行为和具体的人联系起来，如何确定损害和行为的因果关系更不可能，这属于事实层面的因果关系问题。

致害人不明案件中，首先需要解决的问题是归责原则。关于致害人不明责任承担有人建议适用过错推定原则，有人建议适用公平责任原则。[②] 对于过错推定原则无限扩大是否合理学术界和实务界一直存在争议，在致害人不明案件中适用过错推定原则被外界称为“连坐”，最有代表性的就是重庆烟灰缸砸人判例。2000 年的一个深夜，重庆市渝中区学田湾正街一栋高楼上掉落一个 3 斤重的烟灰缸，不但将 1 名路人砸成重伤，更在全国砸出首例高楼坠物连坐赔偿的官司。22 名住户被受害者告上法庭，并被法院依据过错推定原则判决承担连带责任。该案一时轰动全国，开启了无主坠物伤人连坐的先河。[③] 汉斯·纽文惠斯（Hans Nieuwenhuis）教授在中国政法大学作题目为“荷兰侵权法在法典内外的特点”的讲座时指出：我认为这个案件最重要的是举证责任的认定。被侵权人在此案件中没有证明不法行为的实施者是谁，也就未完成举证责任，因此中国法院的做法是不恰当的。依据荷兰法，没有

---

① See Mulholland，Caitlin，Alternative Causation，Unidentifiable Tortfeasors，and Group Liability：A Case Study. Civilistica. com. Rio de Janeiro，a. 2，n. 3，jul. – set. /2013. Disponível em：< http：//civilistica. com/alternative – causation/ >. Data de acesso.

② 如中国人民大学王利明教授、复旦大学王全弟教授、中国社会科学院法学研究所的刘俊海博士。

③ 详细报道参见张静：《烟缸砸毁他一生——高楼住户，千万别往外抛物》，载《重庆晨报》2000 年 8 月 3 日，第 1 版。《今日说法》等曾对本案作过专题报道。据悉，截至 2014 年，已过去的 14 年被告仅 3 人赔偿了不到 3 万元。参见王英占：《重庆烟灰缸案已过 14 年　22 名被告仅 3 人赔了不到 2 万》，载成都商报网 2024 年 8 月 2 日，http：//e. chengdu. cn/html/2014 – 05/13/content_469047. htm。

不法行为就没有责任的存在。依据中国法官的推理方式，如果某人被车撞伤，根据调查，当时现场有两辆车经过，法官认为蓝色车辆撞伤当事人的概率大于黑色车辆，就判定蓝色车辆当事人承担责任，这种推理方式是荒谬的，概率仅是可能性并不意味着不法行为即是该车驾驶人作出的。重庆烟灰缸案件的判决方式其实就是这种逻辑，我觉得是不合适的。反对适用公平责任的观点认为，公平责任原则的立法与适用，取决于我们的立法倾向和时代背景。公平不是绝对的。“兄弟两人分蛋糕时，至少可以列出 8 种公平或公正的分配办法。这类似于海森伯（Heisenberg）所提出的著名的‘测不准原理’，即观察活动本身影响到不同的观察结果。同时，公平原则还具有一定的非规范性特点。”① 公平责任的分配要科学可行。② 笔者认为，致害人不明意味着侵权责任构成和分担的一般规则的不适用，这是其特殊性所在。因为上述一般规则是构建在致害人明确这一基本前提上的，即在过错责任中将过错要素依附于加害人，在危险责任中将客观危险依附于加害人的特殊危险行为，再将因果关系要素依附于加害人的违法行为和损害结果之间的关系；而致害人不明将直接导致过错和特殊危险行为无所依附，因果关系之证明显得缺乏原因要素的归属。因此，传统侵权法中的归责原则无法适用于致害人不明案件中。致害人不明案件的归责原则是特殊的，其之所以特殊，是因为它并不是现有过错原则、过错推定原则、严格责任或公平责任中的任何一种，其本身就是一种独立的归责原则。只是此种归责原则需要予以抽象化，抽象化的归责原则的适用范围也即致害人不明案件，笔者暂将其称为特殊归责原则。

传统侵权法利用选择性因果关系解释致害人不明数人侵权行为，例如共同危险行为，这种论证致害人不明侵权责任构成的方式是依据致害人明确侵

---

① 赵万一：《民法的伦理分析》，法律出版社 2003 年版，第 86 页。

② 例如周缘求认为：如果本案被告承担赔偿责任，完全是基于公平正义的考虑，则对其赔偿的份额、范围应进行必要的限制，比如，不得超过所有损害后果的 50%，或仅限于直接损失，对间接损失，或精神损害不予赔偿。参见周缘求：《加害人不明的侵权责任》，载《法学》2003 年第 6 期。

权行为的路径进行的，必然与致害人不明侵权案件的特点不符，这也是为什么侵权法学者用此论证方法显得举步维艰的原因。致害人不明即导致特定损害的侵权行为人不明，也就是说，无法适用基本的侵权责任构成理论，例如过错责任的过错无法证明、是否有侵权行为无法证明、某个侵权人与损害结果之间的因果关系也无法证明。从诉讼的角度讲，被告的确定有困难，侵权责任分担无所依据。综上所述，致害人不明带来的两个直接后果是侵权责任人不明，以及侵权责任人之间的关系不明。侵权责任法解决这两个问题的办法是法律拟制：第一个拟制是拟制侵权责任人，例如将一定范围内的相关人拟制为侵权行为人，认定此类侵权行为人需要为自己造成的损害负责任，从而找到了侵权责任人。这也是传统侵权责任构成领域一直研究的问题。各国法律政策基于特殊考量，对此种无法用一般侵权构成要件衡量的侵权类型成立拟制责任，将损害赔偿在法律规定的范围内进行分配。有些地区的法律已发展出特别规则，允许以被告制造了风险为依据来对被告施加责任，而无论是否能够证明该风险最终导致了损害。[①] 例如美国著名的狩猎误伤原告案[②]和DES 安胎剂案[③]等。因此，致害人不明案件中，侵权责任的构成是基于法律明确规定或遵循判例确定的规则。第二个拟制是责任份额的拟制，在没有其他因素影响及没有替代方案的情况下（如药物致害案件中市场份额等无法确定），在拟制的侵权责任人基础上，假设各侵权责任人对于损害的贡献是相同的，从而得出责任份额和责任承担形式，即侵权责任分担规则也需以法律明文规定或判例确定。

---

① 参见［奥］肯·奥利芬特主编：《损害的合并与分割》，周学峰、王玉花译，中国法制出版社 2012 年版，第 1 页。

② See Summers v. Tice（Supreme Court of Caliofornia，1945. 33cal. 2d 80，199 p. 2d1）. 转引自潘维大编著：《英美侵权行为法案例解析》（上），益诚彩色印刷公司 1986 年版，第 211 页。案情简介：原告与被告二人均为狩猎队队员，事发当时，被告二人因其过失，误以为原告所在位置有猎物出现，遂不约而同地朝原告处各开一枪，其中一枪误中原告的眼睛，但无法证明究竟为何人开枪所致。

③ See Sindell v. Abborr Laboratories（Supreme Court of California，1980. 26 cal. 3d 588，607 p. 2d 924，163 Cal. Rptr. 132，Cert. denied 449 U. S. 912，101s. Ct. 285，66L，Ed. 2d 140［1980］）.

第二节　比较法视野解决方案及国内立法的缺失

致害人不明数人侵权行为的理论源头是罗马法上的“倒泼和投掷责任之诉”，罗马法区分了两种情况：如果一个房屋内有数人共同居住，他们须对该房屋内发生的倒泼和投掷行为负连带责任。乌尔比安在《告示评注》中说：“假设抛掷物来自某所由多人共同居住的房子，那么受害人可以针对房屋内任意人起诉。”① 但如果一幢房屋是由数人分别居住的，则被侵权人仅能向倒泼和投掷部分的居住人起诉。笔者认为，这个但书应该是有前提的，即尽管数人分别居住在同一幢房屋内，但只有能够确定实施致害行为的人的时候才能够起诉该人，如果没有办法确定致害行为人，依照法律的本意，分别居住在同一幢房屋并不是决定无法起诉屋内所有人的理由。罗马法的做法是现在致害人不明问题处置方式的源头，但是罗马法区分的两种情况，其实质是一种致害人不明的情形。由于一个房屋内有数人共同居住，无法确定具体侵权行为人，所以拟制整个已知群体承担连带责任。在数人分别居住在同一幢房屋内的情形中，如果能证明侵权行为人为何人，其实就转化成了致害人明确的案件。

现代大陆法系对于致害人不明侵权责任主要关注的是共同危险行为。在立法上，大陆法系各法域一般将共同侵权行为的规则适用于共同危险行为，也就是说，共同危险行为的当事人需要承担连带责任。例如，《德国民法典》第830条第1款②、《埃塞俄比亚民法典》第2142条第1款③、《荷兰民法典》

---

① ［意］桑德罗·斯奇巴尼选编：《债·私犯之债（Ⅱ）和犯罪》，徐国栋译，中国政法大学出版社1998年版，第45页。

② 《德国民法典》第830条第1款规定：因数人共同实施侵权行为加害于他人时，各加害人负连带赔偿责任。不知共同行为人中何人为加害人时，亦同。

③ 《埃塞俄比亚民法典》第2142条第1款规定：如果损害是由数人中的某个人造成的，并且不能查明所涉及的哪个人是加害人，法院在衡平需要时，可命令由可能造成损害，并且在其中确定可找到加害人的那一群人共同赔偿损害。

第6：166条第1款[①]和《魁北克民法典》第1480条[②]等。需要特别说明的是，由于《魁北克民法典》第1478条实际上采纳了比较有责性下废除连带责任的基本规则，该条规定相当于在传统大陆法系的共同侵权行为中的致害人不明数人侵权行为和共同危险行为的领域例外保留了连带责任，将致害人不明数人侵权责任的独立地位提高到了一个新的层次。[③] 对于其他类型，成文法一般不涉及，主要通过司法实践判例形成的规则解决，即依据个案情形具体情况具体处理，这一点与普通法相似。实践中法官的主要考量是如何更充分地救济被侵权人或者起到预防未来类似侵权案件发生的效果。在一些案件中，侵权人和被侵权人的人数有可能也会影响法官确定责任承担的结果。实践中形成了危险负担、拟制集体侵权和经营风险负担等多种规则，用以救济被侵权人，但通常是以补偿的名义，而非赔偿。[④]

我国现有法律规定主要针对的是共同危险行为，尚未有针对致害人不明责任问题的原则性规定。例如，《民法典》第1170条[⑤]是我国对于实施了共同危险行为的当事人承担责任的原则性规定。如果能够证明致害行为人，则是个人责任；如果无法证明具体致害行为人，当事人需要承担连带责任以赔偿被侵权人受到的损害。

我国致害人不明侵权法律规定和大陆法系大多数国家一样仅对共同危险

---

① 《荷兰民法典》第6：166条第1款规定：一伙人的成员之一不法造成损害的，若造成此等损害之危险有可能阻却这些人实施共同加害之举，且该共同加害之举可归责于他们，则他们共同承担责任。

② 《魁北克民法典》第1480条规定：数人共同参与了导致损害的过错行为或分别犯有可以导致损害的过错，在这两种情形下，如不能确定损害实际上由他们中的何人或诸过错中的何过错引起，则他们就赔偿此等损害负连带责任。

③ 参见王竹：《侵权责任分担论——侵权损害赔偿责任数人分担的一般理论》，中国人民大学出版社2009年版，第254－255页。

④ 参见王竹：《侵权责任分担论——侵权损害赔偿责任数人分担的一般理论》，中国人民大学出版社2009年版，第252页。

⑤ 《民法典》第1170条规定："二人以上实施危及他人人身、财产安全的行为，其中一人或者数人的行为造成他人损害，能够确定具体侵权人的，由侵权人承担责任；不能确定具体侵权人的，行为人承担连带责任。"

行为进行了规定，对于其他案件类型没有明文规定。大陆法系国家通过司法实践中法官自由裁量的方式来处理具体致害人不明案件，并形成了多种规则。这些规则对于我国未来的立法尝试具有借鉴意义。但是由于我国各地区法院法官的质素不一，将致害人不明案件完全交给法官的自由裁量权决定容易造成分配标准不一和任意性强等问题，可能损害被侵权人的权益，也有可能将没有可责性的主体纳入责任人的行列，这并不是法治社会应该存在的状态，我国侵权致害人不明领域亟须相应法律规则的调整。

第三节　海上侵权致害人不明责任分担建议方案

一、责任份额划分的拟制

鉴于侵权责任法的局限性，侵权法领域研究的致害人不明承担责任规则仅指侵权行为人范围确定，只是致害行为人不确定的情况。概括来说，侵权责任分担领域致害人不明案件面临的主要是两方面问题，即责任份额划分和责任人内部关系。致害人不明案件中，所有侵权责任人从法律的角度说都是拟制的，故而在此类案件中，首次分配阶段需要解决的问题是侵权责任人的份额比例和与侵权责任分担形态的对应。理论上，越接近实然可责性和原因力比例份额的分担责任方案越符合正义要求，有学者称为“实质同等性”标准。[①] 同时，致害人不明案件不仅是共同危险行为，也有可能涉及按份责任或连带责任等多种责任分担形态。确定侵权责任人对被侵权人承担损害赔偿的方式也是首次分配阶段需要解决的问题。在确定了责任份额和责任分担形态方案后，在最终承担阶段就与致害人明确案件一样，可能适用内部转移形

---

① 参见王竹：《侵权责任分担论——侵权损害赔偿责任数人分担的一般理论》，中国人民大学出版社 2009 年版，第 259 页。

式对应规则等。

详言之，如果承担侵权责任的人为一人，那么只涉及侵权人和被侵权人之间赔偿份额的划分。如果侵权责任人有两人或两人以上，他们之间利用某种方式确定责任份额比例。在侵权责任人为两人或两人以上时，如果责任人之间承担的是按份责任，各自在赔偿了被侵权人之后，就消灭对被侵权人的债权债务关系；如果责任人对被侵权人承担连带责任，承担了多出自身责任比例的当事人可以要求其他责任人分摊自己的责任份额，这个过程是最终承担环节。海上侵权致害人不明责任分担案件各责任人承担责任的依据源于各法域的政策考量，如英国允许以被告制造了风险为由施加责任等。结合海商法效率与分配正义的价值追求，海上侵权致害人不明责任分担应遵循效率与分配正义并重的原则，从平衡船货利益的角度出发，结合政策导向，制定具体责任份额划分和内部转移责任规则。

在致害人不明案件中，侵权责任成立后赔偿阶段需要考量的问题主要是三点，即责任人的责任份额确定方案、责任分担形态和内部责任关系。前两点属于首次责任分配阶段需要解决的问题。致害人不明侵权责任案件中，尽管事实层面因果关系证成困难，但是致害行为造成损害的事实是一目了然的，即在实然层面上，各方的可责性和原因力比例是存在的，需要找到替代方案来解决由于致害人不明造成的责任归属困难。比较法的规定为确定致害人不明案件中各方的责任份额提供了参考依据。例如，前文提到的《美国侵权法重述·第二次》第433A条第1款第b项提出了“合理基础”标准，值得借鉴。通常情况下，首先确定与造成损害程度大体相等的基本标准，例如同等数量的污染物造成的损害范围大体相等，两头牛或者两条狗造成的损害可能大致相同。多个共同造成的同种污染，可以按照排污量承担损害赔偿责任；多条狗咬伤羊群的情况，依据狗的数量承担损害赔偿责任；几头牛吃了庄稼，主人们依据牛的数量承担赔偿责任；多人未尽防水义务，致使他人土地遭到破坏，依据防水量的多少承担损害赔偿责任等。美国的市场份额责任方案也是解决责任分担份额的替代方案的尝试，该方案主要形成于“DES 安胎剂案”中。已烯雌酚（Diethylstilbestrol，DES）是一种安胎药，行销多年后发现其中含有致癌物质。原告母亲怀孕期间曾服用该种药物，致使原告成年后患癌症。原告在不能证明其母服用何家药商生产的药物的情况下，以生产该药而市场占有率共计九成以上的 5 家药商为共同被告（实际厂商有 200 多家），起诉要求损害赔偿。该案法官支持了原告的索赔，并依据各药商的市场份额确定了责任份额。除此之外，我国学者还提出了修正的按份责任说，实质是确定责任份额标准的修正，即在致害人不明侵权案件中，由于被侵权人无法举证具体致害人是谁，法律政策和价值层面可以加以倾斜。被侵权人虽然无法确定谁是真正的致害人，但起码可以初步举证在哪个地点受到的伤害，法院据此判断哪一部分潜在致害人距离被侵权人的伤害更近，哪些更远，从而确定各个可能致害人的责任，即按份但有区别的责任；确定有区别的标准就是距离远近，即客观空间距离。[①] 综上所述，笔者建议，在致害人不明案件中确定各方责任份额时应该坚持以下原则：第一，致害人不明不意味着确定责任份额的过错程度、原因力比例等在事实层面的不存在，仅是致害人不明使其客观化困难。因此，致害人不明责任份额确定方案需要将过错、原因力等因素尽量客观化，以尽量接近实然比例为目标。第二，区分致害人不明案件类型借鉴比较法确定责任份额方案。比如，在药物致害的案件中可以借鉴美国的市场份额方案；在职业病如长期暴露于有毒有害物质的案件中，可以借鉴欧洲石棉瘤案件的处理模式。随着现代工业发展，侵权案件的危险源从单个人之间的侵权过渡到以企业活动为中心的阶段，职业病的侵权案件往往表现为大规模侵权，因此欧洲法院在处理这类案件时形成了集团诉讼等规则。[②] 第三，通过立法确定致害人不明案件处理的原则性规定，承认致害

---

① 参见康莉：《加害人不明的侵权责任的研究——“修正的按份责任”提出》，中央民族大学 2011 年硕士学位论文，第 33 页。

② 具体解决方案参见孙大伟：《欧盟对大规模侵权案件的规制》，载上海法治报网，http：//newspaper. jfdaily. com/shfzb/html/2014 - 12/03/content_43470. htm。

人不明案件特殊归责原则的存在，给实践以指导，鼓励司法实践的探索，在积累一定经验的基础上，尝试针对特定类型案件制定法律规则。

二、责任分担形态的确定

致害人不明案件中，依据不同情况需对应按份责任或非按份责任。致害人不明案件中较为常见的是共同危险行为。比较法上，共同危险行为多数适用连带责任。共同危险行为的处理方式主要来自打猎案，即数名猎人同时向被侵权人方向开枪，只有一颗子弹打中该人，但无法证实这颗子弹属于哪把枪支打出来的。1909 年的德国最高法院在类似的案件中也持相同的观点，即共同危险行为人需要承担连带责任。[①] 法国法上确立连带责任的案例是 1957 年的 Litzinger v. Kinteler,[②] 该案的判决成为后来类似案件处理的主要方式。[③] 据学者研究，希腊、奥地利、荷兰和意大利等国目前还没有出现这方面的案件，但是从理论上分析这些国家也同意其他国家的做法。[④] 英国法院还未对打猎案的判决进行有效性的认定,[⑤] 对于这个领域类似的案例英联邦法院的处理方式是沿用加拿大最高法院 1951 年判决的 Cook v. Lewis 一案。[⑥] 假设打猎案这样的情形由英国法院判决，目前少数学者认为其他国家的做法如果带到英国可能产生与因果关系原则的冲突,[⑦] 但是更多的学者认可其他国家的做法。[⑧] 早期美国法院对打猎案主要依据证据法上“更可能

---

① 参见张新宝、李玲:《共同侵权的法理探讨》，载《人民法院报》2001 年 11 月 9 日，第 3 版。

② See D 1957, Jur. 493.

③ See Benedict Wingier, Helmut Koziol, Bernhard A. Koch, Reinhard zimmermann eds., *Essential Cases on Natural Causation*, Spring Wien New York, 2007, p. 364.

④ See Benedict Wingier, Helmut Koziol, Bernhard A. Koch, Reinhard zimmermann eds., *Essential Cases on Natural Causation*, Spring Wien New York, 2007, p. 388.

⑤ See W. van Gerven, P. Larouche, J. Lever, *Cases, Materials and Text on National, Supranational and International Tort Law*, Hart Publishing, 2000, p. 444.

⑥ See [1951] SCR 830, (1952) 1 DLR 1, SCC.

⑦ See W. V. H. Rogers, Winfield and Jolowicz *on Tort* 16th edition, Sweet & Maxwell, 2002, p. 223.

⑧ See Simon Deakin, Angus Johnston, and Basil Markesinis, *Markesinis and Deakin's Tort Law*, Oxford University Press, 2008, p. 252.

有”（more likely than not）这一法律规则确定谁应承担责任的问题。假设 A 的枪发射了两颗子弹，B 的枪仅发射了一颗，此时 A 应该承担全部责任，B 无需承担责任。加利福尼亚高等法院在 Summers v. Tice 一案中创造性地适用了连带责任。因为该案中两名被告的枪都只发射了一颗子弹，根据概率计算，他们每个人均有 50% 的致害可能性，这个比例没有达到“优势证据规则”（preponderance evidence）下 50% 以上的要求。[①] 如果按照这个规则的要求，被侵权人就无法向被告要求损害赔偿，为解决这样的困境，加利福尼亚高等法院在该案中首次适用了连带责任，判决两名被告向被侵权人共同承担连带责任。[②]

从前文的分析可以发现，各国在对待共同危险行为的态度上虽然经历了一些变化，但是在适用连带责任的结果上基本达成了一致。[③] 基于我国《民法典》的规定，目前共同危险行为在我国也是适用连带责任。笔者建议，我国共同危险行为宜继续适用连带责任。主要理由可以从以下几个方面阐述：首先，我们需要澄清共同危险行为是否应该适用连带责任在本质上是什么问题。根据侵权责任分担形态理论，侵权行为形态对应侵权责任分担形态，因此上述问题可以转化成共同危险行为这种致害人不明侵权行为形态应该对应何种侵权责任分担形态，是按份责任还是非按份责任？在另外一些典型的依据共同危险承担责任领域，如产品责任和多人造成环境污染的案件中，可以依据法律的明确规定承担非按份责任，目前主要是不真正连带责任。其次，共同危险行为可能存在于多种领域和多种侵权行为结合的情形，属于一般侵权责任分担形态的适用问题，即对应按份责任还是连带责任。上文已述，在这种情况下以适用按份责任为主，连带责任为辅。共同危险行为最重要的特点是致害行为人无法确定，因此每个被告只有两种事实，是致害行为人或者

---

① See 199 P. 2d 1（Cal. 1948）.

② See Richard A. Epstein, *Torts*, Aspen Publisher, 1999, p. 226 - 227.

③ 参见王竹：《侵权责任分担论——侵权损害赔偿责任数人分担的一般理论》，中国人民大学出版社 2009 年版，第 273 - 274 页。

不是致害行为人。按份责任的基本原理是在致害行为人之间依照过错、原因力或者其他因素进行责任份额的分配，这与共同危险行为的被告情况不符，因此共同危险行为无法适用按份责任这种责任分担形态。下一个问题是共同危险行为是否可以对应连带责任这种分担形态。连带责任的本质在于赋予被侵权人向某一被告要求全部损害赔偿的权利，这就免除了被侵权人分别确定每个人是否为致害人的责任。换句话说，连带责任并不在于确定哪个人是致害行为人，仅是要求每个被告保证被侵权人的损害得到全部赔偿的权利。因此，共同危险行为适用连带责任就可以解决共同危险行为中致害人不明的问题，将致害人不明情形转化成可以用法律追责的侵权案件。从这一点上说，共同危险行为对应侵权责任分担形态问题实质上和共同危险行为的成立是同时判断的。当共同危险行为成立，每个被告因为造成了客观危险具有侵权责任法上的可责性，因此共同承担连带责任。

在其他类型的致害人不明案件中，笔者建议以案件类型为依据通过借鉴比较法经验确定对应责任分担形态规则。在初始阶段，不宜通过立法予以详细规定，在积累了一定经验的基础上，可以尝试在特定案件类型中确定基础规则。例如，美国侵权法上的市场份额责任即是从司法实践中形成的规则。市场份额责任主要是通过 DES 安胎剂案[①]形成的处理致害人不明案件的方式，这是对于当代新型侵权造成大范围损害新实践的回应，也是比较法上较受关注的致害人不明数人侵权责任分担制度。市场份额责任以特殊的方式在致害人不明的情况下，确定了各责任人的份额和承担责任的形态。[②] 市场份额责任规则不仅在美国国内成为解决产品缺陷责任致害人不明侵权责任分担问题的重要方式，同时，该规则对欧洲其他国家的司法实践也起到了推动作用，各国出现了许多类似的判决结果，在学术上也引

---

① See Sindell v. Abborr Laboratories（Supreme Court of California，1980. 26 cal. 3d 588，607 p. 2d 924，163 Cal. Rptr. 132，Cert. denied 449 U. S. 912，101s. Ct. 285，66L，Ed. 2d 140［1980］).

② 参见王竹：《侵权责任分担论——侵权损害赔偿责任数人分担的一般理论》，中国人民大学出版社2009年版，第282页。

发了热烈的讨论。在加利福尼亚高等法院通过判例确定适用市场份额责任后，随后至少有 8 个州明确在 DES 安胎剂案中适用了某种意义上的份额责任。[①] 值得注意的是，由于美国各州自有相互独立的立法和司法权，市场份额责任在美国侵权法上并未得到所有州的承认，而且采纳和反对市场份额责任的州在数量上不相上下。[②] 不过有美国学者认为，美国人口最多的四个州（加利福尼亚州、得克萨斯州、纽约州和佛罗里达州）都采纳了该规则，足以证明该规则实际上是美国法上较为主流的规则。[③] 因此，笔者建议在共同危险行为这类致害人不明案件中，宜继续对应连带责任这种侵权责任分担形态；在其他致害人不明案件类型中，通过比较法实践总结经验，等待较为成熟的时机，在确定基本赔偿原则的基础上，针对特定类型案件作出明确规定，通过司法实践相应调整规则的具体内容和方式。随着现代工业的发展，侵权源头已经从个人扩展到企业和其他主体，侵权种类也不断增加。立法者应保持开放的态度，针对新出现的致害人不明案件类型，在承认此种特殊类型侵权的前提下，提出应对之策。

第四节　海洋倾废和船舶漏油致害人不明示例

海洋倾废和船舶漏油案件中经常存在致害人不明的情形，利用致害人不明责任分担原理可以为这类案件的处理提供一些参考思路。我国立法目前对于何谓海洋倾废，并没有明确的定义，但我国参加的相关国际公约中对于海

---

① See Texas [Hardy v. Johns - Manville Sales, Corp., 509 F. Supp. 1353 (E. D. Tex. 1981)], South Dakota [McElhaney v. Eli Lilly& Co., 564 F. Supp. 265 (D. S. D. 1983)], Massachusetts [McCornack v. Abbott Labs., 617 F. Supp. 1521 (D. Mass. 1985)].

② See ALI, *Restatement of the Law*, *Third*, *Torts*: *Liability for Physical and Emotional Harm* April 6, 2005, §28 Burden of Proof, Comment o. Market - share liability.

③ See Christoper J. McGuire, *Market - Share Libility after Hymowitz and Conley*: *Exploring the Limits of Judicial Power*, 24 U. Mich. J. L. Reform 759 - 783 (1991).

洋倾废的定义适用于我国。[1] 海洋倾废作为环境侵权的一种，常常存在多个倾废承包方同时在同一倾倒区内展开倾废业的情况，而且海水具有流动性，一旦造成污染，也很难说明具体是由哪一承包方造成的，这就会给被侵权人的举证带来一定困难。海洋倾废污染损害中的被侵权人往往是处于弱势的一方，如果按照一般民事侵权理论要求其对因果关系承担举证责任，要求被侵权人明确指出污染是由哪一实施倾废的承包方造成的，将不利于被侵权人寻求救济。因此，我国《民法典》规定污染适用严格责任，《民法典》第1230条的规定表明，我国在污染案件的致害因果关系上采用举证责任倒置。[2] 实践中可借鉴环境侵权中证明因果关系的学说，特别是盖然性因果关系说，减轻被侵权人的举证负担。对于被侵权人来说，因海洋倾废所涉及的主体众多，其很难确定具体的致害人，所以司法实践中，被侵权人对被告的选择存在两种倾向：或者考虑发包方和承包方的经济实力，谁有能力赔偿就向谁索赔；或者一揽子地向所知的所有倾废相关方索赔。但不论哪种做法都不能达到预想的效果。我国法律有关海洋环境侵权的责任主体规定并不清晰，而且海洋倾废的倾废工程发包方与承包方相分离，且涉及的如船舶等倾废工具存在租

---

① 我国2023年修订的《海洋环境保护法》第120条第7项规定："倾倒，是指通过船舶、航空器、平台或者其他载运工具，向海洋处置废弃物和其他有害物质的行为，包括弃置船舶、航空器、平台及其辅助设施和其他浮动工具的行为。"《海洋倾废管理条例》第2条规定："本条例中的'倾倒'，是指利用船舶、航空器、平台及其他载运工具，向海洋处置废弃物和其他物质；向海洋弃置船舶、航空器、平台和其他海上人工构造物，以及向海洋处置由于海底矿物资源的勘探开发及与勘探开发相关的海上加工所产生的废弃物和其他物质。'倾倒'不包括船舶、航空器及其他载运工具和设施正常操作产生的废弃物的排放。"《联合国海洋法公约》第1条及《防止倾倒废物及其他物质污染海洋的公约》（以下简称《伦敦倾废公约》）1996年议定书第1条都将"海洋倾废"界定为：（1）从船只、飞机、平台或其他人造海上结构故意处置废物或其他物质的行为；（2）故意处置船只、飞机、平台或其他人造海上结构的行为。并且都将船只、飞机、平台或其他人造海上结构及其装备的正常操作所附带发生或产生的废物或其他物质的处置排除在外。唯一的区别是，1972年《伦敦倾废公约》1996年议定书明确排除"海床矿物资源的勘探、开发和相关近海加工或与此有关的废物或其他物质"对该公约的适用，且规定废物或其他物质系指任何种类、形态或形式的材料和物质。我国是《联合国海洋法公约》和《伦敦倾废公约》的缔约国，因此两公约关于海洋倾废的定义也适用于我国。

② 《民法典》第1230条进一步规定："因污染环境、破坏生态发生纠纷，行为人应当就法律规定的不承担责任或者减轻责任的情形及其行为与损害之间不存在因果关系承担举证责任。"

赁可能性，所涉主体更多。被侵权人不能依据现有法律明确应该向哪一责任人索赔。对于这一问题，目前主要有两种解决方案：第一种是参照油污损害赔偿，将实际实施倾废的倾废工具所有人定为唯一的对外赔偿主体。第二种是依据共同侵权理论，扩大赔偿主体范围。

第一种方案下，根据现有船舶油污损害赔偿公约及我国法律，当船舶造成油污损害时，由船舶所有人对所造成的污染损害负责。当事故涉及两艘或两艘以上船舶，且造成的损害无法合理区分时，除存在免责的情况外，污染者承担连带责任，即如果损害无法合理区分，那么相关船舶所有人都要承担责任。海洋倾废案件也可以参照此思路，将倾废损害责任加给倾废工具所有人。在实践中，海洋倾废污染损害的被侵权人不易知道海洋倾废工程的发包方是谁，也不易知道到底是发包方还是承包方向行政部门作出的倾废申请，但倾废作业大多利用船舶进行，被侵权人能直观地看到是哪一艘或哪几艘船舶在进行倾废作业。参照船舶污染损害的做法，如果能够辨明倾废污染损害由哪一船舶造成，则向这一船舶索赔；如果不能，则所有实施实际倾废的倾废船舶所有人都要对造成的损害负责。如果涉及的倾废工具是海上移动平台，根据《海商法》关于船舶的界定，其也在船舶的范围内，也同样由实际实施倾废工具的所有人赔偿。即使过错不在作为承包人的倾废工具所有人而在发包人，所涉及的也只是承包人事后向发包人索赔的问题。

第二种方案是依据共同侵权责任承担理论。我国《民法典》第 1170 条对共同侵权作出了规定，即存在多人实施危害行为，并给他人造成损害时，如果能够确定损害具体由哪一个侵权者造成，则由其承担责任，如果不能确定损害由谁造成，则由实施危害行为的数人承担连带责任。环境共同侵权是共同侵权的一种特殊类型，环境共同侵权包括行为人无意思联络仅是客观行为结合、行为人间存在意思联络、存在共同过失或者存在故意与过失结合几种情形。在共同侵权的理论下，如果数个行为人实施了污染行为并造成损害，无法确定污染由具体哪个污染者造成，但损害一定是数个加害人中某一个或部分人所为的，其结果是连带责任的承担。上文曾分析过，共同侵权适用连带责任可以使索赔者无需证实具体哪一方为致害行为人。绕开致害人不明这一因素确定责任赔偿，尤其适合数人造成环境污染但无法确定是哪个排污者造成的情况。在海洋倾废污染中，存在数个承包方，承包方同时进行倾废作业造成污染，如果不能确定是哪一个承包方造成的污染，即不能辨明哪一个是真正的致害人，则可能的责任方都要承担责任。由此可解决被侵权人难确定致害人的问题。此外，除实施具体倾废的承包方，海洋倾废的所有者或者倾废的发包方，也应对废物的处置负责。现代环境侵权法通过扩大赔偿主体范围，规定了广泛的连带责任。例如，1980 年《美国综合环境反应、赔偿和责任法》规定，污染物质造成环境损害后，连带责任者包括：（1）污染物质储存设施、容器的所有者和营运者；（2）污染物质处置设施的所有者和营运者；（3）污染物质的运输者等。后来，判例法将连带责任者扩大到：（1）污染物质储存设施、容器的以前所有者和营运者；（2）其土地上曾经坐落污染物质处置设施的当前土地所有者；（3）污染物质的产生者；（4）参与危险物质处置和相关决策的企业官员。这条规定中所涉主体，都对污染物的处置有一定的决定权或控制权，所以用连带的方式增加他们的责任。在海洋倾废中，废物所有者及实际的倾废承包方可分别归入上述的污染物质的生产者和污染物质处置设施的所有者和运营者。他们都对船舶或者其他倾废工具的作业或废弃物的处置具有一定的决定权、实际控制权，能够控制污染物的处理，因此可由他们承担连带责任。

笔者认为，上述两种方案具有各自的优点，但是综合考量，笔者更倾向于第二种方案。尽管目前国际公约和我国法律将油污责任人限定在漏油船舶所有人，但是我国在处理油污案件问题时存在双轨制。我国参加了《〈1969 年国际油污损害民事责任公约〉1992 年议定书》和《2001 燃油公约》，《1992 年国际油污损害民事责任公约议定书》2000 年修正案也已于 2003 年对我国生效。无论是1992 CLC还是《2001燃油公约》都规定船舶所有人对油污损害承担严格责任，两公约将第三人有意造成的油污损害均作为船舶所有人不负责任的事项之一。但是依据我国《民法典》，污染适用严格责任，在致害因果关系上采用举证责任倒置。同时《民法典》第1233条明确规定，因第三人的过错造成的污染，被侵权人可以向污染者请求赔偿，也可以向第三人要求赔偿，且侵权人赔偿后有权向第三人追偿。这赋予了被侵权人选择权，被侵权人可以根据实际情况，决定索赔对象。因此，我国目前处理此类问题是双轨制，涉外案件与国内案件的举证责任不同。[①] 如果在致害人不明的情况下，《民法典》第1233条无疑更保护被侵权人。对于上述两种方案，笔者建议在海洋倾废案件中适用连带责任。尤其是在致害人不明时，连带责任能够减轻被侵权人的举证责任，将举证不能责任加给被告。现有国际公约对于油污致害人不明的情况也作了连带责任的规定。例如，《1969年国际油污损害民事责任公约》第4条[②]明确了承担连带责任的前提是两艘或多艘船舶均漏油以及损害不可区分的时候。但是1992 CLC第4条[③]还包括了无法确定是哪艘船舶漏油的情况，即侵权致害行为不明的情况，这无疑是一种进步。其他领域的立法可以借鉴这一领域的规定，将举证责任倒置以解决致害人不明时索赔的困难。但是在海洋倾废案件中适用连带责任有可能存在责任限制的问题。船舶及海上移动平台的所有人作为责任人可享受《海商法》所规定的海事赔偿责任限制，而废物的所有者或者倾废工程的发包方却没有办法享

---

① 笔者认为造成双轨制最重要的一个因素是《民法通则》第142条的规定方式。《民法通则》第142条第2款规定："中华人民共和国缔结或者参加的国际条约同中华人民共和国的民事法律有不同规定的，适用国际条约的规定，但中华人民共和国声明保留的条款除外。"该款处理的是国际公约与我国民事法律适用的问题，该款的性质应该是民事实体法规定，即普遍适用于涉外和非涉外法律关系。但是《民法通则》却将该款规定在涉外民事关系的法律适用一章，限制了其适用范围。因此，目前我国在处理油污损害赔偿问题上成为双轨制。《民法典》生效之后，对于如何处理涉外和国内案件法律适用问题目前国内立法并未有原则性规定，仅出现在若干部门法之中。

② 《1969年国际油污损害民事责任公约》第4条规定：两艘或多艘船舶溢出或排放油类造成损害，所有有关船舶的所有人，除可免责外，应对不能合理区分的损害负连带责任。

③ 1992 CLC第4条规定：在发生涉及两艘或更多船舶的事故并造成油污损害时，所有有关船舶的所有人，除可免责外，应对所有无法合理分开的此种损害负连带责任。

受《海商法》所规定的海事赔偿责任限制。对于被侵权人来说，其向废物所有人或倾废合同项下的发包人索赔可以得到全部赔偿，而向倾废合同项下的承包人索赔将会受到限额的限制。基于此，被侵权人在实践中一定会避开责任限制，向废物所有人或倾废发包方索赔。废物所有者或发包方赔偿被侵权人损失后，再向倾废承包方追偿，倾废承包方却能够享受责任限制。在这种情况下，将可能涉及责任限制优先适用规则的调整。

第六章 完善海上侵权责任分担法律制度的建议

法律制度是指一个国家或地区的所有法律原则和规则的总称。尽管学者对于法律制度的具体定义有所争议，但是大多数学者认可的观点是法律制度至少有一层含义，即相关法律规则的集合体。本书在这一意义上使用法律制度这一词语。海上侵权责任分担法律制度是调整同一案件中，被侵权人与其他侵权赔偿责任人以及赔偿责任人之间损害赔偿责任、受偿不能风险及程序负担首次分配和最终承担法律原则和规范的总称。本章笔者将从三个方面论述海上侵权责任分担法律制度的完善，即价值基础、主要内容和制度定位。

第一节 海上侵权责任分担法律制度价值基础

一般认为，法律调整对象的差异决定了法律部门区分的标准。海上法律规则的调整对象由于地域的划分自然区别于普通民事法律规则覆盖的范围。除了此项根本差异外，另外一项差异是价值取向[①]。价值取向的差异也是区别法律部门的主要依据，[②] 亦是决定法律规则不同表现形式的根本原因。价

---

① 价值取向不同于法律原则，而是其上位概念，同时法律原则也是价值取向最重要的体现方式，价值取向决定法律原则，法律原则决定法律规则。

② 参见赵万一：《论民商法价值取向的异同及其对我国民商立法的影响》，载《法学论坛》2003 年第 6 期。

值取向包含两层含义：第一层指立法机构借助法律规则欲达到的某种价值追求；第二层是价值选择问题，即在多个价值发生冲突之时，立法对于价值的排序问题。因此，价值取向表现了某一领域法律规则的应然追求和实然选择。民法下的一般侵权责任法最重要的价值取向是公平，分配正义是实现公平最理想的工具，① 因此，分配正义成为一般侵权责任法侵权责任分担的解释论基础不足为奇。但是产生于商人习惯的海上侵权规则更为关注利益，利益是联系海上各行业相关主体的纽带。其源头是商法理念，而商法的最高价值取向是效益，立法上采用的是效益优先原则，因此，植根于海上法律规则的侵权责任分担规则不可避免地要处理效率与正义的关系问题。论述这个问题需要从法律规则的实然性和应然性两个方面进行：海上贸易习惯规则体现了其价值取向的实然性，这主要表现在两个方面即原则和制度上；而立法史体现了海上立法进程对于价值的取舍，属于应然层面的选择。

一、海上贸易习惯的商法特征

商法是商人的商行为法，海上贸易形成的法律规则是商法的最好体现。海上的商事性集中体现在从业主体、责任限制和提单的使用上。由于科学技术水平有限，海上风险往往给从业者带来巨大损害，为了将损害分摊，海上行业最初的从业主体往往是个人联合体。这种联合体的形式类似于有限合伙，可以从最早的海事法典汇编《罗得海法》（Rhodian Law）中找到证据。拜占庭帝国时期，海上贸易繁盛，海上贸易习惯逐渐走向成文法阶段，形成了《罗得海法》。《罗得海法》概述合同的使用情况如下：依据海上合伙关系，甲方出资（金或银），这种出资在合伙关系存续期间需要记录在案。乙方接受出资，即使合伙关系期满也无须返还。但有几种例外情形，即船只失事、抢劫或者火灾等。同时，如果海上风险造成亏损，双方依据记录出资份额和

① 有人认为公平就是正义，是法律的最高价值。参见孙国华主编：《市场经济是法治经济》，天津人民出版社 1995 年版，第 163 页。有人更进一步认为，公平就是分配正义。参见［美］E. 博登海默：《法理学——法哲学及其方法》，邓正来、姬敬武译，华夏出版社 1987 年版，第 255 页。

利润分配的合伙协议分担这些亏损。这个规定表明：首先，甲方的出资形式限于金或银，合伙关系结束时出资并不退还；其次，在发生亏损时，甲方以其出资份额为限承担责任。不难看出，甲的身份类似于现代的有限合伙人的角色。

海上行业由于风险的特殊性，商人习惯形成了有限责任。这种做法的主要目的是鼓励持有资金的主体向航运事业投资，通过对个人逐利行为的肯定和保护，实现个人财富的增加以及社会财富的累计。责任限制制度可以追溯至11世纪康孟达契约的出现，这种契约主要是资本提供者与登船出海航行者之间达成的，适用于长距离海上贸易。航程结束，提供资金的人和航行者按照一定比例分享利润。同时该契约允许资本投资者对损失承担有限责任，即以其投资额为限。康孟达契约为现代的股份有限公司模式打下基础，首次实现了所有权与经营权分离，使资本与人结合，扩大了普通人参与海上贸易的可能性。有限责任的理念在海上贸易发展的进程中保留下来，并形成船舶所有人免责、单位责任限制、海事赔偿责任限制以及其他类型责任限制共存的局面。

另外一个重要的制度是提单的出现。提单最早出现在12～14世纪，伴随着海上运输独立于贸易关系而来。“马赛文书”是关于提单最早的文献记载形式。“马赛文书”由船舶所有人签发，如果船长是船舶共有人，也可以签发。该文书是船方从货方已经收到货物的凭证。但当时的“马赛文书”仅证明船舶所有人收到货物，是收货凭证。货方据此可以要求船方在目的港交货，货方和船方签订合同的内容以及抗辩事项等也记载在该文书上。随着后世贸易的发展，提单的功能日渐丰富，在买卖、结算等环节均扮演着重要的票据功能。提单将基础合同关系与提单关系相区别，即产生提单的法律关系区别于提单本身的法律关系，这一制度的目的是处理货物交易和票据流转。无论是从业主体、责任限制，还是提单等票据制度，都是从效率的角度出发，处理实践问题。这决定了以此为调整对象的海上法律规则的商事性特点。

二、海上侵权法律体系对效率的选择

狄冀在《演讲稿》中指出，万国法是“时间和习惯的产物”。《罗得海法》被公认为海商法的起点，而该法完全由海事案件习惯规则组成。海商法在中世纪重要的法律渊源是三大海法：《奥列隆海法》、《康索拉度法》（Lex Consolato）和《维斯比法》（Laws of Visby）。这三部法典在不同程度上影响并形成了现代普通法系和大陆法系海商法规则。综观海上法律制度，多数海上法律来源于各地区贸易习惯，是航海贸易通常做法的总结，即实践中形成的规则。威廉·泰特雷（William Tetley）教授将国际海商法划分为两大块：国际海商公法，调整国家间有关海上事物关系；国际海商私法，解决不同国家私人主体间有关法律选择、管辖选择和外国法律判决的海事纠纷。① 事实上，无论是国际海商公法还是国际海商私法，其主要来源均为海商习惯法。由于后世公法、私法理念的影响，二者渐渐分离，并被贴上了海商公法和海商私法的标签。海上习惯法最重要的价值追求是效率，效率也因此成为后世成文法中首要的价值追求。

海商法是具有完整规则的法律系统，包括特有的买卖法律、租赁法、担保法、保险法、公司法、程序法规则、法院系统（海事法院）和跨国商法等。② 海商法有自己的权利法律体系，从民法源起，在过去的两百年融合了英国普通法原则和理念，现代海商法主要是普通法法律思维的体现。海商法同时包含了现代国际公约，包括碰撞、救助、海上货物运输、海事优先权和抵押权、船舶所有人责任限制等。这些公约填补了西方法律体系和不同法律体系之间的空白，促进了法律体系的融合。③ 现代海商法和国际公约尽管受

---

① See William Tetley, Q. C, *Uniformity of International Private Maritime Law—The Pros, Cons, and Alternatives to International Conventions—How to Adopt an International Convention*, 24 Tul. Mar. L. J. 775.

② See William Tetley, *The General Maritime Law: The Lex Maritima*, 20 Syracuse J. Int'l. L. & Com. 105 (1996).

③ See William Tetley, *A Definition of Canadian Maritime Law*, 30 U. B. C. L. Rev. 137, 151 – 56 (1996); William Tetley, *Maritime Law as a Mixed Legal System*, 23 Tul. Mar. L. J. 1, 4 – 6, 10 – 29 (1999).

到罗马法影响，但主要是英美商法思维的体现，效率是各法律文件的共同价值追求。

我国《海商法》包括多种实践性较强的领域：海上货物运输、海上旅客运输、船舶租赁、船舶碰撞和海上保险等。“制定《海商法》时主要参考了三类资料，第一类是国际公约，第二类是国际上较为常用的标准合同范本，第三类是国际民间惯例和规则”。[①] 除去《海商法》中关于国家行政等公法关系，上述三类资料绝大多数为英美普通法系国家海商海事司法判例形成的规则。例如，海上货物运输法中，承运人责任体系的构建以及提单的功能主要来自《修改统一提单若干法律规定的国际公约议定书》（Protocol to Amend the International Convention for the Unification of Certain Rules of Law Relating to Bills of Lading）（以下简称《海牙维斯比规则》），该公约主要受到了英美海上实践规则的影响；海上保险法条款主要参考了《英国 1906 年海上保险法》（Marine Insurance Act 1906）；海事赔偿责任限制和共同海损等概念和规则也是普通法立法和司法实践的产物。英美海上司法的逻辑思路是将一般商事合同法理论直接适用于调整海上法律关系，依据海商实践的具体内容，分配当事人的权利和义务。依据这样的逻辑思路，适用于海上平等主体间法律关系的规则实质是商法的产物。因此，格劳秀斯直接将船长和货主称为“商主体”。[②] 尽管我国《海商法》在制定过程中也融合了部分民法思维，例如对《1978 年联合国海上货物运输公约》（以下简称《汉堡规则》）实际承运人的借鉴和自创的规则等，但是如果对商法思维和民法思维进行排序，商法思维无疑是海上私人主体间法律规则的首要指导思想。商法规则是实践性规则，民法规则是前向制度规则，作为商法价值追求的效率自然是海上侵权法律规则的首要价值追求，这符合海上法律规则来源于实践总结的特点。

---

① 郭瑜：《海商法的精神——中国的实践和理论》，北京大学出版社 2005 年版，第 10 页。

② 参见［荷］胡果·格劳秀斯：《格劳秀斯私法导论》，张淞纶译，法律出版社 2015 年版，第 287 页。

三、效率与分配正义的融合

海上货物运输合同中船方众多的免责条款和海上案件中海事赔偿责任限制的普遍存在，导致人们对海上法律公平正义的质疑。但事实是，海商法的主要私人主体规则是典型的商事规则，追求效率是商事规则的本质使然，但是这并不意味着对正义的放弃。面对海上风险的特殊性，海上法律形成了独特的风险分配机制。“从这个意义上讲，海商法可视为一套成本分摊体系。目的是找到一个对所有参与航运业者都最有利的解决方案。”① 海上货物运输领域是国际法律统一化较高的领域，目前形成了该方面的诸多公约，如《统一提单的若干法律规则的国际公约》（以下简称《海牙规则》）、《海牙维斯比规则》、《汉堡规则》和未生效的《鹿特丹规则》等；而海上侵权领域，例如船舶碰撞等，也形成了《1910 年统一船舶碰撞若干法律规则的国际公约》和 1977 年《统一船舶碰撞中有关民事管辖权、法律选择、判决的承认和执行方面若干规则的国际公约》等国际法律文件。

侵权法 20 世纪的危机主要源于价值基础对于新生事物解释的乏力。一门学科水平的高低体现在承受基本概念危机的程度上。一旦该门学科发生危机，即意味着实践和实践相关的理论基础面临衔接关系分裂的危险。解决此种危机的最好办法是将研究工作移植于符合新生事物规律的新基础之上，这正是当代各学科的学者致力于做的事情。② 同时，这也是为什么本书研究侵权责任法解释基础的原因。笔者尝试通过将侵权责任的正当性移植到新的基础之上，自侵权法内部为解除侵权法危机提供思路。尽管我国是民商合一的立法国家，但是民法和商法在法律关系上的天然区别是客观存在的，尤其是在风险分配的考量上。海上侵权行为与一般侵权行为由于地域范围、涉及主体和行业等的差异，海上侵权法在调整范围、调整方式、立法原则等方面不同于

① 郭瑜：《海商法的精神——中国的实践和理论》，北京大学出版社 2005 年版，第 190 页。

② 参见［德］马丁·海德格尔：《存在与时间》，陈嘉映、王庆节合译，生活·读书·新知三联书店 2014 年版，第 11 页。

一般侵权法。这种区别不仅体现在属于侵权责任构成领域的归责原则和因果关系等问题上，还更多地体现在海上侵权责任分担领域，包括确定责任分担的立法理念、考量因素、制度规则、侵权责任承担主体与侵权行为实施者的分离、责任承担机制的多样性等。如果说一般侵权法的价值理念是正义，包括矫正正义与分配正义，那么海上侵权法的价值理念是正义与效率的结合。海上法律对于效率的追求有时会以牺牲个案正义为代价。

由于侵权立法将会实质影响权利变动和归属，与民众的生活息息相关，与时代发展相违背的立法将会造成深重和广泛的社会影响，所以无论是大陆法系还是普通法系，一般侵权法的相关规定都属于较为保守的状态，体现了本民族的国情和特有的历史文化、社会发展水平和道德评价体系。侵权法有自己独特的发展历史，形成了包括罗马法系侵权法、英美法系侵权法、中华法系侵权法、印度法系侵权法和伊斯兰法系侵权法在内的历史渊源。[①] 世界各国和地区的侵权法差异巨大，但是有相同的理念，即通过赔偿的方法救济侵权行为造成的损害，使受到损害的私权利得到法律保护。[②] 正义作为指导赔偿方法和范围的理念也是各国侵权法追求的共同理念。尽管海上侵权行为法目前没有形成统一的国际法律规范，但是随着侵权法第三次浪潮的到来，融合与发展成为不可避免的现实。海上侵权法属于海上调整平等主体间法律的一部分，主要是商法思维的体现，因此效率与正义共同指导海上侵权法的发展。海上侵权责任分担法律制度受制于效率与正义两大理念。“维护交易效率确立的是程序的公平，是商事运行规则的公平，为追求效率，可以牺牲某些案件的公平为成本，但它却是更高层次、更普遍范围的公平与安全。”[③] 海上侵权责任分担法律制度追求的是更高层次的效率和正义，即融合了正义基础价值追求的效率，效率调配下的正义。

---

① 关于历史渊源的详细介绍参见杨立新：《世界侵权法的历史源流及融合与统一》，载《福建论坛（人文社会科学版）》2014 年第 6 期。

② 参见杨立新：《世界侵权法的历史源流及融合与统一》，载《福建论坛（人文社会科学版）》2014 年第 6 期。

③ 王璟：《商法特性论》，知识产权出版社 2007 年版，第 47 页。

效率调配下的分配正义，其基本结构包括三个要素：第一，参与的主体。仅在民事主体之间分配，在部分自然原因可能与损害存在因果关系的时候，这些自然原因也不能被分配债务或责任。但是在海上某些特定领域，如果责任人证明损失是由该方免责的原因引起的，则该部分损失由被侵权人自己承担。例如海上货物运输领域，船方有大量免责条款可以抗辩，包括自然原因引起的损失。赔偿责任仅在当事人之间分配，即在多个侵权人和被侵权人之间进行分配，无论他们是否被纳入诉讼。参与的主体可能是各种民事主体，包括自然人和法人等。第二，被分配的对象。分配的是损害赔偿责任，也包括受偿不能的风险和其他程序负担，即不利益。第三，分配的标准。侵权损害赔偿责任的分配标准主要是过错和原因力，前几章已对上述内容进行详述，不再重复。

第二节　海上侵权责任分担法律制度主要内容

一、首次分配与最终承担阶段划分

有学者认为，侵权责任分担法律制度主要包括四个方面：第一，最终责任分担制度，在包括赔偿权利人在内的所有当事人之间分配最终赔偿责任的法律制度，包括无法确定全部或者部分份额时的平均分配规则。第二，受偿不能风险分担制度，在赔偿权利人与赔偿义务人双方之间，根据侵权责任分担形态的适用，分配受偿不能风险和程序负担的制度，包括因赔偿权利人一方的过错而改变侵权责任分担形态的适用。第三，受偿不能风险实现制度。连带责任人内部的分摊请求权在部分责任人无分摊能力时，在包括赔偿权利人在内的所有当事人之间，按照最终责任比例受偿不能风险的再分配制度，以及不真正连带责任人与补充责任人之间的追偿请求权制度进行分配。第四，致害人不明数人侵权责任分担制度，即最终损害赔偿责任和受偿不能风险及程序负担在包括赔偿权利人在内的所有当事人之间的分配制度。[①]

笔者认为，这样的划分尽管突出了责任性质不同和分担目的的区别，但划分标准不明确导致划分结果存在交叉。例如，上述第四致害人不明数人侵权责任分担制度和第一、第二、第三的整体其实是并列的关系，不应该与前三个方面分别作为并列对象。同时，此种划分方式实践操作性不强，很难想象审理案件的法官依据同样的法律事实分别按照不同规则分配风险责任、损害赔偿责任和程序负担等，这无疑是为实践解决案件问题制造麻烦而非提供助力。

因此笔者建议将海上侵权责任分担法律制度依据致害人是否明确从纵向上进行划分，依据案件发展阶段从横向上划分，即纵向上包含海上致害人明确之责任分担制度和海上致害人不明之责任分担制度；横向由首次分配规则和最终承担规则贯穿和连接。致害人明确和致害人不明将侵权案件类型进行了完全划分，不存在交叉地带，两种案件类型中都可能涉及受偿不能风险责任和最终责任分担问题，即首次分配和最终承担两个阶段。详言之，海上侵权责任分担法律制度以效率为首要价值追求，同时兼顾正义，此种正义主要指分配正义。海上侵权责任分担法律制度是海上侵权责任法的组成部分，衔接海上侵权责任构成法律制度。海上侵权责任分担法律规则包括首次分配规则和最终承担规则。首次分配规则通过海上侵权赔偿份额划分规则、海上侵权责任分担形态对应规则和海上侵权赔偿总额限定规则等确定外部责任范围和承担方式。侵权案件具有多种归责原则，但在侵权责任分担领域，其区分仅具有相对意义。比较法上及我国民商法领域确定赔偿责任份额主要考量过错和原因力，笔者建议我国海上侵权赔偿份额划分的标准采用过错与原因力结合的方式。海上侵权案件中，造成损失的原因和受损权益共同决定侵权责任分担形态的适用。从整体上来说，笔者建议以按份责任为主，非按份责任为辅的侵权责任分担形态架构。海上侵权责任平均分担作为海上

---

① 参见王竹：《侵权责任分担论——侵权损害赔偿责任数人分担的一般理论》，中国人民大学出版社2009年版，第82－83页。

侵权特殊责任分担形态，是侵权责任分担体系中按份责任和非按份责任分担形态的有机补充，在海上部分案件中存在适用的情形。责任限制的理念源于大陆法系，海上法律制度中责任限制制度的发展和丰富主要受到普通法的影响，责任限制规则走进侵权责任分担领域形成海上侵权赔偿总额限定规则。

最终承担规则通过内部转移形式对应规则和特殊规则（主要指海上侵权风险责任再分配规则和责任限制优先适用规则）等解决责任人内部关系。分摊和追偿作为责任人内部责任份额转移的手段和方式，分别对应真正连带责任、不真正连带责任和补充责任。侵权责任分担形态与内部转移形式一一对应的规则，需要考量内部转移请求权的权利属性、适用范围、适用规则和适用限制等的区别。海上侵权风险责任再分配宜采用分摊不能二次分配理念，将分摊不能风险依据各方责任人的责任份额比例重新分配。责任限制优先适用规则确定了海事赔偿责任限制的优先地位。海上侵权风险责任再分配规则的适用，将会在一定程度上缓解连带责任人的负担和困扰。

二、致害人不明领域补充规则

海上侵权责任分担法律制度纵向包含致害人明确责任分担制度和致害人不明责任分担制度。致害人明确和致害人不明情形在归责原则、确定责任份额的规则和对应侵权责任分担形态等方面都存在明显差异。致害人不明案件中致害人的不确定性，导致一般侵权归责原则的适用不能，因此通过法律拟制构建出致害人不明案件的归责原则、责任份额划定标准和侵权责任分担形态对应规则。

在责任份额的确定上笔者建议采用效率与分配正义并重的考量因素，将过错程度和原因力比例等在事实层面尽量客观化，以接近实然比例为目标；最重要的是承认致害人不明案件的特殊归责类型，打破原有依照致害人明确的案件进行归责推理的思路。在侵权责任分担形态的确定问题上，由于我国仅对共同危险行为作出了法律规定，对于其他致害人不明案件缺少相应规定，笔者建议在各典型领域采取特殊规定的方式进行处理，在积累了一定经验的基础上，再尝试统一立法。

在德国的法律工作职业资格制度中，若要成为一名完全的法律工作者，必须通过两次国家法律考试。每一次考试要持续两个星期左右，考生要答近十份卷子，并且题型只有一种，即案例分析。在这种案例分析中，要求考生能够熟练地运用所谓“涵摄”（subsuntion，也译为“归摄”或“归入”）的方法来分析案件。也就是说，将案件的具体事实抽象化而归入某一条款或某一系列的条款之下（通常是请求权的基础性条款），如果能够完全符合该条款的法律后果的前提条件，则判定产生该法律后果。① 在这一分析过程中，第一步就是“找法”。对法律规定的前提条件按照一定的标准分类，使“找法”过程得以简化。在侵权案件中，科学而有效率的分类方法就是责任的类型。同时，在学术研究中，要全面而系统地介绍侵权行为法，这种分类方法也是较为恰当的，并为大部分学者所采用。② 第二步，在通过责任的分类找到案件事实可能适用的法律后，下一步就涉及“涵摄”的具体运用，也就是将具体的事实抽象化而归入所涉及的条款的构成要件的各个要素。这一工作首先要将条款中的这些要素清楚地解析出来。③ 某一个具体的事实是否可以归入法律条款中的抽象的构成要件，是不可能完全通过条文的字面含义和纯粹的理论分析确定的，特别是对于一些有争议的疑难情况。法院以前的判例都发挥着举足轻重的作用。④

本书建议海上侵权责任分担法律制度的完善借鉴这样的思路：第一步，将侵权责任法的责任分担规则进行阶段划分，即首次分配和最终承担阶段。

---

① 参见［德］马克西米利安·福克斯：《侵权行为法》，齐晓琨译，法律出版社 2006 年版，第 4 页。

② 参见［德］马克西米利安·福克斯：《侵权行为法》，齐晓琨译，法律出版社 2006 年版，第 4 页。

③ 参见［德］马克西米利安·福克斯：《侵权行为法》，齐晓琨译，法律出版社 2006 年版，第 4 页。

④ 参见［德］马克西米利安·福克斯：《侵权行为法》，齐晓琨译，法律出版社 2006 年版，第 4 页。

第二步，将每个阶段规则的法律要素剖析出来，以便实践中将具体的事实要素抽象成法律要素，从而归入某一阶段的法律规则中。第三步，推论的形成，通过初步分析案件事实，将案件事实要素分配进首次分配和最终承担阶段，然后将事实要素抽象化，形成用以判定是否匹配该阶段规则的法律要素。匹配则对应该阶段的分担规则，不匹配则承担索赔不能的法律后果。

第三节　海上侵权责任分担法律制度定位

一、组成海上侵权责任法律体系

与时俱进的侵权法体系有这样的特点，在保持基本侵权责任双极结构的同时，面对社会新出现的问题和争议通过创设或引入新的解释方法、概念、规则、制度或者理论等予以自我完善。① 侵权法的根本目的在于对被侵权人的保护，而这种保护是通过对被侵权人的补偿来完成的。但是现代侵权法学者意识到这只是问题的一方面，单纯关注对被侵权人的补偿将会让侵权法的天平过分偏向于被侵权人一方，可能造成对另一方主体即侵权人的新的不公正。② 因此，本书的论述正是还原侵权法的本质和使命，剖析为完成此种使命而应该适用的规则。为达成现代侵权法的使命，在侵权法的结构设计上应该保持双层结构体系，给予侵权责任构成和侵权责任分担以同等关注。侵权责任的归责原则因侵权行为不同而存在差异，海上侵权责任分担领域由于侵权事故所属不同领域，适用的分担规则区别较大，需要在大线条下精细化分。

---

① 参见程宗璋：《侵权法的危机初探》，载《中国矿业大学学报（社会科学版）》1999 年第 1 期。

② 参见［德］马克西米利安·福克斯：《侵权行为法》，齐晓琨译，法律出版社 2006 年版，第 2 页。

笔者建议未来我国侵权责任法律修订时，可以采用侵权责任构成规则和侵权责任分担规则并立的方式，实现“大陆法系为主体，普通法实践为辅助”的侵权法修改思路。[①] 海上侵权责任分担法律制度是海上侵权责任法律体系的重要组成部分。

英国的戴维·休谟在讨论人性时曾提出一个一般性命题，即我们所有的简单观点（idea）在最初形成时都来自简单印象（impression），简单印象对应简单观点，也是简单观点的精确再现。[②] 笔者将印象等同于现象、现象源或客观素材，将观点等同于主观意识。客观素材对应主观意识，简单地推论是客观素材越多，主观意识越丰富。侵权法律规则是立法者主观思考的产物，其对应的是侵权现象或者侵权法律事实，因此数量越多种类越丰富的侵权法律事实将会产生愈加复杂全面的侵权法律规则。从这个角度说，研究侵权法律规则的基础是对侵权法律事实进行有规律的划分。有学者建议将侵权法律事实进行二分法，即侵权行为和侵权事故，相应地将侵权责任法分为侵权行为法和侵权事故法。[③] 侵权行为法和侵权事故法分别规定一般规则和特殊规则，一般规则中包括侵权责任构成规则和侵权责任分担规则，特殊规则根据太空、航空和海上等特殊侵权领域进行立法，并且从侵权责任构成和侵权责任分担两个方面进行规则制定。

上述分类方法存在如下问题：（1）侵权法律事实不仅包括行为和事故，还包括非事故的事件等。这种分类方法是非穷尽划分。（2）侵权行为法和侵权事故法在责任构成和责任分担上存在许多共同的规则，这样的方式将二者重复规定，较为烦琐。（3）与此分类方法对应的是，海上侵权责任法的研究也需要对海上侵权行为和海上侵权事故进行分类研究。事实上二者在侵权责任构成领域和侵权责任分担领域的许多规则是共同的，这样的分类是将此种

① 参见杨立新：《论侵权行为一般化和类型化及其我国侵权行为法立法模式选择》，载《河南省政法管理干部学院学报》2003 年第 1 期。

② 参见［英］戴维·休谟：《人性论》，石碧球译，九州出版社 2007 年版，第 9 页。

③ 参见王竹：《论侵权事故责任》，载《望江法学》2009 年第 3 期。

关系进行人为的割裂。鉴于上述分类方法的局限性，笔者建议在侵权责任法的基础上构建海上侵权责任法律体系，二者是一般法与特别法的关系。在海上侵权责任法中分为两大部分，即侵权责任构成和侵权责任分担，分别针对上述两个阶段进行规则研究，如图 3 所示。

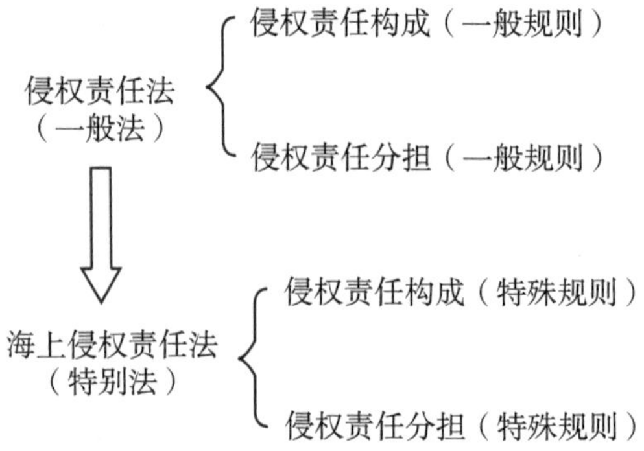

图 3　法律分类

此种分类的优点是将海上侵权责任法视为侵权责任法的特别法，适用特殊规则优于一般规则的规定，有助于解决海上特殊侵权案件。在没有特别规定的情况下，仍然适用一般侵权责任法的规定，无须将侵权责任构成和分担问题的共同规定进行重复立法。此种分类方式下，海上侵权责任分担法律制度是海上侵权责任法的一部分，同时相对于侵权责任法下的侵权责任分担法律制度来说，其是特别规定。当然笔者并非建议在未来必须单独制定海上侵权责任法的单行法典，因为这是一项浩大的工程，不能一蹴而就，笔者仅是从学理上分析海上侵权责任法律体系存在的必要性和合理性，并且建议未来在立法或者修订法律时在此方面加入相关条款。可以从改变现有规则或者增删条款开始尝试，以为指导实践提供法律依据。在《海商法》修订的契机，可以尝试通过增加新章节或者条文的修订将海上侵权责任法律规则并入《海商法》中，此时，海上侵权责任案件在适用法律时，仍然遵循特别法（海商法）优于一般法（侵权责任法）的规则。

二、《民法总则》生效的影响

在《民法总则》生效后，《民法通则》《侵权责任法》《海商法》等关于侵权责任关系的规定之间的适用关系将会发生变化。在《民法总则》生效之前，《侵权责任法》作为调整侵权责任关系的单行法，其相对于《民法通则》为特别法，同时该单行法颁布于《民法通则》之后，因此在适用关系上无论是遵从特别法优先于一般法，还是后法优于先法的规则，《侵权责任法》都优先适用。此时《海商法》等海法体系规定的侵权责任规则相对于《侵权责任法》来说，属于调整特殊领域的规则，在有不同规定时，《海商法》优先于《侵权责任法》适用。但是如果《海商法》的特殊规定与《侵权责任法》的一般性规定冲突，司法实践中一般会依据《侵权责任法》的一般性规定进行判决，在不能确定如何适用时，应依据《立法法》第 105 条和第 106 条的规定处理。也就是说，此时海上侵权责任分担法律制度是《侵权责任法》法律体系的特殊领域制度。

在《民法典》生效后，《民法通则》和《侵权责任法》均失效。《海商法》中调整海上侵权法律关系的规范，需要符合《民法典》有关侵权责任的基本规定，在发生冲突时，法律适用遵循的关系应该是后法优先于先法的规则。也就是说，在处理某一海上侵权法律问题时，首先适用《海商法》，《民法典》的规定作为基本原则和基础性规定弥补《海商法》的不足。《民法典》生效后，海上侵权责任分担法律制度成为《民法典》建立的一般侵权责任分担法律制度的组成部分，在适用具体法律规则时，很可能《民法典》的规定起到主要调整作用。

三、衔接综合救济制度

现代社会是充满风险的社会，是人与人紧密联系的社会。损害无处不在，损害和风险如果不能及时补偿和分散，将会从根本上影响社会秩序，从而影响社会组织关系的稳定。损害和风险的赔偿和分散单纯依靠侵权责任法体系，不仅脱离现实，亦给侵权责任法律体系增加极端的负担。因此，建立法律、保险和社会救助三元一体的综合救济制度已经在学术界和实务界形成共识。① 在这个综合救济制度的法律元素中，主要是指侵权责任法。

传统侵权责任法通过归责原则体系确立当事人责任的有无，将损害和风险全部分配给侵权人或被侵权人，既有可能导致被侵权人的损失无处救济和侵权人责任的规避，也可能导致被侵权人在损害中受益，侵权人承受过重的责任负担。综合救济体系的建立要求责任分担的精细化、系统化，即侵权责任在当事人之间更加科学合理地分配，这项要求主要通过海上侵权责任分担法律制度解决。海上侵权责任分担法律制度通过综合考量包括被侵权人在内的当事人的主客观因素，依据一定的标准将侵权损害赔偿责任在当事人之间进行分配，并且通过调节赔偿方式和范围来平衡当事人之间的权利义务归属，将侵权损害赔偿责任更加合理、系统地在当事人之间分配。只有利用侵权责任分担理论将侵权损害赔偿责任在当事人之间分配，责任才能科学、合理地在综合救济体系中的保险、社会救助元素中进行转移和分散。因此，海上侵权责任分担法律制度是侵权责任法和综合救济体系建立的衔接点。

四、优先适用于海上侵权案件

依据前文的分析，海上侵权案件限定于特定水域，特定水域包括海、与海相通的可航水域。海上侵权案件由于发生地点的不同，适用特定法律规则，区别于一般侵权案件。从概念层面依据适用范围对侵权责任分担法律规则进行划分，可以分为一般侵权责任分担法律规则和特殊侵权责任分担法律规则。一般侵权责任分担法律规则普遍适用于各种侵权案件，属于普适性理论。特

① 关于综合救济体系各方面的具体内容参见张新宝：《设立大规模侵权损害救济（赔偿）基金的制度构想》，载《法商研究》2010 年第 6 期；粟榆：《责任保险在大规模侵权中的运用》，载《财经科学》2009 年第 1 期；刘宇宾：《大规模侵权综合救济体系研究》，吉林大学 2012 年硕士学位论文；叶延玺：《责任保险影响下的现代侵权法变革》，复旦大学 2014 年博士学位论文；王利明：《制定〈社会救助法〉构建综合救济体系》，载网易新闻网 2024 年 8 月 2 日，http：//news. 163. com/11/0308/07/6UJTURDD00 014AED. html。

殊侵权责任分担法律规则仅适用于特定侵权实践领域，并不具有普适性。海上侵权责任分担法律规则由于适用范围仅限于海上侵权案件，属于特殊侵权责任分担法律规则。

一般侵权责任分担中的侵权责任指侵权损害赔偿责任，一般侵权责任分担针对的是同一损害连接的当事人，是将损害赔偿责任、受偿不能风险及程序负担在包括被侵权人在内的数个当事人之间首次分配和最终承担的动态过程。海上侵权责任分担与一般侵权责任分担是特殊领域与一般领域的关系，即在海上侵权领域优先适用海上侵权责任分担规则，在没有特别规定时适用一般侵权责任分担规则。鉴于海上侵权责任分担法律规则是特殊规则，一般侵权责任分担法律规则是一般性规定，某类具体海上侵权案件在适用法律时，应遵循特殊优先于一般的原则。首先适用海上侵权责任分担法律规则，在海上侵权责任分担法律规则没有相应规定时，才适用一般侵权责任分担法律规则。就我国现有法律体系而言，海上侵权案件一般直接适用《海商法》关于侵权责任的规定，在《海商法》没有特殊规定时，可能适用《民法典》和其他基础法律的一般规定。随着我国海上侵权法律体系的完善，未来如果我国针对海上侵权责任分担问题进行了专门规定，那么该类特殊规定应该优先适用于海上侵权案件中。

根据传统机制，法官在处理案件时只需两个步骤：首先，将每个案件中特定的事实要素提炼对应法律条文规定的模式（“角子”）；其次，依据条文找寻提炼的事实要素需要适用的法律（“投币”）。完成这两步后，法官就可以站在终端上等待预期结果的出现。由于在这些步骤里法官只是在机械地操作法律，没有任何主动性和创造性，因此，纽黑文学派认为传统法学理论是“老虎机法理学”（Slot Machine Jurisprudence）。对于这种现象，纽黑文学派建议法官应该在判例中总结一般规律，以对未来相似案件的判决结果产生预判，在综合考量法律价值追求和实践需求的基础上，才能对个案进行审理。①

① 参见吴燕妮：《从纽黑文到新纽黑文：政策定向国际法理论的演变》，载《江西社会科学》2015 年第 5 期。

传统侵权法关注侵权责任构成，通过侵权行为的划分和归责原则的适用得出侵权责任是否需要赔偿的结论，这相当于造就了一个老虎机理论；但是在分配正义深入人心的年代里，简单的老虎机理论已满足不了法治社会的需求。尤其是在侵权责任分担问题上，绝非简单适用老虎机即能解决的，更多需要的是法官的主动和创造。但是法官的主动和创造需要依据一定的规则和原理，不能无限扩大法官的能动作用从而造成自由裁量权的滥用，海上侵权责任分担理论和法律体系的完善即是对此的有益探索。在侵权责任分担领域，法官需要总结判例体现的一般规律，以对未来相似案件的审理结果产生预判，在综合考量法律价值追求和实践需求的基础上才能开始对个案的审判。本书的研究过程即基于此，先对案件依据受侵害权益和造成损失的原因进行归类，总结出适用的一般原则，即首次分配和最终承担，并基于此对未来案件进行预判；再研究海上侵权法律需要考量的价值基础，为法官判案的自由裁量权提供考虑依据。法官据此两方面综合考量得出案件结果。

结　　论

在争论决策形成和期望的正确模式时，布莱克斯通（Blackstone）对边沁（Jeremy Bentham）反驳道：你只是唠叨“人们啊，醒来睁眼看看你的四周吧”。[①] 能够意识到醒来的重要性是思想者的功劳，能够将看后的反思形成实践应该是法律从业者的光荣使命。作为法学研究者，对现象进行思索并形成一定的文字是分内之事。本书正是基于复杂侵权案件频发，社会保障机制逐步走向完善这样的背景，对传统侵权法领域的新问题思考并得出的一些不成熟结论。2016 年 7 月至 8 月公开征求意见的《民法总则（草案）》第 157 条[②]首次从民法总则层面提出了“分担责任”的理念。这是一种开创性的举动，表明我国立法者已经意识到现实的急迫需求，是对责任分担理念的认可及立法尝试。尽管该草案并未对责任分担问题作进一步的说明，但这是对于研究责任分担理论学者价值的间接认可。

亨利·萨姆奈·梅因在批评其之前的法学家理论研究方式的缺陷时曾指出：“他们所犯下的错误类似于一个正在观察物质界的规律的人，应该开始于将现存物理世界看作是一个整体，而不是从构成物质最小成分的粒子着手。”[③] 在研究规律时，较为合理的方式是将其作为一个整体，从客观现象中

---

① 参见万鄂湘、王贵国、冯华健主编：《国际法：领悟与构建——W. 迈克尔·赖斯曼论文集》，法律出版社 2007 年版，第 16 页。

② 《民法总则（草案）》第 157 条规定：“二人以上不履行或者不完全履行民事义务的，应当依法分担责任或者承担连带责任。”

③ ［英］亨利·萨姆奈·梅因：《古代法》，高敏、瞿慧虹译，中国社会科学出版社 2009 年版，第 82 页。

发现一般规律，并将之适用于局部，在适用与反思过程中发现特殊之处，以形成规律的完整面貌。本书的研究正是基于此，将侵权责任分担问题看成一个整体，从而得出一般侵权责任分担规则，再针对特殊领域即局部进行适用和论证，以发现特殊规则。从纯理论层面讲，侵权法调整侵权关系，就目前和能够预见的未来的侵权法律事实而言，并非所有的侵权法律关系具体规则都在侵权责任法之中，尤其是侵权责任分担规则，更是被立法忽视的问题。一般侵权行为的构成适用四要件或三要件，侵权责任具有多种承担形式，但在海上侵权领域中，由于侵权客观事实的差异，侵权责任构成规则有别于一般侵权法；海上责任限制的普遍存在及传统商人习惯法的影响，使海上侵权责任分担领域的规则更是有很多不同于一般侵权法的方面，需要单独研究。从实用主义角度讲，海商法具有国际法的属性，根据纽黑文学派的观点，国际法不仅包括现有的法律规则，还包括以政策等为导向的整个决策过程。从传统角度上来说，国际法理论将法律依据调整法律关系性质的差异划分为公法与私法，依据调整主体事项和关系的范围分为国际法与国内法。这种传统划分方式逐渐遭到质疑，如新纽黑文学派认为由于国际社会交往的深入，国际规则出现大融合，常见的现象是国内法规则逐渐得到国际法的认可，成为国际法规范，这些国际法规范在一定层面和时机上又反过来影响国内法的制定。例如国际人权法规范就是这方面的代表，正当程序审判这样产自国内立法理念的原则，通过《世界人权宣言》以及《公民权利和政治权利国际公约》的承认，发展成为国际人权法的基本原则。各缔约国在签署公约后，这些理念又被下载，继而影响到其国内立法。① 在其他新兴的法律领域，国际法和国内法的传统界限更是变得模糊不清，如难民法、国家安全法、环境法、国际商法以及虚拟空间法等。② 因此，国际法学者提出了跨国法的概念，在

① 参见吴燕妮：《从纽黑文到新纽黑文：政策定向国际法理论的演变》，载《江西社会科学》2015 年第 5 期。

② See Harold Hongju Koh, *Is There a "New" Haven School of International Law?*, 32 Yale. J. Int'l L 570 (2007).

这个领域需要用混合法（hybrid law）的研究方式，其不同于纯国内法研究方式也不同于纯传统国际法的研究方式，而是二者并用。海商法与政治，尤其是国际政治息息相关，不能完全归于民法、商法等，实则是某种程度的混合法。各个国家的陆地法很难统一，但由于海洋、海上贸易是共通的，海商法在一定层面可以较广范围地进行统一。例如，在国际海上货物运输领域，传统的商人法产生自贸易发达的地中海地区形成的商业规范，英国商人在贸易交往中逐渐熟悉它们，并把一些规则引入英国本土，后来逐渐发展成为英国普通法重要的篇章。随着美洲新大陆的发现，这些商人法规则又逐渐被美国普通法吸收，成为其核心部分。随着国际交往的深入，海上货运和贸易对于统一规则的需求，商人法规则又变成 1980 年《联合国国际货物销售合同公约》的条款，也即成为国际法的组成部分。海上侵权责任领域可以作为下一个趋向统一的典型代表。

从责任分担的角度讲，海上侵权立法与陆地立法存在较大差异。为了未来法律适用的扩大化和国际化，从形式上，笔者建议海上侵权立法应该与陆地立法分开。但这并不妨碍海上侵权立法和陆地侵权立法在一定程度上是共通的，海上侵权立法仅针对特殊事项进行规定。海上侵权立法与陆地立法分开，使其属于海商法的行列，这样可以使我国的法律理念有机会成为世界规则，这符合国际法新的发展模式。即使分担规则理论不一定能形成具体的法律条文，但是弄清楚侵权责任分担的理论可以指导实践操作，起到无形的作用。就像并非仅国际法律人格主体的国际组织和个人实际上会对国际法的生效、执行起到作用一样，其他因素也具有至关重要的影响。

笔者通过对海上侵权责任分担领域各规则的总结，得出海上侵权责任分担法律制度的概念，从概念层面厘清海上侵权责任分担立法制度的界限。第一，侵权行为与侵权债务相连，侵权债务与侵权责任相关。侵权责任的承担是法律强制力的体现，侵权责任分担也即法律规范发挥作用的领域。第二，海上侵权责任分担法律制度具有多种理论价值，包括回应当代海上侵权责任多元化价值的需求、弥补侵权责任构成理论不足、作为风险分摊机制的重要组成部分、作为综合救济体系建立的衔接点和学术问题研究的工具等。第三，海上侵权责任分担法律制度价值取向是多元的，由于商人习惯法对于海上法律规则的影响，笔者认为海上侵权责任分担法律制度的首要价值追求是效率。但是这并不意味着对于侵权责任基础价值的追求即对正义的放弃，海上侵权责任分担法律制度追求的正义是矫正正义和分配正义，是效率调配的高级正义。

海上侵权责任分担法律制度是海上侵权责任法律体系的重要组成部分，它衔接海上侵权责任构成法律制度。对此笔者得出以下结论。

第一，海上侵权责任分担基本法律规则包括确定外部责任范围和承担方式的首次分配规则以及解决责任人内部关系问题的最终承担规则。从致害人是否明确的角度对海上侵权责任分担法律制度进行完全划分，可以分为致害人明确责任分担制度和致害人不明确责任分担制度。

第二，海上侵权责任首次分配法律规则之一——海上侵权赔偿份额划分规则：由于传统上大陆法系和普通法系的受害人过错制度主要解决的是在确定责任时如何评价受害人过错的问题，在此层面上受害人过错制度可以与侵权责任分担领域相融，形成海上侵权赔偿份额划分规则。在首次分配阶段，海上侵权赔偿份额划分规则是衔接侵权责任构成和分担问题的规则，对侵权归责原则进行统一处理。通过侵权人与被侵权人的过错异质性转化，比较赔偿份额考量因素，确定赔偿份额的划分。赔偿份额考量因素主要包括过错和原因力，笔者建议考量侵害权益的属性以确定二者的考量程度和结合方式；区分损害在事实层面的可分割性，对于不可分割损害以过错为主，原因力为辅，对于可分割损害以原因力为主，过错为辅；区分侵权责任构成的归责原则，在严格责任案件中，主要考量原因力，在过错责任案件中主要考量过错，在无过失责任和公平责任案件中，原因力是确定责任范围的直接依据。

第三，海上侵权责任首次分配法律规则之二——海上侵权责任分担形态对应规则：海上侵权责任分担形态对应规则主要通过区分造成损失的原因和受损权益将其与侵权责任分担形态，即侵权人承担侵权责任的方式对应起来。

海上侵权责任承担以按份责任为主，非按份责任为辅。海上侵权责任平均分担是特殊的侵权责任分担形态。在适用非按份责任案件中，区分侵权归责原则类型确定侵权责任分担形态。过错责任和过错推定责任案件适用补充责任，严格责任案件适用不真正连带责任。笔者建议我国立法仅针对特定需要适用非按份责任的侵权案件进行明确规定。

第四，海上侵权责任首次分配法律规则之三——海上侵权赔偿总额限定规则：海上侵权赔偿总额限定规则将赔偿责任进行总额限定。海上侵权赔偿总额限定规则的适用将会使索赔人承担受偿不能风险，也可能使承担了首次支付责任的责任人承担分摊或追偿不能风险。海上侵权赔偿总额限定规则的适用引发的风险责任区别于侵权责任分担形态的适用造成的受偿不能风险责任，诉讼当事人常通过诉讼技巧进行转嫁和规避。并非所有侵权损害赔偿责任都可以适用该规则，这取决于案件适用的实体法、责任主体和具体债权性质等。

第五，海上侵权责任最终承担法律规则之一——内部转移形式对应规则：海上侵权责任最终承担阶段内部转移形式对应规则处理侵权责任人内部关系问题。分摊请求权和追偿请求权分别对应不同的侵权责任分担形态。追偿请求权最初由于分摊规则的严苛，从分摊请求权中独立出来，发展至当代利用比较过失进行分摊的阶段，追偿请求权和分摊请求权产生再次融合趋势。分摊请求权和追偿请求权是独立的实体权利，能够基于独立的诉讼事由提起，追偿是极端的分摊形式。适用分摊请求权的结果是每名责任人均需要承担一定份额的责任，适用追偿请求权的结果是只有真正的责任人承担全部的责任份额。

第六，海上侵权责任最终承担法律规则之二——海上侵权风险责任再分配规则：在责任人由于特定原因无法赔偿时，有可能触发海上侵权风险责任再分配规则的适用。海上侵权风险责任再分配规则的原理来自“分摊不能再分配规则”，在连带债务人是三人或三人以上时才有适用的可能。参与风险责任再分配的主体是分摊请求权本人和其他有资力者，分配的名目是分摊请求权人无法得到分摊的部分。风险责任再分配的规则是依据原责任份额比例承担再分配责任份额。

第七，海上侵权责任最终承担法律规则之三——责任限制优先适用规则：在海事赔偿责任限制与侵权责任分担形态共存的案件中，责任限制优先适用规则将发挥作用。责任限制优先适用规则恢复责任限制制度和侵权责任分担形态原有机理，在责任首次分配阶段，责任限制原理优先适用，不足部分按照责任分担形态规则处理；在最终承担阶段，承担超过自己责任份额的责任人依据内部责任分担对应规则进行责任转移，在分摊不能时可以适用海上侵权风险责任再分配规则解决。

第八，海上侵权致害人不明责任分担补充规则：在致害人不明领域，致害人不明责任分担规则存在特殊性，在归责原则、份额确定规则和责任分担形态等方面与致害人明确时适用的规则不同。在承认致害人不明案件特殊归责原则的基础上，确定责任份额和责任分担形态。责任份额确定需要将过错、原因力等因素尽量客观化，以接近实然比例为目标；同时，区分致害人不明案件类型可以借鉴比较法确定责任份额的方案，构建原则与具体规则搭配适用的解决方案。在确定侵权责任分担形态时，共同危险行为适用连带责任，其他类型案件需要在实践积累和借助比较法经验的基础上，选择合适的时机针对不同案件类型进行分别的立法尝试。

笔者通过对上述规则的分析和阐述，为海上侵权责任分担法律制度搭建了框架结构，将其作为侵权法的特殊领域进行研究，并对未来我国立法或学术研究完善海上侵权责任分担法律制度提供建议。

主要参考文献

一、中文文献

（一）专著类

1. 张新宝、葛维宝主编：《大规模侵权法律对策研究》，法律出版社2011年版。

2. 杨立新：《侵权责任法》，北京大学出版社2014年版。

3. 王竹：《侵权责任分担论——侵权损害赔偿责任数人分担的一般理论》，中国人民大学出版社2009年版。

4. 李德顺：《我们时代的人文精神：当代中国价值哲学的建构及其意义》，北京师范大学出版社2013年版。

5. 顾祝轩：《民法概念史·债权》，法律出版社2016年版。

6. 杜万华主编：《人身损害赔偿纠纷裁判标准与规范指引》，法律出版社2015年版。

7. 欧阳苏芳、陈世昌：《请求权基础理论体系》，法律出版社2015年版。

8. 林诚二：《民法债编总论——体系化解说》，中国人民大学出版社2003年版。

9. 王利明：《侵权行为法归责原则研究》（修订2版），中国政法大学出版社2004年版。

10. 彭万林主编：《民法学》（第7版），中国政法大学出版社2011年版。

11. 史尚宽：《债法各论》，中国政法大学出版社2000年版。

12. 杨立新主编：《类型侵权行为法研究》，人民法院出版社 2006 年版。

13. 司玉琢、李志文主编：《中国海商法基本理论专题研究》，北京大学出版社 2009 年版。

14. 司玉琢：《海商法专论》（第 3 版），中国人民大学出版社 2015 年版。

15. 王泽鉴：《侵权行为法》（第 2 册），中国政法大学出版社 2006 年版。

16. 张新宝：《侵权责任构成要件研究》，法律出版社 2007 年版。

17. 王利明主编：《民法》（第 6 版），中国人民大学出版社 2015 年版。

18. 侯雪梅：《侵权连带责任制度研究》，北京大学出版社 2017 年版。

19. 程啸：《侵权行为法总论》，中国人民大学出版社 2008 年版。

20. 王利明：《民商法研究》（第 1 辑），法律出版社 2014 年版。

21. 张民安：《侵权法上的替代责任》，北京大学出版社 2010 年版。

22. 王少禹：《侵权与合同竞合问题之展开——以英美法为视角》，北京大学出版社 2010 年版。

23. 王泽鉴：《民法学说与判例研究》（第 6 册），北京大学出版社 2009 年版。

24. 方志平编著：《民法思维》，中国政法大学出版社 2016 年版。

25. 王利明：《侵权责任法研究》（第 2 版），中国人民大学出版社 2016 年版。

26. 孙大伟：《侵权法律制度比较研究》，法律出版社 2013 年版。

27. 杨彪：《可得利益的民法治理：一种侵权法的理论诠释》，北京大学出版社 2014 年版。

28. 徐海燕编著：《民商法总论比较研究》，中国人民公安大学出版社 2004 年版。

29. 程啸：《侵权责任法》（第 2 版），法律出版社 2015 年版。

30. 曾隆兴：《详解损害赔偿法》，中国政法大学出版社 2004 年版。

31. 杨仁寿：《海上货物索赔》（第 2 版），台北，三民书局 2000 年版。

32. 姬新江：《共同侵权责任形态研究》，中国检察出版社 2012 年版。

33. 魏振瀛：《民事责任与债分离研究》，北京大学出版社 2013 年版。

34. 黄茂荣：《债法通则之二：债务不履行与损害赔偿》，厦门大学出版社 2014 年版。

35. 于敏：《日本侵权行为法》（第 3 版），法律出版社 2015 年版。

36. 李志文主编：《海上侵权行为法基本理论研究》，大连海事大学出版社 2006 年版。

37. 张丽娜主编：《海上侵权法律制度研究》，吉林大学出版社 2009 年版。

38. 张新宝：《侵权责任法》（第 3 版），中国人民大学出版社 2013 年版。

39. 郑玉波：《民法债编总论》（修订 2 版），中国政法大学出版社 2004 年版。

40. 韩立新主编：《海上侵权行为法研究》，北京师范大学出版社 2011 年版。

41. 邓瑞平等：《海上侵权法比较研究》，厦门大学出版社 2013 年版。

42. 高之国、贾宇主编：《海洋法动向》，中国民主法制出版社 2015 年版。

43. 全永波主编：《海洋法》，海洋出版社 2016 年版。

44. 韩立新：《船舶污染损害赔偿法律制度研究》，法律出版社 2007 年版。

45. 何丽新、谢美山：《海事赔偿责任限制研究》，厦门大学出版社 2008 年版。

46. 徐国平：《船舶油污损害赔偿法律制度研究》，北京大学出版社 2006 年版。

47. 杨淑文：《民事实体法与程序法争议问题》，中国政法大学出版社 2009 年版。

48. 王卫国：《过错责任原则：第三次勃兴》，中国法制出版社 2000 年版。

49. 王利明：《侵权行为法研究》（上卷），中国人民大学出版社 2004 年版。

50. 李宜琛：《日耳曼法概说》，中国政法大学出版社 2003 年版。

51. 王泽鉴：《债法原理》（第 1 册），中国政法大学出版社 2001 年版。

52. 蔡颖雯：《侵权过错认定法律问题研究》，法律出版社 2016 年版。

53. 姜强主编：《人身损害赔偿案件裁判要点与观点》，法律出版社 2016 年版。

54. 程春华：《裁判思维与证明方法》，法律出版社 2016 年版。

55. 吕世伦主编：《西方法律思潮源流论》（第 2 版），中国人民大学出版社 2008 年版。

56. 吴从周：《概念法学、利益法学与价值法学：探索一部民法方法论的演变史》，中国法制出版社 2011 年版。

57. 王钢：《德国判例刑法（分则）》，北京大学出版社 2016 年版。

58. 张广兴：《债法总论》，法律出版社 1997 年版。

59. 韩世远：《民法的解释论与立法论》，法律出版社 2015 年版。

60. 黄茂荣：《债法总论》（第 1 册），中国政法大学出版社 2003 年版。

61. 邱聪智：《新订民法债编通则》（上），中国人民大学出版社 2003 年版。

62. 常鹏翱：《事实行为的基础理论研究》，北京大学出版社 2016 年版。

63. 关升英主编：《道路交通事故赔偿纠纷》，法律出版社 2016 年版。

64. 梁慧星：《民法解释学》（第 4 版），法律出版社 2015 年版。

65. 万鄂湘等主编：《国际法：领悟与构建——W. 迈克尔·赖斯曼论文集》，法律出版社 2007 年版。

66. 张素华：《请求权与债权的关系及请求权体系的重构》，中国社会科学出版社 2012 年版。

67. 郭瑜：《海商法的精神——中国的实践和理论》，北京大学出版社 2005 年版。

68. 王璟：《商法特性论》，知识产权出版社 2007 年版。

69. 孙国华、朱景文主编：《法理学》（第 4 版），中国人民大学出版社 2015 年版。

70. 周安平：《大数法则——社会问题的法理透视》，中国政法大学出版社 2010 年版。

71. 崔林林：《严格规则与自由裁量之间——英美司法风格差异及成因的比较研究》，北京大学出版社 2005 年版。

72. 裴大明：《裁判方法的法理重述》，中国政法大学出版社 2016 年版。

73. 舒国滢主编：《法理学》（第 4 版），中国人民大学出版社 2016 年版。

74. 杨建军：《法律事实的解释》，山东人民出版社 2007 年版。

75. 王泽鉴：《民法总则》，北京大学出版社 2009 年版。

76. 梁慧星：《民法总论》（第 4 版），法律出版社 2011 年版。

77. 刘作翔主编：《多向度的法理学研究》，北京大学出版社 2006 年版。

78. 段厚省：《请求权竞合要论——兼及对民法方法论的探讨》，中国法制出版社 2013 年版。

79. 佟柔主编：《中国民法学·民法总则》（修订版），人民法院出版社 2008 年版。

80. 王利明：《民法总则研究》（第 2 版），中国人民大学出版社 2012 年版。

81. 李婧：《侵权法的经济学分析》，知识产权出版社 2016 年版。

82. 魏振瀛主编：《民法》（第 6 版），北京大学出版社、高等教育出版社 2016 年版。

83. 马俊驹、余延满：《民法原论》（第 4 版），法律出版社 2010 年版。

84. 陈永强：《私法的自然法方法》，北京大学出版社 2016 年版。

85. 陈朝璧：《罗马法原理》，法律出版社 2006 年版。

86. 张明楷：《行为无价值论与结果无价值论》，北京大学出版社 2012 年版。

87. 田科等主编：《法的困境与出路》，中国法制出版社 2003 年版。

88. 张卫平主编：《外国民事证据制度研究》，清华大学出版社 2003 年版。

89. 王洪亮、田士永等主编：《中德私法研究（12）：数人侵权责任》，北京大学出版社 2015 年版。

90. 曾世雄：《损害赔偿法原理》，中国政法大学出版社 2001 年版。

91. 孙森焱：《民法债编总论》（上册），法律出版社 2006 年版。

92. 陈忠五主编：《新学林分科六法：民法》，台北，新学林出版公司 2011 年版。

93. 张新宝：《侵权责任法原理》，中国人民大学出版社 2005 年版。

94. 张民安：《过错侵权责任制度研究》，中国政法大学出版社 2002 年版。

95. 赵万一、郑佳宁主编：《〈月旦法学〉民事法判例研究汇编》，北京大学出版社 2016 年版。

96. 杨立新主编：《东亚侵权法示范法》（中英日韩葡文对照），北京大学出版社 2016 年版。

97. 胡正良主编：《海事法》，北京大学出版社 2012 年版。

98. 潘维大编著：《英美侵权行为法案例解析》（上），高等教育出版社 2005 年版。

99. 赵万一：《民法的伦理分析》（第 2 版），法律出版社 2012 年版。

100. 《瑞士民法典》，于海涌、赵希璇译，法律出版社 2016 年版。

101. 公丕祥主编：《法理学》（第 3 版），复旦大学出版社 2016 年版。

102. 曲涛：《船舶碰撞损害赔偿责任研究》，法律出版社 2015 年版。

103. 司玉琢、吴兆麟：《船舶碰撞法》（第 2 版），大连海事大学出版社 1995 年版。

104. 朱岩：《侵权责任法通论：总论》，法律出版社 2011 年版。

105. 李昊：《纯经济上损失赔偿制度研究》，北京大学出版社 2004 年版。

106. 全国人大常委会法制工作委员会民法室编：《侵权责任法立法背景与观点全集》，法律出版社 2010 年版。

107. 江平主编：《民法学》（第 3 版），中国政法大学出版社 2015 年版。

108. 高圣平主编：《〈中华人民共和国侵权责任法〉立法争点、立法例及经典案例》，北京大学出版社 2010 年版。

109. 孙玉红：《侵权法功能研究》，法律出版社 2010 年版。

110. 杨立新：《侵权责任法：条文背后的故事与难题》，法律出版社 2011 年版。

111. 高鸿钧、程汉大主编：《英美法原论》（上），北京大学出版社 2013 年版。

112. 何勤华主编：《英美法系及其对中国的影响》，法律出版社 2009 年版。

113. 孙新强：《法典的理性——美国〈统一商法典〉法理思想研究》，山东人民出版社 2006 年版。

114. 贾爱玲：《环境侵权损害赔偿的社会化制度研究》，知识产权出版社 2011 年版。

115. 杨垠红：《侵权法上作为义务——安全保障义务之研究》，法律出版社 2008 年版。

116. 陈聪富：《因果关系与损害赔偿》，北京大学出版社 2006 年版。

117. 段厚省：《民法请求权论》，人民法院出版社 2006 年版。

118. 顾祝轩：《制造“拉伦茨神话”：德国法学方法论史》，法律出版社 2011 年版。

119. 邱聪智：《从侵权行为归责原理之变动论危险责任之构成》，中国人民大学出版社 2006 年版。

120. 申海恩：《私法中的权力：形成权理论之新开展》，北京大学出版社 2011 年版。

121. 张红：《基本权利与私法》，法律出版社 2010 年版。

122. 王利明、周友军、高圣平：《侵权责任法疑难问题研究》，中国法制出版社2012年版。

123. 易军：《民法基础理论的新视域》，法律出版社2012年版。

124. 陈醇：《权利结构理论》，法律出版社2013年版。

125. 方新军：《权利客体论——历史和逻辑的双重视角》，中国政法大学出版社2012年版。

126. 苏永钦：《寻找新民法》，北京大学出版社2012年版。

127. 韩世远：《履行障碍法的体系》，法律出版社2006年版。

128. 张民安：《现代法国侵权责任制度研究》，法律出版社2007年版。

129. 王军：《侵权法上严格责任的原理和实践》，法律出版社2006年版。

130. 申屠彩芳：《网络服务提供者侵权责任研究》，浙江大学出版社2014年版。

131. 张铁薇：《共同侵权制度研究》，法律出版社2007年版。

132. 胡雪梅：《英国侵权法》，中国政法大学出版社2008年版。

133. 施启扬：《民法总则》（修订第8版），中国法制出版社2010年版。

134. 周友军：《侵权责任认定：争点与案例》，法律出版社2010年版。

135. 张玉敏主编：《新中国民法典起草五十年回顾与展望》，法律出版社2010年版。

（二）译著类

1. ［德］迪特尔·梅迪库斯：《德国债法总论》，杜景林、卢谌译，法律出版社2004年版。

2. ［德］罗伯特·霍恩、［德］海因·科茨、［德］汉斯·G. 莱塞：《德国民商法导论》，楚建译，中国大百科全书出版社1996年版。

3. ［英］巴里·尼古拉斯：《罗马法概论》，黄风译，法律出版社2010年版。

4. ［日］我妻荣：《我妻荣民法讲义（Ⅰ）：新订民法总则》，于敏译，中国法制出版社2008年版。

5. ［德］哈里·韦斯特曼：《德国民法基本概念》，张定军等译，中国人民大学出版社 2013 年版。

6.《奥地利普通民法典》，周友军、杨垠红译，清华大学出版社 2013 年版。

7. ［奥］科赫、［德］考茨欧主编：《比较法视野下的人身伤害赔偿》，陈永强等译，中国法制出版社 2012 年版。

8. ［奥］肯·奥利芬特主编：《损害的合并与分割》，周学峰、王玉花译，中国法制出版社 2012 年版。

9. ［瑞］海因茨·雷伊：《瑞士侵权责任法》（第 4 版），贺栩栩译，中国政法大学出版社 2015 年版。

10. ［英］亨利·萨姆奈·梅因：《古代法》，高敏、瞿慧虹译，中国社会科学出版社 2009 年版。

11. ［古罗马］查士丁尼：《法学总论——法学阶梯》，张企泰译，商务印书馆 2013 年版。

12. ［奥］凯尔森：《法与国家的一般理论》，沈宗灵译，中国大百科全书出版社 1996 年版。

13. ［德］迪特尔·施瓦布：《民法导论》，郑冲译，法律出版社 2006 年版。

14. ［古希腊］亚里士多德：《尼各马可伦理学》，廖申白译注，商务印书馆 2005 年版。

15. ［美］塞缪尔·弗莱施哈克尔：《分配正义简史》，吴万伟译，译林出版社 2010 年版。

16. ［美］詹姆斯·戈德雷：《私法的基础：财产、侵权、合同和不当得利》，张家勇译，法律出版社 2007 年版。

17. ［古希腊］亚里士多德：《政治学》，吴寿彭译，商务印书馆 1965 年版。

18. ［荷］格劳秀斯：《战争与和平法》（第 1 卷），马呈元译，中国政法大学出版社 2015 年版。

19. ［德］马克西米利安·福克斯：《侵权行为法》，齐晓琨译，法律出版社 2006 年版。

20. ［德］马丁·海德格尔：《存在与时间》，陈嘉映、王庆节合译，生活·读书·新知三联书店 2014 年版。

21. ［美］E. 博登海默：《博登海默法理学》，潘汉典译，法律出版社 2015 年版。

22. ［意］桑德罗·斯契巴尼选编：《法律行为》，徐国栋译，中国政法大学出版社 1998 年版。

23. ［德］U. 马格努斯、［西］M. 马丁 – 卡萨尔斯主编：《侵权法的统一：共同过失》，叶名怡、陈鑫译，法律出版社 2009 年版。

24. ［日］圆谷峻：《判例形成的日本新侵权行为法》，赵莉译，法律出版社 2008 年版。

25. ［德］克雷斯蒂安·冯·巴尔：《欧洲比较侵权行为法》（下卷），焦美华译，法律出版社 2004 年版。

26. ［意］桑德罗·斯奇巴尼选编：《债·私法之债（Ⅱ）和犯罪》，徐国栋译，中国政法大学出版社 1998 年版。

27. ［英］戴维·休谟：《人性论》，石碧球译，九州出版社 2007 年版。

28. ［美］理查德·波斯纳：《法律的经济分析》，蒋兆康译，法律出版社 2012 年版。

29. ［荷］胡果·格劳秀斯：《格劳秀斯私法导论》，张淞纶译，法律出版社 2015 年版。

30. ［荷］J. 施皮尔主编：《侵权法的统一：因果关系》，易继明等译，法律出版社 2009 年版。

31. ［奥］H. 考茨欧主编：《侵权法的统一：违法性》，张家勇译，法律出版社 2009 年版。

32. ［意］毛罗·布萨尼、［美］弗农·瓦伦丁·帕尔默主编：《欧洲法中的纯粹经济损失》，张小义、钟洪明译，法律出版社2005年版。

33. ［德］克里斯蒂安·冯·巴尔、［德］乌里希·德罗布尼希：《欧洲合同法与侵权法及财产法的互动》，吴越等译，法律出版社2007年版。

34. ［爱尔兰］约翰·莫里斯·凯利：《西方法律思想简史》，王笑红译，法律出版社2010年版。

35. ［德］K. 茨威格特、［德］H. 克茨：《比较法总论》，潘汉典等译，法律出版社2003年版。

36. ［德］伯恩哈德·格罗斯菲尔德：《比较法的力量与弱点》，孙世彦、姚建宗译，中国政法大学出版社2012年版。

37. ［法］弗朗索瓦·泰雷、［法］菲利普·森勒尔：《法国财产法》（上、下），罗结珍译，中国法制出版社2008年版。

38. ［美］伯纳德·施瓦茨：《美国法律史》，王军等译，法律出版社2011年版。

39. ［美］小奥利弗·温德尔·霍姆斯：《普通法》，冉昊、姚中秋译，中国政法大学出版社2006年版。

40. ［美］约翰·亨利·梅利曼：《大陆法系》（第2版），顾培东、禄正平译，法律出版社2004年版。

41. ［德］乌尔里希·玛格努斯主编：《社会保障法对侵权法的影响》，李威娜译，中国法制出版社2012年版。

42. ［英］H. L. A. 哈特、［美］托尼·奥诺尔：《法律中的因果关系》，张绍谦、孙战国译，中国政法大学出版社2005年版。

43. ［德］鲁道夫·冯·耶林：《法学的概念天国》，柯伟才、于庆生译，中国法制出版社2009年版。

44. ［美］约翰·G. 斯普兰克林：《美国财产法精解》（第2版），钟书峰译，北京大学出版社2009年版。

45. ［澳］彼得·凯恩：《侵权法解剖》，汪志刚译，北京大学出版社2010年版。

46. ［美］罗斯科·庞德：《普通法的精神》（修订本），唐前宏、廖湘文、高雪原译，法律出版社2010年版。

47. ［德］鲁道夫·冯·耶林：《罗马私法中的过错要素》，柯伟才译，中国法制出版社2009年版。

48. ［法］路易·迪蒙：《论个体主义》，谷方译，上海人民出版社2012年版。

49. ［美］G. 爱德华·怀特：《美国侵权行为法：一部知识史》（原书增订版），王晓明、李宇译，北京大学出版社2014年版。

50. ［法］保罗·利科：《论公正》，程春明译，法律出版社2007年版。

51. ［法］卢梭：《论人与人之间不平等的起因和基础》，李平沤译，商务印书馆2007年版。

52. ［德］埃尔温·多伊奇等：《德国侵权法：侵权行为、损害赔偿及痛苦抚慰金》（第5版），叶名怡、温大军译，中国人民大学出版社2016年版。

（三）报刊论文类

1. 苏力：《只是与写作相关》，载《中外法学》2015年第1期。

2. 杨立新：《侵权责任形态研究》，载《河南省政法管理干部学院学报》2004年第1期。

3. 傅廷中：《实际承运人的法律地位及其与承运人的责任划分》，载《世界海运》1996年第6期。

4. 艾围利：《论侵权责任减免中的亲属身份考量》，载《大连理工大学学报（社会科学版）》2016年第3期。

5. 张景良、黄砚丽：《关于侵权补充责任形态的若干思考》，“探索社会主义司法规律与完善民商事法律制度研究”全国法院第23届学术讨论会会议论文，2011年12月于四川。

6. 杨立新：《中国侵权行为形态与侵权责任形态法律适用指引——中国

侵权责任法重述之侵权行为形态与侵权责任形态》，载《河南财经政法大学学报》2013 年第 5 期。

7. 李中原：《论与有过失前提下多数人侵权责任的评估和分担模式》，载《法商研究》2016 年第 1 期。

8. 葛云松：《纯粹经济损失的赔偿与一般侵权行为条款》，载《中外法学》2009 年第 5 期。

9. 韩刚：《关于集装箱码头风险责任限制的探讨》，载《中国港口》2005 年第 12 期。

10. 朱广新：《论纯粹经济上损失的规范模式——我国侵权行为法对纯粹经济上损失的规范样式》，载《当代法学》2006 年第 5 期。

11. 凌捷：《高空抛物致人损害救济规则研究——兼论〈侵权责任法〉第 87 条“社会本位”趋势》，载《行政与法》2016 年第 8 期。

12. 韩世远：《他人过错与合同责任》，载《法商研究（中南政法学院学报）》1999 年第 1 期。

13. 贾爱玲、黄珍：《海上平台油污损害赔偿国际立法及适用》，载《中国矿业大学学报（社会科学版）》2014 年第 2 期。

14. 王婷婷：《中美油污损害赔偿基金之立法比较》，载《人民司法》2014 年第 17 期。

15. 王泽鉴：《损害赔偿法的体系、请求权基础、归责原则及发展趋势》，载《月旦法学杂志》2005 年 4 月总第 119 期。

16. 马栩生：《因果关系推定的基本法律问题》，载《武汉大学学报（哲学社会科学版）》2004 年第 4 期。

17. 范金林、赵劲松：《海上人命救助主体的法律责任》，载《甘肃社会科学》2016 年第 3 期。

18. 王竹：《论连带责任分摊请求权——兼论不具有分摊能力连带责任人份额的再分配方案》，载《法律科学》2010 年第 3 期。

19. 岳超凤：《连带责任分摊请求权研究》，载《商》2013 年第 27 期。

20. 彭赛红：《论债务人之履行辅助人责任》，载《北京理工大学学报（社会科学版）》2006年第2期。

21. 司玉琢：《承运人责任基础的新构建——评〈鹿特丹规则〉下承运人责任基础条款》，载《中国海商法年刊》2009年第3期。

22. 王利明：《侵权行为概念之研究》，载《法学家》2003年第3期。

23. 张新宝：《侵权行为法的一般条款》，载《法学研究》2001年第4期。

24. 王彦：《德国海商法的改革及评价》，载《中国海商法研究》2015年第2期。

25. 魏振瀛：《论民法典中的民事责任体系：我国民法典应建立新的民事责任体系》，载《中外法学》2001年第3期。

26. 魏振瀛：《制定侵权责任法的学理分析——侵权行为之债立法模式的借鉴与变革》，载《法学家》2009年第1期。

27. 胥苗苗：《德国海商法"瘦身"》，载《中国船检》2013年第10期。

28. 杨树明、郭东：《事实与法律之间——论船舶适航义务的涵义及判断标准》，载《法学杂志》2006年第5期。

29. 周永坤：《法律责任论》，载《法学研究》1991年第3期。

30. 张辉：《港口经营人责任限制问题再探讨》，载《中国海商法年刊》2008年第1期。

31. 杜飞进：《试论法律责任的若干问题》，载《中国法学》1990年第6期。

32. 郑登振、詹功俭：《我国〈海商法〉修改的基本思路探析——以〈海商法〉修改应坚持的五个平衡为视角》，载上海海事大学海商法研究中心编：《海大法律评论2014—2015》，上海辅江教育出版社2015年版。

33. 朱岩：《大规模侵权的实体法问题初探》，载《法律适用》2006年第10期。

34. 刘作翔、龚向和：《法律责任的概念分析》，载《法学》1997 年第 10 期。

35. 余军、朱新力：《法律责任概念的形式构造》，载《法学研究》2010 年第 4 期。

36. 林诚二：《债之本质与责任》，载中国法制出版社编：《债法论文选萃》，中国法制出版社 2004 年版。

37. 郭明瑞：《侵权立法若干问题的思考》，载《中国法学》2008 年第 4 期。

38. 王轶：《论民事法律事实的类型区分》，载《中国法学》2013 第 1 期。

39. 陈皓：《侵权法矫正正义论中的个人主义》，载《法制与社会发展》2014 年第 5 期。

40. 孙大伟：《作为侵权法正当性基础的结果责任——以英美侵权法理论的发展为背景》，载《法制与社会发展》2009 年第 2 期。

41. 张铁薇：《侵权责任法与社会法关系研究》，载《中国法学》2011 年第 2 期。

42. 陈霞：《比例平等与中庸之道：亚里士多德分配正义的实现之维》，载《党政干部学刊》2014 年第 7 期。

43. 丁凤楚：《论现代侵权损害赔偿新的二元归责体系》，载《法学》2007 年第 2 期。

44. 姚岚：《无过错责任之理论依据分析》，载《法律适用》2002 年第 12 期。

45. 熊进光：《侵权行为法的合法性危机— —从过错责任到无过错责任变化的法理学思考》，载《江西财经大学学报》2005 年第 6 期。

46. 王竹：《我国侵权法上特殊数人侵权责任分担制度立法体例与规则研究——兼评〈侵权责任法（二次审议稿）〉第 14 条及相关条文》，载《政法论丛》2009 年第 4 期。

47. 李莹莹：《PPP 合同法律性质探析》，载《理论导刊》2016 年第 5 期。

48. 李莹莹、巴莹：《“问题电梯”频发背后的赔偿困境》，载《人民论坛》2016 年第 13 期。

49. 翁文刚：《法律责任的构成要件与承担条件应予区分》，载《法商研究（中南政法学院学报）》2001 年第 2 期。

50. 陈政：《严格责任与无过错责任之比较研究》，载《法学研究》2014 年第 11 期。

51. 赵万一：《论民商法价值取向的异同及其对我国民商立法的影响》，载《法学论坛》2003 年第 6 期。

52. 杨立新：《世界侵权法的历史源流及融合与统一》，载《福建论坛（人文社会科学版）》2014 年第 6 期。

53. 司玉琢：《侵权法的发展对船舶碰撞法律制度的影响》，载《中国海商法研究》2012 年第 6 期。

54. 程啸：《论侵权行为法上的过失相抵制度》，载《清华法学》2005 年第 2 期。

55. 银红武：《略论国际投资法的全球公共利益保护》，载《湖南师范大学社会科学学报》2015 年第 3 期。

56. 张学军：《美国侵权法上比较过失制度的历史演变及其启示》，载《政治与法律》2010 年第 4 期。

57. 李莹莹、郭萍：《论侵权责任首次分配规则的拓展性构建》，载《东岳论丛》2016 年第 6 期。

58. 李志文：《论海上侵权行为法的范畴》，载《深圳大学学报（人文社会科学版）》2005 年第 5 期。

59. 吴煦、韩立新：《内河航运赔偿责任限制的产生、发展和构建》，载《中国海商法研究》2012 年第 1 期。

60. ［德］格哈特·瓦格纳：《当代侵权法比较研究》，高圣平、熊丙万译，载《法学家》2010年第2期。

61. 魏振瀛：《侵权责任方式与归责事由、归责原则的关系》，载《中国法学》2011年第2期。

62. 孟旭：《侵权归责原则体系划分》，载《商业研究》2010年第4期。

63. 孔祥俊：《论侵权行为的归责原则》，载《中国法学》1992年第5期。

64. 程啸：《过失相抵与无过错责任》，载《法律科学》2014年第1期。

65. 苗培：《论过失相抵制度中受害人过错》，载《现代商贸工业》2011年第13期。

66. 杨立新、梁清：《原因力的因果关系理论基础及其具体应用》，载《法学家》2006年第6期。

67. 黄宇、邓晗：《船舶碰撞责任的承担主体——中美海商法的比较研究》，载《中国海商法年刊》2009年第4期。

68. 胡正良、孙思琪：《论我国民法典编纂对〈海商法〉修改之影响》，载《烟台大学学报（哲学社会科学版）》2016年第3期。

69. 曲涛：《船舶碰撞致油污损害赔偿请求权的选择及分析》，载《人民司法》2013年第15期。

70. 李莹莹：《连带责任形态对应内部责任分担请求权研究》，载《西部法学评论》2016年第2期。

71. 李莹莹：《船舶融资租赁自物权与优先权抵牾问题探析》，载《河北法学》2016年第7期。

72. 周缘求：《加害人不明的侵权责任》，载《法学》2003年第6期。

73. 谢晖：《论法律规则》，载《广东社会科学》2005年第2期。

74. 程宗璋：《侵权法的危机初探》，载《中国矿业大学学报（社会科学版）》1999年第1期。

75. 杨立新：《论侵权行为一般化和类型化及其我国侵权行为法立法模式

选择》，载《河南省政法管理干部学院学报》2003 年第 1 期。

76. 吴燕妮：《从纽黑文到新纽黑文：政策定向国际法理论的演变》，载《江西社会科学》2015 年第 5 期。

77. 王竹、杨立新：《侵权责任分担论》，载《法学家》2009 年第 5 期。

78. 张新宝：《侵权死亡赔偿研究》，载《法学研究》2008 年第 4 期。

79. 王利明：《人格权法的发展与完善——以人格尊严的保护为视角》，载《法律科学》2012 年第 4 期。

80. 方新军：《权利概念的历史》，载《法学研究》2007 年第 4 期。

81. 朱庆育：《私法自治与民法规范：凯尔森规范理论的修正性运用》，载《中外法学》2012 年第 3 期。

82. 张新宝：《设立大规模侵权损害救济赔偿基金的制度构想》，载《法商研究》2010 年第 6 期。

83. 马新彦、黄立嵘：《电信网络运营商强制消费惩罚性（赔偿）责任的立法论证》，载《当代法学》2014 年第 3 期。

84. 曾凡昌：《西方人格权发展的历史线索及其启示》，载《现代法学》2011 年第 2 期。

85. 尹田：《论人格权独立成编的理论漏洞》，载《法学杂志》2007 年第 5 期。

86. 朱岩：《从大规模侵权看侵权责任法的体系变迁》，载《中国人民大学学报》2009 年第 3 期。

87. 朱岩：《危险责任的一般条款立法模式研究》，载《中国法学》2009 年第 3 期。

88. ［奥］海尔穆特·库奇奥：《损害赔偿法的重新构建：欧洲经验与欧洲趋势》，朱岩译，载《法学家》2009 年第 3 期。

（四）案例类

1. 冯甲装修漏电案，浙江省湖州市中级人民法院（2013）浙湖民终字第 356 号民事判决书。

2. 青岛港务局油港公司诉汉莎－康斯坦斯 MBH 公司（SCHIFFARTS GESELLSHAFTHANSA－CONSTANCEMBH&CO.）等码头输油臂损害赔偿纠纷案，青岛海事法院（2000）青海法海事初字第 48 号民事判决书。

3. 孔某礼花炸伤案，江苏省南京市中级人民法院（2013）宁民终字第 1402 号民事判决书。

4. 广东省海洋与渔业局诉南通天顺船务有限公司等油污损害赔偿纠纷案，广州海事法院（2001）广海法初字第 89 号民事判决书。

5. 赵某旅行救助不急死亡案，河南省濮阳市中级人民法院（2013）濮中法民开终字第 116 号。

6. 刘俊等诉锦州经济技术开发区六陆实业股份有限公司海域污染损害赔偿纠纷案，大连海事法院（2003）大海锦事初字第 15 号民事判决书。

7. （The Shipping Corporation of India Ltd.）等船舶污染损害赔偿纠纷案，宁波海事法院（2009）甬海法事初字第 32 号民事判决书。

8. 中国沈阳矿山机械（集团）进出口公司诉韩国现代商船有限公司、中国大连保税区万通物流总公司海上货物运输合同纠纷案，大连海事法院（2001）大海法商初字第 246 号民事判决书。

9. 苏军勇与陈金顺船舶损害赔偿纠纷上诉案，（2009）浙海终字第 151 号。

10. 中银集团保险有限公司诉上海交运集装箱发展有限公司港口货物损害赔偿纠纷案，上海海事法院（2002）沪海法海初字第 34 号民事判决书。

11. 张金凯等与中国石油天然气股份有限公司大港油田分公司海上石油污染损害赔偿纠纷上诉案，天津市高级人民法院（2009）津高民四终字第 383－549 号民事判决书。

12. 张春英与中国工商银行股份有限公司昌吉回族自治州分行、新疆证券有限责任公司、杨某、张某民财产损害赔偿纠纷案，载《最高人民法院公报》2013 年第 2 期。

13. 范茂生等诉淮安电信分公司淮阴区电信局、淮安市淮阴区公路管理站人身损害赔偿纠纷案，载《最高人民法院公报》2011 年第 11 期。

14. 吴某景、张某逸、吴某娟诉厦门市康健旅行社有限公司、福建省永春牛姆林旅游发展服务有限公司人身伤害赔偿纠纷案，载《最高人民法院公报》2006 年第 6 期。

15. 烟台海上救助打捞局与山东荣成龙须岛渔业总公司船舶油污损害赔偿纠纷案，(2002) 民四提字第 3 号民事判决书。

16. 山东省海洋与渔业厅诉联合远洋运输公司等船舶油污污染损害赔偿纠纷案，青岛海事法院（2007）青海法烟确字第 1 号民事判决书。

17. 蒋建诉安徽江河水利工程建设有限公司养殖损害赔偿纠纷案，上海海事法院（2009）沪海法海初字第 78 号民事判决书。

18. 厦门市海沧区人民政府诉厦门港务船务有限公司等船舶污染损害责任纠纷案，厦门海事法院（2013）厦海法事初字第 55 号民事判决书。

19. 利海有限公司与威海市海洋与渔业局船舶油污污染损害赔偿纠纷案，山东省高级人民法院（2014）鲁民四终字第 193 号民事判决书。

20. 威海林苑物资贸易有限公司诉汇升国际航运有限公司等船舶碰撞纠纷案，青岛海事法院（2005）青海法威海事初字第 44 号民事判决书。

21. 福建省 × × 公司等诉厦门 × × 船务有限公司船舶碰撞损害赔偿纠纷案，宁波海事法院（2010）甬海法温事初字第 5 号民事判决书。

22. 天津港第二港埠有限公司诉宝盈船务有限公司海事侵权纠纷案，天津海事法院（2012）津海法商初字第 500 号民事判决书。

23. 法国达飞轮船有限公司等与罗克韦尔航运有限公司船舶碰撞损害责任纠纷案，浙江省高级人民法院（2013）浙辖终字第 118 号民事裁定书。

24. 广东省海洋与渔业局诉南通天顺船务有限公司等油污损害赔偿纠纷案，广州海事法院（2001）广海法初字第 89 号民事判决书。

25. 丁某某与宁波市鄞州某网吧有限公司违反安全保障义务责任纠纷案，(2011) 甬鄞望民初字第 328 号。

二、外文文献

(一)专著类

1. ALI, *Restatement of the Law, Third, Torts: Apportionment of Liability*, American Law Institute Publishers, 2000.

2. European Group on Tort Law, *Principles of European Tort Law: Text and Commentary*, Springer, 2005.

3. Nicholas J. Healy & Joseph C. Sweeney, *The Law of Marine Collision*, Cornell Maritime Press, 1998.

4. Roxana – Eliza Samoschi – Rociu, *Admiralty Law*, Createspace Independent Publishing Platform, 2014.

5. Simon Gault et al., *Marsden on Collisions at Sea*, Sweet & Maxwell, 2003.

6. Emanual Van Dongen, *Contributory Negligence: A Historical and Comparative Study*, Brill, 2014.

7. Fleming J. G., *The Law of Torts*, 9th edition, LBC Information Services, 1998.

8. Garner B. A., *Black's Law Dictionary*, 9th edition, St. Paul, MN: Thomson Reuters, 2009.

9. Vera Bergelson, *Victims' Rights and Victims' Wrongs: Comparative Liability in Criminal Law*, Stanford University Press, 2009.

10. Larenz, *Lehrbuch des Schuldrechts*, *Allgemeiner Teil* (14. *Auflage*), 1987.

11. Victor E. Schwartz & Evelyn F. Rowe, *Comparative Negligence*, 4th edition, LexisNexis Matthew Bender, 2002 with 2007 Cumulative Supplement.

12. Spier J., *Unification of Tort Law: Liability for Damage Caused by Others*, Kluwer Law International, 2003.

13. W. Page Keeton et al. , *Prosser and Keeton on Torts*, 5th edition, West Group, 1984.

14. Thomas Gilbert Carver, *A Treatise on the Law Relating to the Carriage of Goods by Sea*, 7th edition, Making of Modern Law, 2010.

15. Thomas & D. Rhidian, *The Carriage of Goods by Sea under the Rotterdam Rules*, Lloyd's List, 2010.

16. Thomas & D. Rhidian, *Journal of International Maritime Law* (*JIML 14, 2008*), Lawtext Publishing Limited, 2008.

17. Chad Marchand & Meade Mitchell, *Damages* (*Bodily Injury*, *Wrongful Death*, *Survival*, *Compensatory*, *Punitive*): *A State – by – state Summary*, ABA Publishing, 2014.

18. Henry Woods, *Comparative Fault*: *The Negligence Case*, Lawyers Co – operative Pub. Co. , 1978.

19. Richard A. Epstein, *Torts*, Aspen Publishers, 1999.

20. Glanville L. Williams, *Joint Torts and Contributory Negligence*: *A Study of Concurrent Fault in Great Britain*, *Ireland and the Common – law Dominions*, Stevens, 1951.

21. W. V. H. Rogers, *Winfield and Jolowicz on Tort*, 16th edition, Sweet & Maxwell, 2002.

22. Rachel J. Baird, *Australian Coastal and Marine Law*, PEFC, 2013.

23. Institute of Law Research and Reform of the University of Alberta, *Contributory Negligence and Concurrent Wrongers*, The Institute, 1979.

24. Ontario Law Reform Commission, *Report on Contribution Among Wrongdoers and Contributory Negligence*, Ministry of the Attorney General, 1988.

25. Lewis N. Klar, *Tort Law*, 3rd edition, Thomson Carswell, 2003.

26. Jeap Spier, C. H. W. M. Sterk, *Rope – dancing Dutch Tort Law*,

Faculte de droit de l' universite de Geneve, 1993.

27. John Hare, *Shipping Law & Admiralty Jurisdiction in South Africa*, Juta & Co. Ltd. , 1999.

28. Basil S. Markesinis, Hannes Unberath, *The German Law of Torts: A Comparative Treatise*, 4th edition, Hart Publishing, 2002.

29. Cees van Dam, *European Tort Law*, Oxford University Press, 2006.

30. Benedict Winiger, Helmut Koziol, Bemhard A. Koch & Reinhard Zimmermann et al. , *Essential cases on Natural Causation*, Springer Wien New York, 2007.

31. George A. Bermann & Etienne Picard et al. , *Introduction to French Law*, Kluwer Law International, 2008.

32. Christian von Bar, *Non – Contractual Liability Arising out of Damage Caused to Another*, European Law Publishers, 2009.

33. Russ M. Herman, *Louisiana Personal Injury*, Thomson Reuters, 2014.

34. *Le Droit Maritime Francais*, Lamy Wolters Kluwer, 2016.

35. Fleming, *The Law of Torts*, 4th edition, The Law Book Company Ltd. , 1971.

36. Salmond & Heuston, *The Law of Torts*, Sweet & Maxwell, 1981.

37. Winfield & Jolwicz, *The Law of Tort*, 18th edition, Sweet & Maxwell, 1971.

38. Ian Mcleod & Marise Cremona, *Legal Theory*, 6th revised edition, Palgrave Macmillan, 2012.

39. Maksymilian Del Mar, William Twining, *Legal Fictions in Theory and Practice*, Springer, 2015.

40. Jules Coleman, *Tort Law and Tort Theory: Prelminary Reflections on Method*, in Gerald J. Postema ed. , Philosophy and the Law of Torts, Cambridge University Press, 2001.

41. Jules L, *Coleman. Risks and Wrongs*, Cambridge Univerisity Press, 1992.

42. Guido Calabresi, *The Costs of Accidents: A Legal and Economic Analysis*, Yale University Press, 1970.

43. David Weissbrodt, *The Common Law Process of Torts*, Carlina Academic Press, 2012.

44. Victor E. Schwartz, *Comparative Negligence*, 5th edition, Lexis Publishing, 2010.

45. Dan B. Dobbs, *Torts and Compensation*, 2nd edition, Thomson West, 1993.

46. *Salmond & Heuston on the Law of Torts*, 21st edition, Heuston & Buckley, 1996.

47. William L. Prosser, John W. Wade & Victor E. Schwartz, *Torts: Cases and Materials*, 8th edition, Foundation Press, 1988.

48. Henry Woods & Beth Deere, *Comparative Fault*, 3rd edition, 1996.

49. W. V. Horton Rogers, *Contributory Negligence Under English Law*, *in Unification of Tort Law: Contributory Negligence*, U. Magnus & M. Martin – Casals eds. , 2004.

50. Fleming James, JR. & Oscar S. Gray, Harper, *James and Gary on Torts*, 3rd edition, Aspen Publishers, 2006.

51. Dan B. Dobbs, *Law of Remedies: Damage – Equity – Restitution*, 2nd edition, West Pub. Co. , 1993.

52. Harvey Mcgregor, *Mcgregor on Damages*, 18th edition, Sweet & Maxwell, 2009.

53. Chitty on Contracts, 29th edition, Hugh G. Beale Gen, 2004.

54. Allan E. Farnsworth, *Farnsworth on Contracts*, 3rd edition, Aspen Publishers, 1999.

55. Arthur Linton Corbin, Corbin on *Contracts* (revised ed. , Joseph M. Perillo ed.), 2005.

56. Andrew Burrows, *Remedies for Torts and Breach of Contract*, 3rd edition, Oxford University Press, 2004.

57. Douglas Laycock, *Modern American Remedies: Cases and Materials*, 4th edition, Aspen Publishers, 2010.

58. Stuart M. Speiser, Charles F. Krause & Alfred W. Gans, *The American Law of Torts*, 2008.

59. Thomas Barnes & Allen D. Boyer, *Shaping the Common Law: From Glanvill to Hale*, Stanford University Press, 2008.

60. The Odore Sedgwick, *A Treatise on the Measure of Damages*, 8th edition, Beard Books, 1891.

61. O. Holmes, *The Common Law*, in M. Howe ed. , Dover Publications, 1963.

62. D. Maclachlan, *A Treatise on the Law of Merchant Shipping*, 7th edition, G. Pilcher & O. Bateson, 1932.

63. G. Gilmore & C. Black, *The Law of Admiralty*, 2nd edition, Foundation Press, 1975.

64. Alan Caiman, *Justice and Tort Law*, Carolina Academic Press, 1997.

65. Peter Cane, *Responsibility in Law and Morality*, Hart Publishing, 2002.

66. Study Group on a European Civil Code/ Research Group on EC Private Law (Acquis Group) ed. , *Principles, Definitions and Model Rules of European Private Law, Draft Common Frame of Reference (DCFR)*, Outline Edition, Sellier, European Law Publishers, 2009.

67. Paul L. Baeck, *The General Civil Code of Autria*, Oceana Publications, Inc, 1972.

68. V. Harpwood/K. Oliphant, *Joint and Several Liability in Tort*, 2nd edition, 2007.

69. Salmond, *Law of Torts*, 8th edition, Sweet & Maxwell, 1934.

70. W. van Gerven, P. Larouche & J. Lever, *Cases, Materials and Text on National, Supranational and International Tort Law*, Hart Publishing, 2000.

71. Simon Deakin, Angus Johnston & Basil Markesinis, *Markesinis and Deakin's Tort Law*, Oxford University Press, 2008.

72. Andre Tunc, *International Encyclopedia of Comparative Law Torts Introduction*, Tubingen, 1974.

73. J. Hannen & W. Pritchard, Pritchards' *Digest of Admiralty and Maritime Law*, 3rd edition, 1877.

74. R. Marsden, *The Law of Collisions at Sea*, 11th edition, Stevens, 1961.

75. H. Beau Baez Ⅲ, *Tort Law in USA*, Kluwer Law International, 2010.

76. A. N. Yianopolous, *Louisiana Civil Code*, Thomson West, 2013.

77. John Henry Merryman & Rogelio Perez - Perdomo, *The Civil Law Tradition: An Introduction to the Legal Systems of Europe and Latin America*, 3rd edition, Stanford University Press, 2007.

(二) 论文类

1. Robert E. Cook, *Torts - Last Clear Chance Doctrine as Humanitarian Rule*, 1 Wm. & Mary Rev. Va. L. 64 (1950).

2. Francis M. Dougherty, *Effect of Plaintiff's Comparative Negligence in Reducing Punitive Damages Recoverable*, 27 A. L. R. 4th 318.

3. Saussy Gordon, *Comparative Negligence in Contradistinction to Contributory Negligence*, Historical Theses and Dissertations Collection, Paper 104 (1896).

4. Pearson, *Apportionment of Loses Under Comparative Fault Laws - An*

Analysis of the Alternatives, 40 La. L. Rev. 343, 362 (1980).

5. Aaron D. Twerski, *The Joint Tortfeasor Legislative Revolt: A Rational Response to the Critics*, 22 U. C. Davis L. Rev. 1125 (1989).

6. F. Patrick Hubbard, *The Nature and Impact of the "Tort Reform" Movement*, 35 Hofstra L. Rev. 488 (2006).

7. Marie R. Yeates, *Contribution and Indemnity in Maritime Litigation*, 30 S. Tex. L. Rev. 215 (1989).

8. Richard R. Garland, *Fault – based Allocation of Tort Damges*, CPD FL – CLE 4 – 1.

9. Charles O. Gregory & Francis H. Bohlen, *Legislative Loss Distribution in Negligence Actions*, The Yale Law Journal Vol. 45: 8 (1936).

10. William L. Prosser, *Comparative Negligence*, 51 Mich L. Rev. 465.

11. Captain In Hyeon Kim, *Korea Maritime Law Update*, 46 J. Mar. L. & Com. 353.

12. Tunc, *Introduction*, *Torts*, International Encyclopedia of Comparative Law, V. XI, 1974: 6.

13. Michael D. Green, *Negligence = Economic Efficiency: Doubts*, 75 Texas L. Rev. 1605 (1997).

14. George P. Fletcher, *Fairness and Utility in Tort Theory*, Harvard Law Review (1972).

15. Green, *Tort Law as Public Law in Disguise*, 38 Tex L. Rev. (1995).

16. Delba Winthrop, *Aristotle and Theories of Justice*, The American Political Science Review, Vol. 72: 4 (1978).

17. William Tetley, *Uniformity of International Private Maritime Law—The Pros, Cons, and Alternatives to International Conventions—How to Adopt an International Conventions*, 24 Tul. Mar. L. J. 775.

18. William Tetley, *The General Maritime Law: The Lex Maritima*, 20

Syracuse J. Int'l. L. & Com. 105 (1996).

19. William Tetley, *A Definition of Canadian Maritime Law*, 30 U. B. C. L. Rev. 137, 151 – 56 (1996).

20. William Tetley, *Maritime Law as a Mixed Legal System*, 23 Tul. Mar. L. J. 1, 4 – 6, 10 – 29 (1999).

21. Ernest A. Turk, *Comparative Negligence*, Chi. – Kentl. Rev. 189&304 (1950).

22. Donald G. Gifford, *Christopher J. Robinette*, *Apportioning Liability in Maryland Tort Cases: Time to End Contributory Negligence and Joint and Several Liability*, Maryland Law Review, Vol. 73 (2014).

23. John W. Wade, *Comparative Negligence—Its Development in the United States and Its Present Status in Louisiana*, 40 La. L. Rev. (1980).

24. Yehuda Adar, *Comparative Negligence and Mitigation of Damages: Two sister – Doctrine in Search of Reunion*, Quinnipiac L. Rev. 783 (2013).

25. Ernest A. Turk, *Comparative Negligence*, Kent L. Rev. (1950).

26. Malcolm M. MacIntyre, *Rationale of the Last Clear Chance*, 53 Harv. L. Rev. 1225 (1940).

27. William L. Prosser, *Contributory Negligence as Defense to Violation of Statute*, 32 Minn. L. Rev. 105 (1948).

28. John W. Wade, *Comparative Negligence—Its Development in the United States and Its Present Status in Louisiana*, 40 La. L. Rev. (1980).

29. A. Chalmers Mole & Lyman P. Wilson, *A Study of Comparative Negligence*, 17 Cornell L. Q. 604, 633 (1932).

30. Dan B. Dobbs, *Accountability and Comparative Fault*, 47 LA. L. Rev. 939, 943 (1987).

31. O. C. Twyner, *A Survey and Analysis of Comparative Fault in Mississippi*, 52 Miss. L. J. 563 (1982).

32. A. Chalmers Mole & Lyman P. Wilson, *A Study of Comparative Negligence*, 17 Cornell L. Q. 604, 633 (1932).

33. John W. Wade, *A Uniform Comparative Fault Act—What Should It Provide?*, 10 U. Mich. J. L. Reform 220 (1977).

34. John R. Grier, *Rethinking the Treatment of Mitigation of damages Under the Iowa Comparative Fault Act in Light of Tanberg v. Ackerman Inv. Co.*, 77 Iowa L. Rev. 1913, 1918 (1992).

35. Arthur Best, *Impediments to Reasonable Tort Reform: Lessons from the Adoption of Comparative Negligence*, 40 Ind. L. Rev. 1, 12 (2007).

36. Charles J. Goetz & Robert E. Scott, *The Mitigation Principle: Toward a General Theory of Contractual Obligation*, 69 Va. L. Rev. (1983).

37. Allan E. Farnsworth, *Legal Remedies for Breach of Contract*, 70 Colum. L. Rev. (1970).

38. Jeff L. Lewin, *Article: Comparative Nuisance*, 50 U. Pitt. L. Rev.

39. Mary J. Davis, *Individual and Institutional Responsibility: A Vision for Comparative Fault in Products Liability*, 39 Vill. L. Rev.

40. Poor, *A Shipowner's Right to Limit in Cases of Personal Contracts*, 31 Yale L. J. 505 (1922).

41. Purdy, *The Recent Amendment to the Maritime Limitation of Liability Statutes*, 5 Brooklyn L. Rev. (1935).

42. Putnam, *The Limited Liability of Shipowners for Master's Faults*, 17 Am. L. Rev. (1883).

43. Sprague, *Limitation of Ship Owners' Liability*, 12 N. Y. U. L. Q. Rev. (1935).

44. Bork K. et al., *The Legal Regulation of Floats and Gliders—In Quest of a New Regime*, Ocean Development & International Law, 2008 (3).

45. James J. Donovan, *Admiralty Law Institute: Symposium on Limitation of*

Liability: *The Origins and Development of Limitation of Shipowners' Liability*, 53 Tul. L. Rev. (1979).

46. Sprague, *Limitation of Shipowners' Liability*, 12 N. Y. U. L. Q. Rev. 568 (1935).

47. Prague, *Limitation of Ship Owners' Liability*, 12 N. Y. U. L. Q. Rev. 568, 568 –77 (1935).

48. The Maritime Law Association of the United States, Report on the History and Present Status of the Domestic and Foreign Laws Concerning Limitation of Shipowners' Liability, Doc. No. 196, at 2015 – 16 (Jan. 30, 1935).

49. Donald G. Gifford, Christopher J. Robinette, *ApportioningLiability in Maryland Tort Cases*: *Time to End Contributory Negligence and Joint and Several Liability*, Maryland Law Review, Vol. 73, 2014.

50. William Tetley, *The Pennsylvania Rule—An Anachronism? The Pennsylvania Judgment—An Error?*, 13 J. Mar. L. & Com. 127, 141 (1982).

51. Richard Barnett, *Admiralty—Validity of "Both to Blame" Clause in Bill of Lading*, 51 Mich. L. Rev. 430 (1953).

52. Mark O. Kasanin, *Cargo Rights and Responsibilities in Collision Cases*, 51 Tul. L. Rev. 880, 893 (1977).

53. Staring, *Meting Out Misfortune*: *How the Courts are Allotting the Costs of Maritime Injury In the Eighties*, 45 La. L. Rev. 907 (1985).

54. Michael J. Holland, *The Vanishing Doctrine of Implied Indemnity in Maritime Actions*, 72 Def. Couns. J. 130.

55. Gorman, *Ryan Indemnity in Maritime Property Damages Cases*: *What of Proportionate Fault?*, 8 Dalt. L. Rev. 42, 47 (1978).

56. Daniel B. Shilliday, Walter R. Mayer, John J. Michael & Andrew P. Slania, *Contractual Risk – Shifting in Offshore Energy Operations*, 81

Tul. L. Rev. 1579.

57. Admiralty Law Institute, *Symposium on Limitation of Liability: The Origins and Development of Limitation of Shipowners' Liability*, 53 Tul. L. Rev. 999.

58. Christoper J. McGuire, *Market – Share Libility after Hymowitz and Conley: Exploring the Limits of Judicial Power*, 24 U. Mich. J. L. Reform 759 – 783 (1991).

59. Harold Hongju Koh, *Is There a "New" New Haven School of International Law?*, 32 Yale. J. Int'l L 570 (2007).

(三) 案例类

1. The Schooner Catharine v. Dicknson, 58 U. S. 170 (1855).

2. United States v. Reliable Transfer Co. , 421 U. S. 397 (1975).

3. City of Lanark v. Douherty, 153 ill. 163.

4. Butter field v. Forrester, 11 East. 60, 103 Eng. Rep. 926 (1809).

5. David v. Mann, 152 Eng. Rep. 588 (1842).

6. United States v. Carroll Towing Co. , 159F. 2d 169 (2nd Cir. 1947).

7. Schneider National Inc. v Holland Hitch Co. , 843 P. 2d (Wyo. 1992).

8. Smith v. Smith, 19 Mass. 662 (1824).

9. Walldren Express & Van Co. v. Krug, 126 N. E 97 (Ⅲ. 1920).

10. Bridge v. The Grand Junction Railway 3 M. &W. 546, 152 Eng. Rep. 588 (Exch. 1842).

11. Davies v. Mann, 10 M. &W. 546, 152 Eng. Rep. 588 (Exch. 1842).

12. Coleman v. Soccer Ass'n of Columbia, 432 Md. 679 (2013).

13. Kirby V. Larson, 256 N. W. 2d 400 (Mich. 1977).

14. Civ. 2eme, 24 nov. 1999, obs. F. Chabas [Fev. 2000].

15. Civ. 2eme, 21 juillet 1982, D. 1982. 449 et 487 [1982].

16. Civ. 2eme, 6 avr. 1987, [1987].

17. Civ. 2eme, 18 oct. 1995, [mars 1996].

18. Maurice Pincoffs Co v. Dravo Mechling, 697 F. Supp. 244.

19. Norwich & N. Y. Transp. Co. v. Wright, 80 U. S. (13 Wall.) 104, 121 (1871).

20. The Main v. Williams, 152 U. S. 122, 126 (1894).

21. Liverpool, Brazil & River Plate Steam Navig. Co. v. Brooklyn E. Dist. Terminal, 251 U. S. 48, 53 (1919).

22. The Rebecca, 20 F. Cas. 373, 378 (D. Me. 1831) (No. 11, 619).

23. The Main v. Williams, 152 U. S. 122, 126 (1894).

24. Norwich & N. Y. Transp. Co. v. Wright, 80 U. S. (13 Wall.) 104, 116 (1871).

25. The Main v. Williams, 152 U. S. 122, 126 (1894).

26. Boucher v. Lawson, 7 Geo. 2, c. 15 (1734).

27. The Main v. Williams, 152 U. S. 122, 127 (1894).

28. Pope v. Nickerson, 3 Story 465, 468.

29. Norwich Co. v. Wright, 80 U. S. 104, 117 – 120 (1871).

30. Norwich & N. Y. Transp. Co. v. Wright, 80 U. S. (13 Wall.) 104, 120 (1871).

31. Richardson v. Harmon, 222 U. S. 96, 106 (1911).

32. Pendleton v. Benner Line, 246 U. S. 353 (1918).

33. Cullen Fuel Co. v. Hedger Co., 290 U. S. 82 (1933).

34. Earle & Stoddart, Inc. v. Ellerman's Wilson Line, Ltd., 287 U. S. 420 (1932).

35. In re East River Towing Co., 266 U. S. 355, 365 (1924).

36. Miller Yacht Sales Inc v. M/V Vishva shobha, 494 F. Supp. 1005.

37. United States v. Reliable Transfer Co., 421 U. S. 397 (1975).

38. Miller v. Am. President Lines, Ltd., 989 F. 2d 1450, 1459 (6th Cir.

1993).

39. Moffitt v. Carroll, 640 A. 2d 169, 175 (Del. 1994).

40. Civ. 2eme, 21 juillet 1982, D. 1982. 449 et 487 [1982].

41. Civ. 2eme, 6 avr. 1987 [1987].

42. Civ. 2eme, 18 oct. 1995 [mars 1996].

43. American Motorcycle Ass'n v. Superior Court, 20 Cal. 3d 578, 146 Cal. Rptr. 182 (1978).

44. The Woodrop – Sims, 165 Eng. Rep. 1422 (1815).

45. The Schooner Catherine v. Dickinson, 58 U. S. 170 (1855).

46. Banana Services, Inc. v. M/V Fleetwave, 911 F. 2d 519 (11 Cir. 1990).

47. Terman Foods v. Omega Lines, 707 F. 2d 1225 (11 Cir. 1983).

48. Blasser Bros. v. Northern PanAmerican Line, 628 F. 2d 376 (5 Cir. 1980).

49. Caemint Food, Inc. v. Lloyd Brasileiro Companhia, 647 F. 2d 347 (2 Cir. 1981).

50. Vana Trading Co. , Inc v. S. S. Metter Skou, 556 F. 2d 100 (2 Cir. 1977).

51. U. S. A. v. Lykes Bros. S. S. Inc. , 511 F. 2d 218 (5 Cir. 1975).

52. Compagnie de Navigation etc. v. Mondial United Corp. , 316 F. 2d 163 (5 Cir. 1963).

53. Fuente Cigar, Ltd. v. Roadway Exp. , Inc. , 961 F. 2d 1558 (11 Cir. 1992).

54. Calavan Foods, Inc. vs. National Shipping Corp. of the Philippines et al. , 1992 A. M. C. 2692 (Ca. Sup. Ct. 1992).

55. EAC Timberlane vs. Pisces Ltd. , 745 F. 2d 715 (1 Cir. 1984).

56. Quaker Oats Co. vs. M/V Torvanger, 734 F. 2d 238 (5 Cir. 1984).

57. The Vallescura, 293 U. S. 296, 55 S. Ct 194 (1934).

58. Vana Trading Co Inc v. SS Mette Skou, 556 F. 2d 100.

59. Tide Water Assoc. Oil Co. v. The Syosset, 203 F. 2d 264, 268 - 69, 1953 AMC 730, 735 (3rd Cir. 1953).

60. The Sylvia, 2 F. 2d 105, 106, 1924 AMC 1222, 1224 (E. D. N. Y. 1924).

61. Prudential Lines, Inc. v. McAllister Bros., Inc., 801 F. 2d 616, 1987 AMC 240 (2nd Cir. 1986).

62. Neptune Maritime Co. v. Essi Camilla, 714 F. 2d 132, 1984 AMC 2983 (4th Cir. 1983).

63. Complaint of Sheen, 709 F. Supp. 1123, 1989 AMC 1345, 1356 - 57 (S. D. Fl. 1989).

64. The Atlas, 93 U. S. 302 (1876).

65. Vendo Int'l v. M/T Frances Hammer, 1974 AMC 924 (S. D. N. Y. 1974).

66. Atlantic Mutual Ins. Co., 343 U. S. at 242, 1952 AMC at 664.

67. Gulfcoast Transit Co. v. M/T Anco Princess, 1978 AMC 2471, 2481 - 82 (E. D. La. 1977).

68. SCNO Barge Lines v. Sun Transp., 775 F. 2d 221, 227, 1987 AMC 143, 151 (8th Cir. 1985).

69. Complaint of Flota Mercante Grancolumbiana S. A., 440 F. Supp. 704, 724 - 25, 1979 AMC 156, 185 - 87 (S. D. N. Y. 1978).

70. The Cairnbahn, [1914] P. 25, 83 L. J. P. 11 (C. A. 1914).

71. The Veritas, [1901] P. 304, 70 L. J. P. 75 (1901).

72. Edmonds v. Compagnie Générale Transatlantique, 443 U. S. 256, 1979 AMC 1167 (1979).

73. Merryweather v. Nixon, 101 Eng. Rep. 1337 (1799).

74. Adamson v. Jarvis, 130 Eng. Rep. 693 (1827).

75. Miller v. Fenton, 11 Paige (N. Y.) 18 (1844).

76. 12 Harv. L. Rev. 176 (1899).

77. Pennsylvania Co. V. West Penn Railways, 144 N. E. 51 (Ohio 1924).

78. Buckner v. Foster, 105 F. Supp. 279 (Mich. 1952).

79. Callihan Interest, Inc. v. Duffield, 385 S. W. 2d 586 (Tex. Civ. App. 1965).

80. Pope& Talbot v. Hawn, 346 U. S. 406, 409 (1953).

81. The Max Morris v. Curry, 137 U. S. 1 (1890).

82. TheAlabama & The Gamecock, 92 U. S. 695, 697 (1876).

83. Atlee v. The Northwestern Union Packet Co., 88 U. S. (21 Eall.) 389, 395 (1975).

84. The Max Morris v. Curry, 137 U. S. 1 (1890).

85. The Alabama & The Gamecock, 92 U. S. 695 (1876).

86. Coats v. Penrod Drilling Corp., 61 F. 3d 1113, 1996 AMC 1 (5th Cir. 1995).

87. Slattery v. Marra Bros., 186 F. 2d 134, 138 (2nd Cir.), 340 U. S. 865 (1951).

88. Halcyon Lines v. Haenn Ship Ceiling & Refitting Corp., 342 U. S. 282 (1952).

89. Ryan Stevedoring Co. v. Pan – Atlantic Steamship Corp, 350 U. S. 124 (1956).

90. Weyerhaeuser Steamship v. Nacirema Operating Co., 355 U. S. 563 (1958).

91. Italia Societa per Azioni di Navigazione v. Oregon Stevedoring Co., 376 U. S. 315 (1964).

92. Crumady v. The Jochim Hendrik Fisser, 358 U. S. 423 (1959).

93. Oglebay Norton Co. v. CSX Corp. , 788 F. 2d 361, 1987 AMC 71 (6th Cir.), 479 U. S. 849 (1986).

94. Lusich v. Bloomfield S. S. Co. , 355 F. 2d 770 (5th Cir. 1966).

95. Parfait v. Jahncke Serv. , Inc. , 484 F. 2d 296 (5th Cir. 1973), 415 U. S. 957 (1974).

96. American Stevedores, Inc. v. Porello, 330 U. S. 446 (1947).

97. Agrico Chemical Co. v. M/V BEN W. MARTIN, 664 F. 2d 85 (5th Cir. Dec. 1981).

98. Bosner, S. A. de C. V. v. Tug L. A. Barris, 796 F. 2d 776 (5th Cir. 1986).

99. Cormier v. Oceanic Contractors, Inc, 696 F. 2d 1112 (5th Cir.).

100. Western Pacific Fisheries, Inc. v. SS PRESIDENT GRANT, 730 F. 2d 1280 (9th Cir. 1984).

101. M & O Marine, Inc. v. Marquette Co. , 730 F. 2d 133 (3rd Cir. 1984).

102. Loose v. Offshore Navigation, Inc. , 670 F. 2d 493 (5th Cir. 1982).

103. Safeway Stores v. City of Raytown, 633 S. W. 2d 727 (Mo. 1982).

104. Sattelberger v. Telep, 102 A. 2d 577 (N. J. 1954).

105. Mo. Rev. Stat. Section 537. 060 (1978), repealed (1983).

106. 102 A. 2d 577 (N. J. 1954).

107. Simon v. Kansas City Rug Co. , 460 S. W. 2d 596 (Mo. 1970).

108. Fischbach & Moore Intl. Corp. v. Carne Barge R – 14, 632 F. 2d 1123 (4th Cir. 1980).

109. Cooper Stevedoring Co. v. Fritz Kopke, Inc, 417 U. S. 106 (1974).

110. 12 St. Mary's L. J. 323, 326 (1980).

111. Wheel v. Glazer, 153 S. W. 2d 449 (Tex. 1941).

112. 12 St. Mary's L. J. 323 (1980).

113. 603 S. W. 2d 805 (Tex. 1980).

114. W. D. Rubright Co. v. International Harvester Co., 358 F. Supp. 1388 (W. D. Penn. 1973).

115. Aalco Manufacturing Co. v. City of Espanola, 618 P. 2d 1230 (N. M., 1980).

116. Losse v. Offshore Navigation, Inc., 670 F. 2d 493, 501 (5th Cir. 1982).

117. Cotten v. Two "R" Drilling Co., 508 F. 2d 669, 671 (5th Cir. 1975).

118. Missouri Pacific Railroad Co. v. Whitehead & Kales Co., 566 S. W. 2d 466 (Mo. 1966).

119. Salonia v. Samsol Homes, Inc., 119 A. D. 2d 394, 507 N. Y. S. 2d 186.

120. Dole v. Dow Chemical Co., 308 N. Y. 143, 288 N. E. 2d 288 (1972).

121. The City of New York, 147 U. S. 72 (1893).

122. 86 U. S. (19 Wall.) 125 (1873).

123. Sir William Reardon Smith & Sons, Ltd. v. The Tug SAN PEDRO, 226 F. Supp. 879, 883-84 (S. D. Tex. 1962).

124. Losse v. Offshore Navigation, Inc., 670 F. 2d 493, 501 (5th Cir. 1982).

125. Loose v. Offshore Navigation, Inc., 670 F. 2d 493, 502 n. 19 (5th Cir. 1982).

126. Whitney S. S. Co. v. United States, 747 F. 2d 69, 74 (2rd Cir. 1984).

127. Petition of Kinsman Transit Co., 338 F. 2d 708, 719 (2rd Cir. 1964), 380 U. S. 944 (1965).

128. The Propeller Genesee Chief v. Fitzhugh, 53 U. S. (12 How.) 443, 461 – 62 (1851).

129. London Steamboat Co. v. Bywell Castle (The Bywell Castle), 4 P. D. 219 (App. 1878).

130. Rederi A/B Soya. v. S/S Grand Grace 369 F. 2d 159 (9th Cir. 1966).

131. United States v. Panama Transp. Co., 253 F. 2d 758 (2rd Cir. 1958).

132. Yellow Cab Company v. Dreslin, 181 F. 2d 626 (D. C. Cir. 1950).

133. Di Benedictis v. United States, 103 F. Supp. 462 (W. D. Penn. 1952).

134. Newport Air Park, Inc. v. United States, 419 F. 2d 342 (1st Cir. 1969).

135. Oliver J. Olsen & Co. v. American Steamship Marine Leopard (356 F. 2d 728, 1966 AMC 1064 (9th Cir. 1966).

136. Summers v. Tice (Supreme Court of Caliofornia, 1945).

137. Sindell v. Abborr Laboratories (Supreme Court of California, 1980).

138. Hardy v. Johns – Manville Sales, Corp., 509 F. Supp. 1353 (E. D. Tex. 1981).

139. McElhaney v. Eli Lilly& Co., 564 F. Supp. 265 (D. S. D. 1983).

140. McCornack v. Abbott Labs., 617 F. Supp. 1521 (D. Mass. 1985).

三、学位论文

1. 李挺:《侵权法公平分担损失规则研究》, 复旦大学 2013 年博士学位论文。

2. 杜健:《大规模侵权损害救济机制研究——以社会化救济为视角》, 安徽大学 2015 年博士学位论文。

3. 张颖:《海上侵权损害赔偿机制研究》, 大连海事大学 2004 年硕士学位论文。

4. 雷楠:《海上托航过程中的损害赔偿责任研究》, 大连海事大学 2008

年硕士学位论文。

5. 陈琦：《海上人身损害赔偿制度论——困境与回应》，大连海事大学2010年博士学位论文。

6. 彭程：《船舶碰撞单船溢油污染责任问题研究》，外交学院2015年硕士学位论文。

7. 葛洪涛：《论侵权法中的因果关系》，山东大学2008年博士学位论文。

8. 孙大伟：《美国侵权法市场份额规则研究——兼论对我国侵权立法的启示》，吉林大学2009年博士学位论文。

9. 金正振：《纯粹经济损失的比较研究——以纯粹经济损失的类型化与构成要件为聚焦》，中国政法大学2011年博士学位论文。

10. 李宁：《从“大陆”走向“混合”的路易斯安那民法典》，山东大学2015年博士学位论文。

11. 王琳琳：《论私权及其体系化》，吉林大学2012年博士学位论文。

12. 王福友：《侵权行为法价值论》，吉林大学2007年博士学位论文。

13. 杜称华：《惩罚性赔偿的法理与应用》，武汉大学2012年博士学位论文。

14. 马黎：《民法目的性价值研究》，西南政法大学2012年博士学位论文。

15. 王健：《论海商法的法律思维》，上海海事大学2006年硕士学位论文。

16. 林其敏：《严格责任中的比较过失制度研究》，对外经济贸易大学2005年硕士学位论文。

17. 刘丽：《侵权法上私人妨害制度比较研究》，对外经济贸易大学2014年博士学位论文。

18. 邬先江：《海事赔偿责任限制制度研究》，大连海事大学2010年博士学位论文。

19. 陈小曼：《海事赔偿责任限制制度研究》，西南政法大学2012年博士学位论文。

20. 雷金牛：《论公司中隐名投资的法律规制》，对外经济贸易大学2014年博士学位论文。

21. 杨晓兵：《过失相抵制度探讨》，华东政法大学2013年硕士学位论文。

22. 喻晖：《海上侵权人身伤亡损害赔偿法律制度研究》，上海海事大学2007年硕士学位论文。

23. 蒋琳：《船舶油污损害的国际法研究》，华东政法大学2014年博士学位论文。

24. 李莹莹：《共同海损案件中承运人过失问题研究》，大连海事大学2013年硕士学位论文。

25. 毛红英：《加害人不明的侵权责任研究》，华中师范大学2007年硕士学位论文。

26. 李景义：《人格权基本理论问题研究》，黑龙江大学2014年博士学位论文。

四、电子文献

1. 《关于〈中华人民共和国民法总则（草案）〉的说明》，载中国人大网，http：//www. npc. gov. cn/zgrdw/npc/lfzt/rlyw/2016 – 07/05/content_1993422. htm。

2. Alexander L. Benton, *The Doctrine of Last Clear Chance*, http：//www. aulawreview. org/pdfs/4/4 – 2/benton. pdf.

3. 杜娟：《数人侵权最终责任份额的分配规则》，载审判研究网2015年6月25日，http：//mp. weixin. qq. com/s？__biz = MzA4MjIzOTIzMg = = &mid = 208161644&idx = 1&sn = 58aa5b968498205f7f41f62e3b613c17#rd。

4. 《国际法学2012—2014年CLSCI论文数据分析》，载中国法学创新网2015年9月14日，http：//www. lawinnovation. com/index. php/Home/Faxue/

artIndex/id/11283/tid/5. html。

5. 《国际经济法·2015 年科研单位论文数统计》，载中国法学创新网，http：//www. lawinnovation. com/index. php/Home/Faxue/artIndex/id/13754/tid/5. html。

6. 高留志：《论民事责任与民事义务的区分》，载河南民商法网，http：//www5. zzu. edu. cn/lawc/mflt/4a44c05f42d239d50142d71f973102f0. html。

7. 《中华人民共和国民法总则（草案）》，载中国人大网，http：//www. npc. gov. cn/zgrdw/npc/lfzt/rlyw/2016 －07/05/content_1993427. htm。

8. 张铁薇：《侵权法价值目标的变迁》，载光明网，http：//www. gmw. cn/01gmrb/2006 －12/29/ content_529129. htm。

9. 王博：《从工伤保险与侵权赔偿竞合看船员工伤疑难问题的解决》，载海商法资讯网 2015 年 3 月 13 日，http：//mp. weixin. qq. com/s？__biz = MjM5ODI2NzI5Ng = = &mid = 203345499&idx = 1&sn = 1078366b0fca138a2f72d732dd04fef5&scene = 2&srcid = 1206siZuCSajj7rr6RY17a6m&from = timeline&isappinstalled = 0#wechat_redirect。

10. *Casualty and World Fleet Statistics as at* 01. 2016，IUMI，http：//www. iumi. com/images/documents/2016 －04 －Statistics/IUMI_2015 －2016 －Casualty_and_World_Fleet_Statistics －Spring_2016. pdf，Last access September 21，2016.

11. 《王竹译：美国统一州法全国委员会〈统一比较过错法案〉（1979 修订版）》，Comparative Tort Law，http：//cc. scu. edu. cn/G2S/Template/View. aspx？courseId =2402&topMenuId =176430&action = view&type = &name = & menuType =1&curfolid =180310。

12. 吴亚红：《论我国侵权行为法上因果关系制度之构建》，载江苏法院网，http：//www. jsfy. gov. cn/xwzx2014/llyj/xslw/2015/06/04101458863. html。

13. 《海洋环境保护法修正案（草案）条文》，载中国人大网，http：//www. npc. gov. cn/zgrdw/npc/flcazqyj/2016 －09/02/content_1996540. htm。

14. Mulholland, Caitlin. Alternative causation, unidentifiable tortfeasors, and group liability: A case study. Civilistica. com. Rio de Janeiro, a. 2, n. 3, jul. - set. /2013. Disponível em: < http://civilistica. com/alternative - causation/ >. Data de acesso.

15.《重庆烟灰缸案已过 14 年 22 名被告仅 3 人赔了不到 2 万》，载成都商报网，http://e. cdsb. com/html/2014 - 05/13/content_469047. htm。

16.《民法总则草案四审，私权将有更权威保障》，载网易财经网，http://money. 163. com/17/0308/22/CF1Q8CL8002580S6. html。

17. 曹兆兵：《侵权行为法上的因果关系研究报告》，载法律教育网，http://www. chinalawedu. com/news/16900/174/2004/6/ma4264152834126400231650_118078. htm。

18. 李薇：《日本侵权行为法的因果关系理论》，载三亿文库网，http://3y. uu456. com/bp_1rsws56fo51lh1d7s6y5_1. html。